錢穆作品精萃

錢穆

八十憶雙親 師友雜憶（合刊）

東大圖書公司

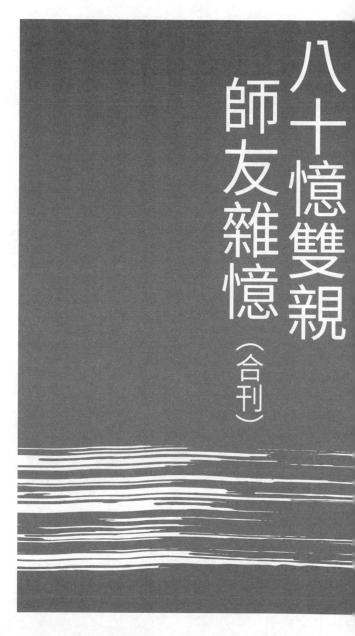

出版說明

余之一生，老而無成。常念自幼在家，經父母之培養。出門在外，得師友之扶翼。迄今已八十八年。余之為余，則胥父母師友之賜。孟子曰：「知人論世」。余之為人不足知，然此八十八年來，正值吾國家民族多難多亂之世。家庭變，學校變，社會一切無不相與變。學術思想，人物風氣，無不變。追憶往昔，雖屢經劇變，而終不能忘者，是即余一人真生命之所在也。年八十，遂為《憶雙親》一書。數年後，又續《師友雜憶》一書。此冊乃合刊此兩書，共為一編。讀者庶亦由此一角度，有以窺此八十八年來國家社會家庭風氣人物思想學術一切之變。而豈余之一身一家瑣屑之所萃而已乎。善論世者，其終將有獲於斯書。

錢穆

八十憶雙親 師友雜憶 合刊

目次

師友雜憶

八十憶雙親

壹、前言

余乃一孤兒，年十二，先父辭世，余尚童騃無知。越三十六年，先母又棄養，余時年四十八，隻身在成都，未能回籍親視殮葬。國難方殷，亦未訃告交游，缺弔祭禮，僅閉門嗓泣深夜嚎啕而止。年七十一，值雙親百齡冥壽，余是年已辭新亞校務，患目疾，住院施手術。不久，即赴吉隆坡馬來亞大學任教，時思撰文，略述梗概，竟未果。今歲余年八十，明年，又值雙親一百十齡之冥壽。因乘余之誕辰，覓機赴梨山，沿橫貫公路，自花蓮返臺北，途中滯留八日，住宿四處，草寫此文。哀哀父母，生我劬勞。回念前塵，感愴萬端。自念我之生命，身體髮膚皆傳自父母。而今忽已耄老，精神衰退，志業無成。媿對當年雙親顧復教誨之恩，亦何以贖不肖之罪於萬一。往事種種，迄今猶留腦際。拉雜書之，庶我兄弟四人之子孫，淪陷大陸者，他年當能讀及，亦使稍知祖德之一二。亦以告並世之知余其人而不知余之生平來歷者。

貳、七房橋

余生江蘇無錫南延祥鄉嘯傲涇七房橋之五世同堂。溯其原始，當自余之十八世祖某公，乃一鉅富之家，擁有嘯傲涇兩岸良田十萬畝。而上無父母，下無子女，僅夫婦兩人同居。十八世祖年三十左右，嬰衰虛之疾。遠近名醫，百藥罔效，病情日見沉重。一日，十八世祖母告其夫：「胸中久蓄一言，未敢啟口，恐不聽從，又滋責怪。」十八世祖言：「病已至此，苟可從者當無不從。縱或實不能從，亦斷無責怪可言。」十八世祖母謂：「君病殆非藥石可療。久服藥，反滋他病。計惟有長年靜養一途。但我兩人既不能入深山，長居僧寺道院中。我已將宅西別院修治。若君能一人居別院，家中事由我處理，君可勿操心。我已在院門上闢一小門，一日三餐，當送小門內，君可聞鈴往取。初住自感寂寞，旬日半月後，應可習慣。萬一有事，仍可開門接出。如此以三年為期。我曾以此意告之兩醫，謂可一試。」十八世祖慨允。越三年，接出，病態全消，健復如常。十八世祖母言：「自君居西院，我即在佛前自誓，當終生茹素，並許願居家為優婆夷，獨身畢世。惟為君子嗣計，已為物色品淑宜男者兩人，並諄諄誨導，已歷兩年。君與此兩女同房，斷可無慮。」十八世祖勉從之。此下遂生七子，在嘯傲涇上分建七宅，是為七房橋之由來。事載家譜，余未親睹，此則得之傳述。

七房駢連，皆沿嘯傲涇，東西一線，宅第皆極壯大。一宅稱一牆門。除此七牆門之外，無農戶，無商店。涇東千步許有一橋，即名七房橋。橋北一小村，忘其名，乃七房橋公僕所居。世世傳習婚喪喜慶種種禮節儀文。一家有事，諸僕群集。涇西約五百步又一橋，名丁家橋。橋北一村，名丁家村，乃七房橋樂戶，襲明代舊制。世習崑曲鑼鼓，歌唱吹打。每一家有事，亦畢集。遇喜慶，即在宅前大廳搭臺唱崑曲，打鑼鼓。或分兩臺，或只一臺。或一日夜，或三日夜不等，先兄及余少時尚飫聞之，故長而皆愛好焉。

參、五世同堂

七房中人丁衰旺不一，初則每房各得良田一萬畝以上。繼則丁旺者愈分愈少，丁衰者得長保其富，並日增日多。故數傳後，七房貧富日以懸殊。大房丁最旺，余之六世祖以下，至余之伯父輩乃得五世同堂。余之曾祖父兄弟兩人，長房七子，次房五子，又分十二房。故余祖父輩共十二人。一宅前後共七進，每進七開間，中為廳堂，左右各三間，供居住。又每進間，東西兩偏有廂房，亦供居住。宅之兩側，各有一長衖，皆稱弄堂。長房七家由東弄堂出入，次房五家，由西弄堂出入。中間大門非遇事不開。其後每家又各生子女，先祖父鞠如公為東弄堂七房之長，即生四女兩男共六人。故余有四姑母、一伯父，先父最小為一家之幼。其他家以此為推。故五世同堂各家，分得住屋甚少，田畝亦寡。自余幼時，一家有田百畝二百畝者稱富有，餘只數十畝。而余先伯父及先父，皆已不名一尺之地，淪為赤貧。老七房中有三房，其中兩房，至余幼年皆單傳，一房僅兩兄弟，各擁田數千畝至萬畝。其他三房，則亦貧如五世同堂。

貧富既分，一切情形亦相懸隔。老七房中之三房富者，輪為鄉間紳士。上通官府，下管附近鄉里賦稅差役等事。有他事爭執，亦至紳士家裁判，可免進城涉訟。七房橋闔族中事，亦漸歸三房輪為紳士者主持決奪。餘四房避不參預。相傳五世同堂內西弄堂一寡婦，尚稱富有，一子未婚，一女未嫁。其子常犯規越矩，多行不法。其時，大家庭之規模尚存，而大家庭之禮法，已蕩然不見。諸祖父叔伯兄長前輩，皆莫奈之何。其時為紳士者為老七房中之第三房，對之屢加教斥，亦不聽。乃送之縣獄。五世同堂內諸祖父皆競赴老三房請求釋放。不許，謂需拘禁有時，或可有悔改之望。不幸其子竟瘐斃獄中，值老三房紳士亦臥病在床。一夕，其瘐死者之母，忽夢子來訴，已在陰司申冤得直。請多燒冥鏹，可供地下使用，使速斃。其母醒，告其女，女亦同夢此事。翌晨，告素常相親諸家，亦有同獲此夢者。乃赴市購大量錫箔。凡五世同堂中婦女，皆競摺之。堆門外大廣場焚化。此間大堆紙錠燒完，西邊老三房病紳亦告氣絕。此事在余幼年，尚聞傳述。則諸房間之感情隔閡，亦可想見。

五世同堂之大門，懸有五世同堂一立匾。第二進大廳為鴻議堂，為七房各宅中最大一廳，淮軍討洪楊駐此，集官紳共議防守事宜，因名。第三進為素書堂，後四進堂小無名。西弄堂五叔祖分得素書堂之西偏三間為其家屋。不知為何，一人親自登屋拆除，惟素書堂，及堂匾尚保留。拆下磚瓦木石，盡以出賣。諸兄弟竟未能勸阻。鴻議堂本有楠木長窗二十四扇，精雕《西廂記》全部，亦為宅中人盜賣。堂中長案大桌及几椅等，亦盜賣一空。僅五世同堂一宅之內，其分崩離析，家法蕩然已如此。其素書堂西偏拆去部分，稱為「塌屋基」，竟亦未能重建。

至於子弟教育，更不堪言。余幼時所知，族中諸兄長及伯叔父輩，大率僅讀四書。能讀《詩經》、《左傳》，乃如鳳毛麟角。殆絕無通五經者。雖老三房富有，力能延師，而溺情安富，不求上進。子弟學業上亦率與其他四房相類。科第功名，乃若與七房橋全族無緣。少數貧苦者出門經商，或為夥計，或開小店舖，獲得溫飽即止。大多數則依賴數十畝一兩百畝田租，游蕩不事生產。離七房橋西一華里許有一小市名鴻聲里，亦由錢姓聚族而居者占大多數。晨旭方升，七房橋三十左右以上人，無論輩分，結隊赴市上喝茶進麵點，至午始返。午後不乏再去者。亦有中午不返，至晚始歸者。在家則養黃雀，或養蟋蟀，春秋兩節相聚決鬥為娛。亦有遠方來參加者，亦有分赴遠方作鬥者。鬥鳥鬥蟋蟀外，冬春之交，以放風箏為樂。風箏形狀各異，大小不等。在老四房中，有一伯父，閣樓上藏蟋蟀盆五六百以上。僱傭在家，紮大風箏，須八人抬之，始可移至田野間。風箏上裝弦筲，天空中呼嘯聲四起。入夜則結掛燈籠，大風箏可懸燈籠二十以上，光耀數里外。四圍諸村落，皆以此稱羨七房橋。七房橋族人老幼，亦以此自喜。大家庭之墮落，逮余幼年，殆已達於頂巔。

肆、先祖父鞠如公

七房橋全族書香未斷，則僅在五世同堂之大房。先曾祖父繡屏公，國學生。前清嘉慶庚午生。先祖父鞠如公，邑庠生，道光壬辰生。

先曾祖父繡屏公之事，余已無所知，不妄述。先祖父鞠如公，有手鈔五經一函，由先父以黃楊木版穿綿帶裹紮，並鐫親書「手澤尚存」四字。全書用上等白宣紙，字體大小，略如《四庫全書》，而精整過之。首尾正楷，一筆不苟，全書一律。墨色濃淡，亦前後勻一，宛如同一日所寫。所鈔只正文，無註解。但有音切，皆書在眉端。先兄告余，先祖父所長在音韻。其所下音切，皆自有斟酌，非鈔之舊籍。惜余於此未有深知。

先祖父中年即體弱多病，此書鈔畢不久即辭世，年僅三十七。先兄指示余，在此書後半部，紙上皆露有淚漬，稍一辨認即得。愈後則漬痕愈多。因先祖其時患眼疾，臨書時眼淚滴下，遂留此痕。余兄弟不能讀五經白文，但時時展閱紙上淚痕，把玩想念不已。

家中又有大字木刻本《史記》一部，由先祖父五色圈點，並附批注，眉端行間皆滿。余自知讀書，即愛《史記》，皆由此書啟之。讀書漸多，乃知先祖父此書圈點，大體皆採之歸方本，批注略似《史記菁華錄》，皆可長人智慧。惟全書各篇皆有，蓋多采旁書，亦多自出心裁也。

伍、先父之幼年苦學及科名

先父諱承沛，字季臣。前清同治丙寅年生。先祖父卒，先祖母年四十一，先父年僅三歲。自幼有神童之稱。雙目炯炯發光，如能透視一切之背後，亦稱淨眼，云能見鬼神，過十二歲始不能見。幼時發奮苦學。蓋得先祖母之教督。家中無書房，在塌屋基後面，即素書堂後進西邊有破屋三間。自素書堂西半被拆，此處無人居住，殆為壞了風水，皆已他遷。先父一人讀書其中，寒暑不輟。夏夜苦多蚊，先父納雙足兩酒甕中，苦讀如故。每至深夜，或過四更，仍不回家。時聞有人喚其速睡。翌晨詢之，竟不知何人所喚。有業師，乃顧橋王翁，在七房橋南十里外。先父隔旬日半月，始徒步一往問業。

先父既卒，先兄及余所見，尚留有當時窗課兩本，皆律賦及詩，不見有八股文及其他存稿。余時時喜誦此兩冊窗課，惜今皆忘之。猶憶兩題，一曰「春山如笑賦」，乃短篇，余特愛其景色描寫。由七房橋南望，僅見秦望山一抹。余長而喜誦魏晉以下及於清人之小品駢文，又愛自然山水，殆最先影響於此。又一題曰「岳武穆班師賦」，以十年之功廢於一旦為韻，全篇共分八節，每節末一句，各以此八字押韻。乃集中最長一篇。余尤愛誦。余自幼即知民族觀念，又特重忠義，蓋淵源於此。至其押韻之巧，出神入化。余此後愛讀宋人四六，每尚憶及先父此文。

先父以十六歲縣試入泮，以案首第一名為秀才。主學政者特召見先父及同案第二名。面告先父，「汝文託意高，結體嚴，可期文學上乘，然恐不易遇識者。」又曰：「汝尚年幼，而為文老成有秋氣。」又顧第二名，曰：「汝年長，乃屈居彼下，然為文有春氣，他年福澤，當勝於彼。」

先父體素弱。入泮後，凡三赴南京鄉試，皆在場中病倒，不終試而出。此後遂絕意場屋。有一次，試題為齊人將築薛。先父僅完此題即出。文中用意，特寫一將字，又模擬《公羊傳》文體為之。一時人競傳誦，名大噪。遠近來求從學，前後達四十人。然經先父指授得意者，亦多赴試不中。先父此後，遂亦不復從事於授徒教讀之生活。

陸、懷海義莊

七房橋闔族，有義莊三所。惟懷海義莊最先最大，乃由老大房五世同堂祖先所創立。特建一莊屋，在七房之最東偏。族中大集會必在此。而五世同堂一宅後最貧，特多孤兒寡婦，老死者無以葬，幼小者無以教，婚嫁之貲無所從出，有欲出外就業，亦乏貲遣。而莊產胥由富三房輪管，五世同堂不得過問。先父自以一貧苦孤兒出身，特痛惻同宅中孤兒寡婦。念祖宗置此義莊，本為子孫救災恤貧。今莊業日起，而莊主日落，理當開放，務為拯恤。以此意商之富三房中經管人，不獲同情。屢商不洽。先父志不獲申，乃投訴於無錫縣署。義莊經管人則聯合三富房抗訴。

自七房橋赴縣城，相距數十里。富三房皆自備玻璃大艙船，艙中供臥坐，後艙可烹調，飯食舒適，常駐宅前嘯傲涇上。若陸路徒步，健者半日可達。先父體弱，清晨起程，日晡始到，勞憊特甚。知縣官見先父狀辭，感其理足，然亦疑先父年少好事。三抗辯人，皆先父伯叔父輩，年歲皆在先父一倍以上，亦皆溫文多禮，並慣官場應酬。縣官權衡至再，囑雙方回鄉自求和解。數月後，終於再行涉訟。富三房抗辯諸伯叔父，亦感先父志節，又憫其家貧體弱，招與同船。先父允之。同船往，同船返。在城中亦招先父同寓。然至縣署，則雙方爭持如舊。

如是數四往返，縣官深悉先父為人。一日，招先父一人至署私談，云：「屢讀君狀辭，情理兼到，辯而不掩其誠。今當悉聽君言，義莊判歸五世同堂管理，如何？」先父言：「房中長老，皆不熟管理此大業，恐不勝職。」縣官言：「然則當由君掌管。」先父言：「某在一房中，年歲最幼，輩分最低，更不當任此職。」縣官問：「然則君意將如何？」先父言：「某意仍由三房管理。惟盼另擇一人，俾便改弦更張，使五世同堂一房孤寡得免飢寒。」縣官問：「君意欲何人掌管為宜？」先父言：「二房某叔父當較宜。」縣官曰：「君言差矣。我窺其人恬澹靜讓，似不願管此事。」先父言：「正為彼不願，故望彼任之。」縣官欣然起坐。曰：「我知君意，我知君意。明日當召雙方共商之。」

翌日，召四人。縣官曰：「同族久訟不決，此大不宜。今有一策，可悉遵兩方之意，如此，能息訟否？」雙方皆默然。縣官語先父曰：「今當遵彼三人意，義莊仍由三房輪管，君意如何？」先父曰：「夙願固如此。」又告三人：「今當從起訴方意，義莊另擇一新管理人，俾便措置更新，君等意各如何？」三人皆俯首曰：「可。」縣官因指二房某叔父，曰：「此事盼君勉為其難，君意又如何？」某叔父答：「長官為敝族事如此操心，某雖不勝任，歸後當與起訴方再熟商之，庶以報長官之誠意。」縣官曰：「甚善。」此訟遂決。

既歸，某叔父召先父商談，囑為義莊撫恤救濟時期等級等，定一詳細條款。謂：「當一如君意，交義莊新聘賬房照辦。」自此五世同堂一宅，幼有養，老有歸，皆得賴祖宗庇廕，粗衣淡食無憂，一宅懽然。而無傷義莊之貲產。富三房對先父所定條款，亦皆翕服。乃不踰時，受撫恤者紛來告苦，謂所獲米糧，品劣，幾不可下嚥。先父囑攜樣米來，取兩小包藏衣袋中，去至義莊。賬房瀹茗陪坐。先父久不去。遂留午膳。先父席間語賬房：「君為五世同堂中貧病老弱操勞甚苦，然此乃君主要職責。此輩貧病老弱，不啻為君之真主人。」賬房頷首曰：「然。」先父因出示衣袋中兩小包米，與桌上飯相比，曰：「此乃君之真主人所食，與君日常奉養，精粗之差，何啻天壤。」賬房立道罪。自此諸孤寡皆得吃白米。

五世同堂各家，自此事無大小，皆來就商於先父，得一言為定，一掃往日渙散之情。繼則富三房凡遇族中事，亦必邀先父集商。又繼則囑族人逕赴先父處取決。更繼則七房橋四圍鄉間事，幾乎皆待先父主斷。時先父年未及三十，不啻為族長，又兼為鄉紳。戶外事麕集，而書房生活，則日以疏減。時則先兄尚在幼稚。上之所述，乃他日先母告之先兄，而先兄又以轉告余者。

先父之盡力族中及鄉間事，為余所親睹者有一事。時余已逾十齡，家已遷居蕩口鎮。一夕，晚飯方畢，忽全身白衫褲白帽者母子兩人，叩門入。其子當較余稍長。母子皆跪先父前不起。先父囑速起，乃大哭連拜，叩頭不已。起身泣訴，乃知亦錢姓，住長洲縣某村，距蕩口數十里外。其家為村中首富，母新寡，子乃螟蛉。村中同族嫉其富，欲逐此螟蛉，強嗣一子，亦村中富家，年已長，成婚有子，勢不能奉嗣母同居，而家產當盡歸掌管。寡孤無以為抗。人告以無錫縣有汝同宗某，其人秉正仗義，排難解紛，名聞遐邇，何不試往請援。乃攜家中珍細三箱，雇一船，深夜離村，至是始到。先父告以：「汝攜三箱，不能放我家。當先寄放他處，我再為汝謀。」婦言：「即近村亦無可信，故攜而來此。異鄉隔縣，更無相識，何處存放此三箱。」先父因言：「汝若信我，可乘夜先移舟至鎮上某紳士家，懇寄汝箱。彼若允，可再來。」母子再來，遂留食宿。此下事余不知，惟聞螟蛉獲留，寡婦亦保其家業，惟分一部分給其嗣子。又在族中興一善舉。皆出先父調處。先父卒，母子披麻帶孝，來余家拜祭。其後母子又遠道屢來余家，直迄余家遷返七房橋而止。

柒、先父對余之幼年教誨

先父愛子女甚摯。嘗語人：「我得一子，如人增田二百畝。」余之生，哭三日夜不休。先父抱之繞室，噢咻連聲。語先母曰：「此兒當是命貴，誤生吾家耳。」自余有知，先父自鴻聲里夜歸，必攜食物一品，如蛋糕酥糖之類，置床前案上，覆以帽或椀。余晨起揭視，必得食。及余七歲入塾，晨起遂不見食品。先母告余曰：「汝已入塾，為小學生，當漸知學大人樣，與兄姊為伍，晨起點心，可勿望矣。」余下一弟，先父最所鍾愛，不幸早夭。先父抱之呼曰：「必重來我家。」次弟生，眉上有一大黑痣。先父喜曰：「我兒果重來矣。」

先父為先兄與放大風箏某伯父家一堂兄，聘一塾師，華姓，自七房橋東五里許蕩口鎮來，寓某伯父家。攜一子，三人同塾。翌年秋，先父挈余往，先瞻拜至聖先師像，遂四人同塾。師患心痛疾，午睡起，必捧胸蹙額，繞室急步。余童騃無知。一日，二兄逗余，笑聲縱。翌日上學，日讀生字二十，忽增為三十。余幸能強記不忘，又增為四十。如是遞增，日讀生字至七八十，皆強勉記之。因離室小便，歸座，塾師喚至其座前，曰：「汝何離座？」重擊手心十掌。自是不敢離室小便，溺褲中盡濕。歸為先母知，問余，不敢答。問先兄，以實告。先母默然。一日傍晚，先父來塾，立余後，適余誦〈大學章句序〉「至及孟子沒」，時師尚未為余開講。先父指沒字問余，曰：「知此字義否？」余答：「如人落水，沒頭顛倒。」先父問：「汝何知此『沒』字乃落水？」余答：「因字旁稱三點水猜測之。」先父撫余頭，語塾師曰：「此兒或前生曾讀書來。」塾師因讚余聰慧。先父歸，以告先母，先母遂告先父余溺褲中事。年終，先父因謝師歇塾。為余兄弟學業，移家至蕩口，訪得一名師，亦華姓，住大場上克復堂東偏，余家因賃居克復堂西偏，俾便往返。時余年八歲，師為余講《史概節要》及《地球韻言》兩書。余對《地球韻言》所講如瑞典、挪威日夜長短等事更感興趣。講兩書畢，不幸師忽病，不能坐塾，諸生集庭中鑿池養魚，學業全廢。余家遂又遷居。在大場上之北另一街，一大樓，已舊，北向，余一家居之。余兄弟遂不上塾。余竟日閱讀小說，常藏身院中一大石堆後，背牆而坐。天色暗，又每爬上屋頂讀之。余目近視，自此始。

先父母對子女，從無疾言厲色。子女偶有過失，轉益溫婉，冀自悔悟。先伯父家從兄來住吾家，一日傍晚，邀余同往七房橋。謂：「汝當告嬸母。」余往告先母。先母以余戲言，未理會。待晚飯，兩人不至，乃知果往。先父偕侍從楊四寶，掌燈夜至七房橋。余已睡，披衣急起，隨先父歸。途中，先父絕不提此事。至鎮上，先父挈余進一家湯糰舖吃湯糰，始回家，先母先姊先兄，一燈相候。先母先姊調余：「汝反吃得一碗湯糰。」促速先睡。

先父每晚必到街口一鴉片館，鎮中有事，多在鴉片館解決。一夕，楊四寶挈余同去，先父亦不禁。館中鴉片舖三面環設，約可十許舖。一客忽言：「聞汝能背誦《三國演義》，信否？」余點首。又一客言：「今夕可一試否？」余又點首。又一客言：「當由我命題。」因令背誦〈諸葛亮舌戰群儒〉。是夕，余以背誦兼表演，為諸葛亮，立一處；為張昭諸人，另立他處。背誦既畢，諸客競向先父讚余，先父唯唯不答一辭。翌日之夕，楊四寶又挈余去，先父亦不禁。路過一橋，先父問：「識橋字否？」余點頭曰：「識。」問：「橋字何旁？」答曰：「木字旁。」問：「以木字易馬字為旁，識否？」余答曰：「識，乃驕字。」先父又問：「驕字何義，知否？」余又點首曰：「知。」先父因挽余臂，輕聲問曰：「汝昨夜有近此驕字否？」余聞言如聞震雷，俯首默不語。至館中，諸客見余，言今夜當易新題。一客言：「今夕由我命題，試背誦〈諸葛亮罵死王朗〉。」諸客見余態忸怩不安，大異前夕，遂不相強。此後楊四寶遂亦不再邀余去鴉片館，蓋先父已預戒之矣。時余年方九歲。

先父每晚去鴉片館，先母先姊皆先睡，由先兄候門。余見先兄一人獨守，恆相伴不睡。先父必囑先兄今夜讀何書，歸當考問。聽樓下叩門聲，先兄即促余速上床，一人下樓開門。某一時期，先父令先兄讀《國朝先正事略》諸書，講湘軍平洪楊事。某夜，值曾國荃軍隊攻破金陵，李成典、蕭孚泗等先入城有功。先父因言，此處語中有隱諱。既為先兄講述，因曰：「讀書當知言外意。寫一字，或有三字未寫。寫一句，或有三句未寫。遇此等處，當運用自己聰明，始解讀書。」余枕上竊聽，喜而不寐。此後乃以枕上竊聽為常。先兄常逾十一時始得上床。先父猶披燈夜讀，必過十二時始睡。

先父或自知體弱多病，教督先兄極嚴。先兄猶及赴晚清最末一期之科舉，然不第。時鎮上新有果育小學校，為清末鄉間新教育開始。先父命先兄及余往讀。先兄入高等一年級，余入初等一年級。先父對余課程，似較放任，不加督促。某夕，有兩客來閒談，余臥隔室，聞先父告兩客：「此兒亦能粗通文字。」舉余在學校中作文，及在家私效先兄作散篇論文，專據《三國演義》寫

〈關羽論〉、〈張飛論〉等數十篇，私藏不予先兄知之，乃先父此夜亦提及，余驚愧不已。此後遇先父教導先兄時，亦許余旁聽。謂若有知，不妨羼言。

先父體益衰，不再夜出赴鴉片館，獨一人在家據榻吸食。先母先姊燈下紡紗縫衣，先兄伴讀一旁。先父每召余至鴉片榻前閒話，歷一時兩時不休。先母先姊先兄私笑余：「汝在兄弟中貌最醜，陪侍父親，卻能多話。聒聒竟何語。」余恧然不能對。及後思之，亦不記當時先父對余何言。要之，先父似從不作正面教誨語，多作側面啟發語。何意愚昧，竟不能仰副先父當時之苦心灌輸培植於萬一！滋足媿也。

捌、先父之病及卒

先姊以僑居上海之先四姑夫母之介紹，遠嫁漢口番禺曾氏。婿往來經商滬漢間，來滬親迎。先父母舉家赴滬送嫁，翁婿晤敘經月，乃各歸。先父自歸後即病。醫言乃肺病，痰喘日增。晨過十一時不能起床。先母必命余上樓喚醒，陪侍下樓午餐。先父飲食素清簡，率常以鯽魚湯、銀魚雞蛋、麵筋塞肉、熏魚、瘦肉丸、蝦仁等數味為止。先母精烹飪。先父在外得佳餚，歸告先母，必能依所言調製，愜先父之意。及病，午膳只僅上述中一味，飯半碗。晚進稀粥一甌。先母尤擅製各色醃菜醬菜，精美獨出。其後以教先後諸媳，皆不能及。先母知先兄及余皆嗜此，猶親為之，留供余兄弟寒暑假歸食。及先兄又卒，余奔走在外，先母亦垂垂老矣。余不嘗此等珍味，迄今已四十餘年。

先父病甚，遂移寢樓下，淹滯在床不能起，逾兩月餘。夜間每面牆側臥，口中常囈言，為時尚早，可稍待。初不知其意云何也。上海先四姑母率兩子，及其他戚屬，來住余家者日眾。四月二十三日夜半，先父忽告家人：「我明日午前當行，今當有所囑咐。」先召先母至枕邊，次及先兄。又次及余，只一語，曰：「汝當好好讀書。」先母挈兩幼弟至前，先父曰：「此兩兒，當待其兩兄教導。」次及先父兩族弟，一屬五世同堂，一為放大風箏家某伯父之弟。此兩人皆先父夙所照顧，欲其續理宗族事者。又次及來余家之親戚，皆分別各有所語。及黎明，先父曰：「鎮上人繫念我病者甚眾，我可待晨十時始行，猶及與彼輩道別。當告就近一家，他家必相率而至。」朝旭方升，告一家，他家果絡續至，皆鎮上士紳。先父起身，靠高枕而坐，見來者，拱兩手曰：「來生見。」又有店傭，有家僕，亦有不相識者，聞聲登門，先父亦皆拱手語此。及十時，先父曰：「余行矣。」遂瞑目。門外送來香花紙轎，堆積如山。正焚化間，後至者多咨嗟裴徊不忍去。時先父年四十一，是為前清光緒之三十二年。先兄年十八，余年十二，一弟年七歲，最幼一弟年三歲。余兄弟與先伯父家兄弟聯合排行，不育者亦計在內。先兄最長，余行四，兩弟行六行八。

玖、先母來歸

先母蔡氏，與先父同年。外祖家住蔡師塘頭，在鴻聲里西北約里許，距七房橋可三里。外祖父兄弟兩人，儒而農。塘水清澈，長寬得四五畝，養魚養鵝。畜一牛，傭壯丁三四人操耕作。兄弟一處館，一行醫。或為先父作媒，有人告外祖父：「七房橋五世同堂一宅，俗所謂醬缸已破，獨存架子。大族同居，生事艱窘，而繁文縟節，依然不廢。聞新婿乃一書生，恐不解事。君女嫁之，必多受苦。」外祖父言：「詩禮之家，不計貧富。我極願吾女往，猶得稍知禮。」遂定婚。

先父十六入泮，即以是年成婚。先母之來，先祖母猶在高堂，先母侍奉得懽心。先曾祖父母亦尚在，由七子輪養。五日一輪。來大房，先母主中饋，必豐必潔。先曾祖父母酷愛六叔祖父，常挈以同來，或攜其一家同來，特設席鴻議堂。先曾祖父母盛誇二新嫂知禮。族中禮衰，男子互不呼輩分，亦不呼名字，各有一渾名綽號。西弄堂五叔父，名字中有一「愛」字，族中群以「握（平聲）蓋」呼之，乃愛字之反切也。余兄弟及長，猶亦呼之曰「握蓋叔」，竟不知其何名何字，經查詢始知。族中稱先父「珍二相」，先母「二新嫂」，舉族尊長皆然。即在背後，亦絕不有異稱。蓋凡族中事煩及先父，先父事忙，多由先母轉達。來者輩分年歲，皆較先母為長。先母情意禮節，必不使來者不滿，而又曲折婉轉，亦決不失先父處理此事之本意。故使族中人於先父先母皆一體同視也。

先父設館授徒，弟子自遠方來，群住素書堂後進西邊空屋，即先父幼年讀書處。多或同時十許人，少亦六七人。其年歲皆與先父相伯仲。家無婢侍，由先母掌膳食，邀族中貧苦者一兩人相助。其他雜務，亦全由先母指揮料理。諸生競稱師母賢能。數十年後有來者，猶稱道不絕。

先母共育四女五男。平均三年必一育。四女惟先長姊存，五男留得四人。先父先母，溫溫相守二十六年。閨門之內，相敬如賓，絕不聞有小爭吵。然先父忙於外，先母忙於內，雖各愛其子女，乃絕少舉家歡欣同樂之日。余所記憶者僅有兩次。時已遷居蕩口鎮。一次，值某年端午，鎮人大為龍舟之戲，有遠自蘇州來者。先父亦雇一舟，舉家同往觀。群舟列隊四五十，鎮人排先父舟為第一號，緊隨龍舟後。龍舟高四五層，宛如重樓疊閣。入夜，燈火照空，鑼鼓絲竹喧天。自鎮外之鵝肫蕩，亦名鵝湖，蜿蜒駛入鎮上。兩岸環觀者，空鎮而出。先父母與諸子女同坐前艙，左右瞻眺，午夜始返。

又一次，鵝湖東西廣五里，南北長十里，例禁捕魚，惟冬季開放大捕一日。或下大網，或載鸕鶿，亦有獨駕扁舟垂釣者，千舟群集，鎮上人多駕舟出觀。先父偕先母挾子女，亦雇一舟，徜徉湖中，往返觀之。遇相識，隔舟相招呼。年輕人遇見隔舟相識，尤懽躍如狂。捕魚者得大魚，競來奉獻。即在舟中烹食。淩晨而往，薄暮而歸，雲影湖光，蕩人心肺，歡欣得未曾有。翌日，鎮上又送大魚數十尾至，多醃糟至過年後食。余自有知，舉家率皆勉平安而過。至舉家得大懽樂，則僅此兩次。

拾、先母寡居

先父以文行忠信，受社會普遍尊崇。然先父與親族交遊間，語不及私。往來酬酢，皆守禮節，絕不奢縱，亦不示人以貧窘窮迫相。他人亦絕少知余家之經濟實況。一日，先伯父家從兄途中與一不相識人語，此人盛道先父為人不去口。從兄曰：「外人都知家叔父為人，卻不問家叔父闔家生活。」語聞於先父，特召先兄與從兄誡之曰：「生活各家不同，非年輕人所當過問，更不宜與外人道之。」先母日常，戚族來往，亦絕不談及家庭經濟。

及先父之喪，親族弔者群集，始悉我家之艱困，力主孤寡生活，當依例領取懷海義莊之撫恤。先母泣不允，曰：「先夫在日，常言生平惟一憾事，乃與諸伯叔父為義莊涉訟。稍可贖歉疚於萬一者，自問存心無一毫私圖耳。今棺木未入土，其妻其子，即吃義莊撫恤米，何顏面見先夫於地下？」諸親族爭言：「三相生平絕不懷私圖，不惟親族群知之，即路人不相識者，亦皆知。義莊撫養孤寡，乃符合列祖列宗遺意。且五世同堂一門，孤寡受撫恤者何限。二嫂獨不受，此諸家懷念往昔，何以自安。」先母不獲已，召先兄與余立面前，泣曰：「汝兄弟聞所言否？幸能立志早謀自立。」先兄及余皆俯首泣不止。

先母不識字，十六歲來歸。余幼小初有知識，即側聞先母與先姊先兄之日常相語。及後知識漸開，乃知先母凡與子女言，絕非教誨，更無斥責，只是閒話家常。其話家常，則必及先祖母先父，必以先祖母先父為主，乃牽連及於宗族鄉黨間事。故其語語皆若瑣事，若閒談，而實語語皆教誨，皆有一中心。及先父卒，凡先母之告先兄及余者，更惟以先父之遺言遺行為主。一家生活，雖極貧苦枯寂，然余兄弟在當時，實並不知有所謂貧苦，亦不知有所謂枯寂。惟若先父之靈，如在我前，如在我左右。日惟以獲多聞先父之遺言遺行為樂事。

先父卒年，余家又遷居後倉濱，即果育小學之隔鄰。是年除夕，午後，先兄去七房橋領取義莊錢米。長弟患瘧疾，寒熱交作，擁被而臥，先母在房護視。幼弟依先母身旁。余一人獨坐大門檻上，守候先兄，久久不見其歸。近鄰各家，香煙繚繞，爆竹喧騰。同居有徽州朝奉某夫婦，見余家室無燈，灶無火，欲招與同喫年夜飯。先母堅卻之。某夫婦堅請不已。先母曰：「非不知領君夫婦之情，亦欲待長兒歸，具香燭先祭拜祖宗，乃能進食。」某夫婦每常以此嗟歎先母治家為人之不可及。暮靄已深，先兄踉蹌歸。又上街，辦得祭品數物。焚燒香燭，先母率諸兒祭拜祖先。

遂草草聚食，幾深夜矣。

先父在時，向鎮上各店舖購買貨物，例不付款，待年終清結。先父卒後，上街買小品雜物，先母命余任之。一日，到街上購醬油，先母令攜錢往，隨購隨付。店舖中人不受。余堅欲付，舖中人堅不納。謂：「汝家例可記賬，何急為。」不得已，攜錢歸。其他店舖亦然。先母曰：「此又為難矣。汝父在時，家用能求節省即可。今非昔比，萬一年終有拖欠，又奈何。」及歲除，鎮上各店舖派人四出收賬，例先赴四鄉，鎮上又分區分家，認為最可靠者最後至。余家必在午夜後，亦有黎明始到者。例須手提燈籠，示除夕未過。先母必令先兄及余坐守，不願閉門有拖欠。余兄及余往往竟夕不寐。但亦有竟不來者。先母曰：「家中有錢，可勿記賬在心，家中無錢，豈不令我心上老記一賬。」及余家遷返七房橋，此事始已。及後，先兄及余每月進款，必交先母。及歲除，先兄及余集先母臥室，先兄必開先母抽屜，得十元八元，必曰：「今年又有餘存。」母子三人，皆面有喜色。

先父之卒，諸親族群來為先兄介紹蘇錫兩地商店任職，先母皆不允。曰：「先夫教讀兩兒，用心甚至。今長兒學業未成，我當遵先夫遺志，為錢氏家族保留幾顆讀書種子，不忍令其遽爾棄學。」明年冬，適常州府中學堂新成立，先兄考取師範班，余考取中學班。師範班一年即畢業，同學四十人，年齡率在三十以上，有抱孫為祖父者。先兄年僅十九歲，貌秀神俊，聰慧有禮，學校命之為班長。監督又召問：「汝尚年輕，當求深造，為何投考師範班？」先兄告以上有慈母，下有諸弟，家貧急謀自立。學校特令先兄管理理化實驗室，按月給獎學金一份。翌年，以第一名畢業，諸師長同學競為介紹教職，先兄願回家侍母，亦欲致力桑梓，遂歸。復遷家返七房橋，呼籲族中，由闔族三義莊斥資，創立小學校一所，取名又新。七房橋闔族群子弟及齡者皆來學。先兄為校長，另聘兩師，一為先父舊學生，一為先兄師範班同學，年皆四十以上。

先兄既獲職，先母即令先兄不再領懷海義莊之撫恤。先兄月薪得十許元，一家生事益窘。幸果育學校舊師長，為余申請得無錫縣城中某恤孤會之獎學金，得不輟學。翌年，先兄完婚。七房橋闔族皆來賀。鴻議堂上自先父先母成婚獲得一次盛大慶宴外，三十年來，此為其第二次。先母終日在房啜泣。婚禮先拜天地，後拜親長，群擁先母掩淚自房出至堂上。余在旁側觀，悽慼無極。回念先父去世後幾年情況，真不啻當前之如在夢寐中。

先兄聲譽日著，長又新小學外，族中事亦漸紛集。七房橋闔族祥和之氣，又復再見。辛亥年，余轉學南京鍾英中學校。暑假在家，忽犯傷寒症，為藥所誤，幾死。十里外后宅鎮有名醫沈翁，慕先父先兄名，以其女許余，並召先兄及余至其家，盛筵款接，出見其子，曰：「今為親家，此子他日，幸賢昆仲加以輔導。」一日常環后宅數十里內求醫者踵相接。入夜，駕一舟出診，必晨始歸。聞余病，曰：「我必先至婿家。」屢來，余病得有起色。後其女不幸早亡。其子在上海同濟大學學西醫有名，與余家往返如親故。先母護視余病，晨晚不離床側，夜則和衣睡余身旁，溽暑不扇，目不交睫。近兩月，余始能漸進薄粥。天未明，先母親登屋上，取手製醬瓜。又旬日，漸進乾飯。此病不啻余之再生，皆先母悉心護養之賜。其時居素書堂東偏房，今名所居臺北外雙溪屋曰素書樓，以誌先母再生之恩於不忘。

余病三月，一日，始進葷食，即欲於明日返學校，先兄為余治裝。翌晨，自洪聲里乘船赴望亭車站，乘滬寧鐵路火車。車中讀報，始悉革命軍已於昨夜起義武漢。是日為八月二十日。既至校，同學四散，乃意欲待革命軍進城投效，留校不去。事益急，學校下令驅逐全體師生僕役悉離校不許留，乃乘南京開出最後一班車，僅能赴上海。翌日為重九，上海街頭掛白旗，高呼光復。余與家中音訊久絕，急歸。先母見余，抱余頭，幾泣，曰：「方慶汝再生，初謂今生不復得見汝面矣。」

七房橋辦團練自衛，先兄為自衛隊長，諸伯叔父皆為團員。先兄與一叔父去上海購得後膛槍數十支。命余為教官，教諸伯叔父兵操。立正、少息，聽命惟謹。又聘一拳師教拳擊刀棒。每夜，分番站崗村外之四圍。先兄偕年老諸伯叔父及余逐崗巡視。又與他處自衛隊聯絡，一切盡由先兄指揮。先兄時年二十三，余則年十七。

民元春，余因鄉閭未靖，不忍又遠離。亦無從籌學費，先兄命余赴七八里外秦家水渠三兼小學校任職。教讀生涯，迄今忽已六十三年矣。六弟年十三，先兄命余攜去，曰：「汝或教導勝我，亦令其漸習離家生活。」翌年，送六弟進常州中學。民六之秋又為余完婚。甲子乙卯間，五世同堂兩遭火災。前一次在第一進，此處本無人居。第二次在第三進素書堂東邊，即先母與余夫婦所住。兩臥室一書房，盡成灰燼。先祖父手鈔五經，及《史記》評點，及先父窗課，同付一炬。五世同堂荒殘不堪，亦無屋可居，乃又遷家至蕩口。幸先姊遠自漢皋攜來多衣，一家得以蔽體。先母患胃疾，經月惟進水漿，半年始漸康復。

自後八弟又在常州中學畢業，兄弟四人皆在中學教讀。先兄又為兩弟同日完婚。乃兄弟集商。先兄曰：「吾兄弟必各分房異爨，庶可使慈親節勞。」並由先兄及余兩家輪流奉養，兩弟婦初來，可免未識慈親心性所安之虞。先母曰：「我今無事，當務督導長孫讀書。」每夜篝燈，伴孫誦讀。余在家，亦參加。同桌三代，亦貧苦中一種樂趣也。

先兄字聲一，余字賓四，皆先父所定。先兄原名恩第，余原名思鑅。民元之春，先兄易名摯，易余名穆，六弟名藝字漱六，八弟名文字起八，皆先兄所定。先兄長子名偉長，則由余所定。

拾壹、先兄之卒及先母之晚年

民十七夏秋之交，余妻及新生一嬰孩相繼死亡，時先兄任教於無錫榮巷榮氏新創之榮巷中學，歸家為余料理喪事，以勞傷過度，舊患胃疾驟發，不幸亦溘然逝世。兩月之間，連遭三喪。先兄年僅四十，遺下一妻兩男兩女。長子年十六，隨余在蘇州中學讀高中一年級。先兄乃與先祖父先父三世不壽，而一門孤寡，亦復三世相傳。先母又罹此變，其情可知。

先兄喜音樂，能多種樂器，尤擅琵琶與笙。余喜簫笛，寒暑假在家常兄弟合奏。先兄又能指揮鑼鼓。每逢春節，鴻議堂鑼鼓喧天，皆由先兄指揮。又能書，墨跡遍布城鄉。有手圈《資治通鑑》一部，先兄卒後，余常攜以自隨。抗戰軍興，余有書五萬冊留北平。避赤氛南下，五萬冊書以一百擔米託書肆保管，乃於香港幸得先兄手圈之《資治通鑑》，五萬冊中只此一部數十冊重歸余手，亦可異也。先兄喜吟詠，曾文正《十八家詩鈔》不離手口，尤喜陸放翁七律。所為詩，幾乎全倣放翁。卒後，余裒其遺詩三百餘首，編為一集付印，分贈其平日友好及從學弟子之不忘其師者。恨今手邊無之，不知大陸猶留存有此書否？

越一年，余在蘇州續娶，迎養先母來蘇州。民十九余赴北平任教，翌年，又奉母北上。值榆關事變，風聲日急，侍母南返。欲俟風聲稍靜，再迎北上。先母告余曰：「汝父汝兄，福命止此。幸汝兄弟三人，各自成立。長孫亦已考入清華大學，我家子孫，首有入大學者。此外我復何求。不餓死，不凍死，我願已足。生活上不願再求舒泰。且人命無常，我年已老，萬一身歿北土，再求歸葬，豈不重累於汝。」余見母意已決，不敢強請，乃奉母返蕩口，與八弟媳同居。

先母年七十，余乘暑假自北平返蕩口。見母體氣轉健，精神日旺。七房橋蕩口及其他地區，戚族相識，乃至農戶商家，僕隸婦傭，登門問候者不絕。先母禮遇不衰，恩意有加。窺其意，實以能不改其素常生活為樂。余在旁伴侍三月，終不敢啟口有稱觴祝壽之請。僅勸先母去無錫城訪醫檢查身體，得偕六弟一家伴遊太湖鼋頭渚竟日。

拾貳、先母之卒

抗戰軍興，余隻身南下，赴長沙昆明。於民二十八之夏，自昆明隻身返蘇州，余妻亦挈子女自北平返，迎母來蘇。兵亂中，先母與先兄六八兩弟三家同居蕩口。及是，得睹余之三兒一女。余之長兒，先母所素愛，次兒僅見於乳抱中，此下一兒一女，先母未曾見。驟睹諸雛，憫撫有加，似不願與諸雛遽相離。余遂擇一荒園無人居者，留家蘇州奉養，余亦變姓名。閉戶不出，伴母一年。時先母年已七十六，尚能自下廚，治精膳，為余夙所喜者，偕余兩人同食。先母食量，與余相若，余每心喜。先母不復談往事，日在園中以含哺弄孫為樂。翌年初秋，余又隻身離母遄返後方，先母率諸孫自園送余至大門，可數百步之遙。余見先母步履顏色，意氣談吐，不慮有他。乃秋末，因園中多蚊，患瘧疾。家中有醫生相熟者兩人，一即上海同濟大學畢業之沈君，一女醫更有名，為余至友須沛若之女，北平協和畢業。此兩醫禮敬先母備至，可一呼即來，臨別亦以為恃。因先母高年，兩醫同意投金雞納霜求瘧速止，不意引起四十年前胃疾，消化不良，終於翌年民三十陰曆新年初五辭世。除余在成都，長孫在美國，六八兩弟及余兄弟四家諸媳諸孫，皆環侍在側，同視殮葬。先母年七十七，余年四十八。

自念生平，於先父實無所知。其一二所知者，皆由先母先兄之稱述中得之。即先兄所稱述，亦強半得之於先母。余之於先母，及今追思，亦復相親之日少，相疏之日多。先父之卒，余尚在小學，猶得晨夕與先母相親。自十三歲之冬，進入中學，僅寒暑假在膝下。民元以還，教讀在外，亦惟寒暑假獲親慈顏。民十九，蘇州侍養僅半年，余即赴北平。民二十，侍養北平，得一年又半。最後抗戰期間，又獲於蘇州耦園，陪侍先母一年。然從不敢陪先母出大門一步，親朋亦絕無往來。綜計自民國肇建以來，獲與先母長年相聚，亦僅此三年而已。先母外和而內剛，其與人相處，施於人者必多，受於人者必少。即對其親生子女，亦各皆然。常念古人以慈恩喻春暉，每於先母身邊，獲得深切之體會。即家中養一貓，養一雞，先母對之，亦皆有一番恩意。自先母之卒，至今又踰三十二年以上。余之不肖，歉疚叢集。惟每一念及先母，其慈祥之氣色，其周到之恩情，使余能歉疚漸消而重獲新生。八十年來，非先母之精神護恃，又烏得有今日。及今追述，固不能當先母平日為人之萬一，然亦何以竭此心所存之萬一乎？亦竊願掬此心以告當余世之同為孤兒者，庶能獲此心之不孤，然亦何以報先父先母於地下。悠悠蒼天，我悲何極。此文寫於梨山賓館、武陵農場、天祥中國旅行社三處，凡經六日。又在花蓮宿兩宵，其第二宵晚九時許，即余七十九年前（清光緒乙未六月初九——西曆一八九五年七月三十日）之生辰也。時為中華民國六十三年暑。

余任教北大時，南遊廬山之年，過漢口居先姊家。先姊嫁後無生育，偕其亡夫妾所育一幼女同居。及余留蘇侍母之年，先姊攜女再歸省親，一旬而別，實為余與先姊最後之一面。及民三十八年冬，余初至香港，聞先姊哀耗，時其女已成年，此後音訊遂斷。兩年前又聞六弟八弟均在大陸先後去世。則余之一家，父母所生育，亦僅存余一人而已。感慨何極。民七十一年又誌。

師友雜憶

序

余八十初度，撰《憶雙親》一文。讀者多勸余繼述生平經歷，以饗並世。余念自幼志學，老而無成，妄有自述，豈不靦顏。惟生平師友，自幼迄老，獎勸誘掖，使余猶幸能不虛度此生。此輩師友往事，常存心中，不能忘。今既相繼溘世，余苟不加追述，恐其姓名都歸澌滅，而余生命之重要部分，亦隨以淪失不彰。良可惜也。惟余所欲追憶者乃遠從七十年前開始。逃避赤禍來港臺，亦已有三十年之久。古人以三十年為一世，以今思昔，皆已恍如隔世。而況憂患迭經，體況日衰，記憶銳退，一人名，一地名，平常自謂常在心中，但一臨下筆，即渺不可尋。有時忽現腦際，未即寫下，隨又忘之，苦搜冥索，終不復來。而又無人可問。如寫第一篇果育學校事，當前相識已無一人同歷其事者。第二篇寫常州府中學堂事，在臺有一人，在港復有一人，年皆長於余，皆垂垂九十矣。余所思，未必即彼所知。此皆前清時代之事。下逮民初，亦復如是。故凡余所述，皆屬一鱗片爪，而已費九牛二虎之力。但既到老不忘，則可確證其為余生命中之重要部分，務求敘述真實，亦屬余對生命之自惜。縱屬一鱗片爪，在余則彌自珍重。而余之生命，在此時代，亦屬可有可無。增余一人不為多，減余一人不為少。惟此七十年來，世風時態，驟轉亟變。余所追憶亦可使前世風範猶有存留。讀此雜憶者，苟以研尋中國現代社會史之目光視之，亦未嘗不足添一客觀之旁證。有心世道之君子，其或有所考鏡。是則凡余之所雜憶，固不僅有關余一人之事而已。又余雙目已不能見字，信筆所至，寫成一字即不自睹。工拙更不可計。亦有心中極明白極清楚之事，不敢放筆。若以白話文寫出，則更恐浪費紙張，浪費讀者之光陰。故下筆力求其簡，庶亦可告罪於萬一耳。知我罪我，是在讀者。

民國六十七年春錢穆自識於臺北士林外雙溪之素書樓，時年八十有四。此序先成，全稿起筆於民國六十六年冬，於民國七十一年之雙十國慶停筆，前後歷五年。

壹、果育學校

一

余七歲入私塾，十歲進新式小學，為無錫蕩口鎮之果育學校。余此書所述，亦自果育學校始。

果育學校由蕩口鎮華子才先生私人創辦。學校分高初兩級，各四年。余偕先兄聲一先生，奉父命同往考。先兄入高級小學一年級，余入初級小學一年級。其時諸老師教文史者，初不太受人特別重視。因宿學碩儒，延攬尚易。教理化自然科學者，則不易聘。而體操唱歌先生亦甚難得。此皆所為開風氣之先者。而果育學校之兩位體操唱歌先生，則尤為一校乃及一鎮之眾望所歸。

體操先生為余之同族伯圭先生，乃鴻聲里人，遊學於上海。後始聞其乃當時之革命黨人。一日，攬余手，問余：「聞汝能讀《三國演義》，然否？」余答然。伯圭師謂：「此等書可勿再讀。

此書一開首即云『天下合久必分，分久必合，一治一亂』，此乃中國歷史走上了錯路，故有此態。若如今歐洲英法諸國，合了便不再分，治了便不再亂。我們此後正該學他們。」余此後讀書，伯圭師此數言常在心中。東西文化孰得孰失，孰優孰劣，此一問題圍困住近一百年來之全中國人，余之一生亦被困在此一問題內。而年方十齡，伯圭師即耳提面命，揭示此一問題，如巨雷轟頂，使余全心震撼。從此七十四年來，腦中所疑，心中所計，全屬此一問題。余之用心，亦全在此一問題上。余之畢生從事學問，實皆伯圭師此一番話有以啟之。

伯圭師隨又告余，汝知今天我們的皇帝不是中國人嗎？余驟聞，大驚訝，云不知。歸，詢之先父。先父云，師言是也。今天我們的皇帝是滿洲人，我們則是漢人，你看街上店鋪有滿漢云云字樣，即指此。余自幼即抱民族觀念，同情革命民主，亦由伯圭師啟之。

二

唱歌先生華倩朔師，名振，初字樹田，蕩口鎮人。尤為一校師生共仰之中心，其見重似尤過於伯圭師。

倩朔師曾遊學於日本，美風姿，和易近人，喜詼諧，每以東方朔曼倩自擬，故改號倩朔。一日，召同班同學華端慶，告曰：汝每日寫自己名字，不覺麻煩嗎。今為汝減省筆劃，易名立心，立心端始可得慶，汝當記取。一時群相傳告。倩朔師好於詼諧中寓訓誨，率類此。

師擅書法，亦能繪事，並能吟詩填詞。惜余等皆童年未能見其作品而讀之。曾編唱歌教科書，由上海商務印書館出版，其書暢銷全國，歷一二十年不衰。書中歌詞，皆由師自撰。尤有名者，為其〈西湖十景歌〉，全國傳誦。而余則尤愛讀其「秋夜」諸歌，歌題雖已忘，然確知其乃詠秋夜者。歌辭淺顯，而描寫真切，如在目前。民初以來，爭務為白話新詩，然多乏詩味。又其白話必慕效西化，亦非真白話。較之倩朔師推陳出新，自抒機軸，異於當時相傳之舊詩，而純不失其為詩之變。果能相互比觀，則自見其高下之所在耳。

倩朔師又兼任初級小學第一年之國文課，余亦在班從讀。嗣升二年級，師亦隨升。一日，出題曰「鷸蚌相爭」。作文課常在週末星期六土曜日之下午。星期一月曜日之晨，余初入校門，即見余上星期六所為文已貼教室外牆上，諸同學圍觀。余文約得四百字，師評云：「此故事本在戰國時，蘇代以此諷喻東方諸國。惟教科書中未言明出處。今該生即能以戰國事作比，可謂妙得題旨。」又篇末余結語云：「若鷸不啄蚌，蚌亦不鉗鷸。故罪在鷸，而不在蚌。」倩朔師評云：「結語尤如老吏斷獄。」余因此文遂得升一級上課。倩朔師並奬余《太平天國野史》一部兩冊，乃當時春冰室主人所撰。余生平愛讀史書，竟體自首至尾通讀者，此書其首也。

升級後，國文老師改為華山先生。余撰一文，已忘其題，又得續升一級。華山師賞余一書，書名《修學篇》，上海廣智書局出版，乃蔣方震百里譯日本人著作。書中網羅西歐英法諸邦不經學校自修苦學而卒為名學者數十人，一一記述其苦學之情況。余自中學畢業後，未入大學，而有志苦學不倦，則受此書之影響為大。余知慕蔣百里其人，亦始此。

三

自余升入高級班，國文老師轉為由無錫縣城聘來之顧師子重。顧師學通新舊，尤得學生推敬。師又精歷史輿地之學，在講堂上喜講三國兩晉，於桓溫王猛常娓娓道之，使聽者想見其為人。師之輿地學兼通中外，時發精闢之論。時上海有童世亨以地理學大師名，同學謂顧師之地理學尤過之。余中年後，治學喜史地，蓋由顧師導其源。

果育學校乃假華氏一祠堂屋，有一大廳，四壁楹柱，皆遍懸聯語。右邊側房為樂在齋，諸師長退課皆聚於此。樂在齋北左側開一門，通大廳之後軒，廣長舒適。朝北長窗落地，窗外雜蒔花木，有假山，有小池，儼然一小園，幽蒨怡人。軒左向南為大廳之左側房，顧師臥室在焉。校中諸師皆住鎮上，獨顧師由縣城中來，乃宿校中。每日下午四時課畢，諸師皆散，顧師一人在後軒，一長方桌，酒一瓶，花生燻魚等數小碟，手書一卷，隨酌隨閱。諸同學喜自樂在齋進後軒，圍師座，有所請益。師不拒。

某日，乃寒假後顧師新到校，桌上一書，大字木刻。諸同學疑是何古籍，就而視之，乃施耐庵之《水滸傳》。諸同學問，此係一閒書，何來此大字木刻之像樣書品。師言，《水滸傳》乃中國一文學鉅構，諸生何得以閒書視之。諸同學因言，校中有幼年學生錢某，勤讀《水滸傳》，每清晨上課前，諸同學每環聽其講述。先生肯命其來前一加詢問否。師頷首。同學中兩人出外覓余，偕入。顧師問：「汝能讀《水滸》否。」余答「能」。顧師隨問《水滸傳》中數事，余皆應對無滯。師言：「汝讀《水滸》，只看大字，不看小字，故所知僅如此。」余聞言大驚，何以先生能知余之隱私。自此返而重讀，自首迄尾一字不敢遺。乃知小字皆金聖嘆批語，細讀不忍釋手。一遍又一遍，全書反覆幾六七過，竟體爛熟。此後讀其他小說，皆謂遠遜，不再讀。余自幼喜讀小說之積習，自此霍然除去。遂改看翻譯本西洋小說。首得《天方夜譚》，次及林琴南所譯，皆自顧師一語發之。余亦自此常入後軒，長侍顧師之左右。

一日，某同學問，錢某近作一文，開首即用「嗚呼」二字，而師倍加稱賞，何也。顧師言：「汝何善忘，歐陽修《新五代史》諸序論，不皆以嗚呼二字開始乎。」諸同學因向余揶揄言，汝作文乃能學歐陽修。顧師莊語曰：「汝等莫輕作戲謔，此生他日有進，當能學韓愈。」余驟聞震撼，自此遂心存韓愈其人。入中學後，一意誦《韓集》。余之正式知有學問，自顧師此一語始。惜余升高三時，顧師已離校他往，不克多聞其訓誨。

時國文老師除顧師外，尚有瞿馮兩師，皆年老，曾為校主華家私塾師，皆名宿。瞿師講《左傳》，對書中每一人之家屬長幼，及母妻戚族，隨口指名，如數家珍。同學皆驚訝。後余讀書多，及顧棟高《春秋大事表》，因知往日瞿師言，乃由此書來。

四

余在果育，尚有一老師終生難忘，乃倩朔師之仲弟紫翔師名龍。倩朔師三兄弟，同居鎮上之黃石衖。兩弟皆在外，寒暑假始歸。紫翔師在蘇州某中學教英文。余入高三時，暑假紫翔師返鎮，就其宅開一暑期講習班，專教果育高級班。授中國各體古文，起自《尚書》，下迄晚清曾國藩，經史子集，無所不包。皆取各時代名作，一時代不過數人，每一人只限一篇。全一暑期，約得三十篇上下。猶憶授《史記．孟子荀卿列傳》後，令諸生課外作讀後一文。余所作深獲紫翔師讚賞。下星期一晨，諸生進入華宅，此文已懸貼壁上。然余今已不記在此文中曾作何語。華家太師母及三位師母皆圍余倍加慰問，撫余肩，拉余手，摸余頭，忽在余頭上髮中捉得一虱。此事乃使余羞澀俯首，終生難忘。

是夏暑氛甚熾，紫翔師忽得眼疾，架深藍色眼鏡，在講堂側一空室中，連三方桌拼成一長桌，紫翔師一手持一長黃煙管，一手摸此長桌邊繞行。逮上課，乃轉來講堂。所講課文殆半出記誦。

余最愛聽魏晉南北朝諸小篇，如王粲〈登樓賦〉，鮑昭〈蕪城賦〉，江淹〈別賦〉，及邱遲〈與陳伯之書〉等篇。此後余誦古文，不分駢散，尤愛清代如洪亮吉、汪容甫等諸小篇，皆植根於此。紫翔師於韓愈文，獨選〈伯夷頌〉一短篇。余後來精讀韓文，於此篇更深有體會，受益匪淺。其後所學有進，乃逐漸領悟到當年紫翔師所授，雖若僅選幾篇文章而止，而即就其所選，亦可進窺其所學所志之所在矣。

使余尤難忘者，紫翔師又選授南宋朱子之〈大學章句序〉，及明代王陽明之〈拔本塞源之論〉。此後始知〈拔本塞源之論〉，乃陽明〈答顧東橋書〉之後幅，入陽明《傳習錄》中卷。余此後由治文學轉入理學，極少存文學與理學之門戶分別。治王學乃特從〈拔本塞源之論〉得有領悟。又其後乃知陽明〈拔本塞源之論〉，亦從朱子〈大學章句序〉轉來，則已在余之晚境矣。

紫翔師最後所選授者，為曾滌生之〈原才篇〉。開首即云：「風俗之厚薄奚自乎，自乎一二人之心之所嚮而已。」余至晚年始深知人才原於風俗，而風俗可起於一己之心嚮。則亦皆是紫翔師在余童年之啟迪，有以發之也。

民初余在鄉村小學教書，益念及當年紫翔師暑期講習班所授，幾若為中國文學史中所謂古文學一部分示例，較之姚選《古文辭類纂》，曾選《經史百家雜鈔》，及《古文四象》等書，皆別闢蹊徑，別出心裁，並有超象外得環中之深義。余曾有意模倣，作「中國歷代古今文鈔」一編，寫有篇目。其時紫翔師尚在蘇州，余曾有書請益，紫翔師亦曾作復。惜今其稿無存，而紫翔師所指示亦已忘之。

此後余每治一項學問，每喜從其歷史演變上著眼，而尋究其淵源宗旨所在，則亦從紫翔師此一暑期講習班上所獲入也。

五

余與先兄同入果育學校，班次本有三年之隔，及余兩度躐等升級，與先兄僅隔一年。清光緒末年，先兄在四年班，余在三年班。是年有常州府中學堂創始，果育四年級同學八名全體報名應考，伯圭師倩朔師亦命余附隨報名，同往應試。歸後旬日，得無錫縣署寄來果育錄取生名單，高四全班八同學皆錄取，惟余一人名不預。是夜，余擁被大哭。翌日，學校課畢即返，取架上先兄所購書逐冊埋頭苦讀，志欲倍加勤奮，期有以雪此恥。一書忘其名，皆選現代名家作品，始讀及梁啟超之文。

又隔旬日，先兄已治行裝，明晨將偕七同學結隊出發。是夕，過九時，先慈與兩弟皆已睡，先兄與余亦正離書室將去臥房，忽聞扣門聲甚急，啟視，乃伯圭師。入門，撫余首曰：「汝亦錄取，今晚始得縣署補告。」囑先兄：「今夜即速為汝弟整理衣物，明晨可隨眾行。至床上枕被舖蓋，我已代為籌措，明晨當徑送船上，勿再操心。」蓋伯圭師知余家貧，倉促間不易辦此一大事也。

翌晨，上船，校主華子才老先生由縣城中特派其一碾米廠總管華叔勤先生來鎮督隊同行，已先在。余此晨大興奮，特在船上暢述新讀一名學書，詳論演繹歸納法。並言，「凡人皆有死」。因指諸同學，「汝曹皆是人，皆當有死。此乃西洋名學家言，汝曹何辭以答。」叔勤先生在旁聆聽，大為激賞。謂汝年幼，已能談西洋思想，他年必可有大前途，慎自勉之。後余畢業中學，重返果育舊校教書，叔勤先生特自城送其兩子來從學，亦事隔六七年之久矣。

余等到縣城，住校主碾米廠中，晚飯晨餐，皆余十三歲來有生未嘗之珍品也。時滬寧鐵路火車初通，余等九人中，惟兩人獲許乘火車先往，餘七人仍坐船，由叔勤先生督隊行。

六

以上是為余在果育小學四年之經過。回憶在七十年前，離縣城四十里外小市鎮上之一小學校中，能網羅如許良師，皆於舊學有深厚基礎，於新學能接受融會。此誠一歷史文化行將轉變之大時代，惜乎後起者未能趁此機運，善為倡導，雖亦掀翻天地，震動一世，而卒未得大道之所當歸。禍亂相尋，人才日趨凋零，今欲在一鄉村再求如此一學校，恐渺茫不可復得矣。近人必謂，現代中國社會人文，自知西化，已日漸進步。如上舉，豈亦足為社會人文進步之一例乎。恐此七十年來之學術界，亦不能不負其一部分之責任也。言念及此，豈勝悵然。

又蕩口雖係遠離縣城四十里外一小鎮，其時居民之生活水準知識程度亦不低。然其對果育諸師長皆備加敬禮。不僅有子弟在學校之家庭為然，即全鎮人莫不然。因其時科舉初廢，學校初興，舊俗對私塾老師皆知敬禮，今謂新學校尤高過舊私塾，故對諸師敬禮特有加。倩朔師在最後一年，亦赴蘇州城一中學兼課，每週往返。當其歸舟在鎮南端新橋進口，到黃石衖停泊，幾駛過全鎮。是日下午四五時，鎮人沿岸觀視，儼如神仙之自天而降。其相重視有如此。國人率謂工商社會必勝過農業社會，然今日農村及僻遠小市鎮之小學教師姑不論，即在商業都市中，小學教師能遭此異遇者有幾。宜乎位為小學教師者皆自菲薄，不安於位，求去如弗及也。

余六七年後，返果育舊校當教師。余七歲時，家中特自蕩口聘往七房橋之私塾開荒老師尚在鎮上，每於學校旁一小橋上遇之，余對之行禮，此老師必側面躲避如不見。其時，則私塾老師地位已遠更落後，大不如新學校中當師長者之出色當行。今日則學校教師又見落伍，世態炎涼，亦豈得作文化進退之尺度乎。

先兄聲一先生最後遷居黃石衖，即倩朔師住宅之前座。不幸在此逝世。余隨先慈留住。時倩朔師遠從滇南歸來，在南京某學校任教。假期中歸蕩口，舊時師生又見面。民國二十六年，日寇入侵，時倩朔師尚在，猶不忘日語。日本軍官中多有能欣賞中國字畫詩詞者，皆於倩朔師特至敬禮。蕩口鎮賴獲保全，不肆殘殺，亦少破壞。鎮人稱頌倩朔師不置。

貳、常州府中學堂

附　私立南京鍾英中學

一

余十三歲入常州府中學堂，時為清光緒末年之冬季。中學新生共分三班，入學未一週，宿舍纔定，校中即出布告，許諸生自量學力，報考二年級。中學部果育高四級同學七人，全體報名應考，亦囑余參加報名，幸皆錄取。在校未及兩月，即放寒假。明年起，余十四、十五、十六——三年，皆在府中學堂，凡三年又三月。記憶最深者，為監督屠孝寬元博師。師武進人。監督即猶今稱之校長。

先兄聲一先生與余同入府中學堂，惟先兄入師範班。中學生年齡都在二十左右，師範班生皆中年人，在三十至四十之間。有一人，居家擁孫為祖父，則恐已年過五十矣。先兄年僅十九，未到二十歲，同班中最年幼者皆當長先兄四五歲以上。每班設一班長，而學校命先兄為師範班之班長，同班年長者多不服。春假開學，言之監督，請易人。元博師勸喻再四，仍堅請。元博師言，余未遍詢全校意見，不得偏徇汝等意見。抑師範生中學生同在一校，本屬一體，我亦得詢之他們。遂召開全體大會。中學二年級班長楊權，乃無錫同鄉，其人美風姿，面白皙，而兩眉甚濃，擅辭令，長演說，起立侃侃發言，達半小時。大意謂，中學師範同在一校，事事皆待接觸商洽。而雙方年齡相差，不免有扞格。惟師範班長錢某，與中學生年相伯仲，其人通情達理，平易近人，和藹可親，不失為師範班中學班溝通意見一橋樑，請勿易。楊權辭畢，舉座默然，即師範班亦無人起立表示反對，遂散會。先兄仍任班長如故。

一日，元博師特召先兄至監督室，詰以汝對中英文數理化各科皆獲同等基礎，宜可深造，為何投考師範班？先兄告以幼孤家貧，堂上有母，我兄弟兩人同來入學，尚有兩幼弟在家，考師範可省繳學費，又一年即畢業，可早謀職業，奉養寡母，扶掖兩幼弟。元博師大加獎許，即命派先兄為學校理化室助理員。謂可不化許多精力，稍濟汝之窮窘。

逮畢業前，元博師已為先兄介紹在府城中一高級小學任教。先兄緩辭，謂不願遠離寡母在外任職。又錢氏聚族而居，族中學齡幼童可得數十人，歸後當商請族中長老斥資創建一小學，即在校任教，以承先父致力鄉里宗族之遺志。元博師聞言，稱許有加。其對先兄之加意培植，即此可見。

時余童稚無知，元博師尤加愛護。猶憶初應入學試，有一人前來巡視。方考國文課，余交卷，此人略一閱看，撫余肩，謂此兒當可取。初不知為何人，後入學，乃知即元博師也。

時學校規定，每學年試皆發證書，具列本學年各課程，及各任科諸師之姓名，並記各科考試所得分數，由任課教師加蓋圖章，乃由監督署名分發，其事極鄭重。是年考圖畫科，分臨畫默畫兩項，默畫題「知更鳥」，一樹枝，三鳥同棲，教本中有此圖。余伸筆作一長條表示為樹枝，長條上畫三圈表示為三鳥，每圈上部各加兩墨點表示為每一鳥之雙目。所點皆濃墨，既圓且大。同學見余所繳卷，課後大加戲謔，謂余所畫此圓而大之雙目，極似圖畫科楊老師。課室外語，為楊老師所聞，極激怒。余之圖畫科分數遂得零下二釐，尚不到一分。惟學校規定各科平均須滿六十分，纔得升級。任何一科分數不足四十分，亦留級。越數日，元博師召余至監督室，戒余每科須平均發展，不得於任一科輕忽。告余今年考試圖畫科得分太低，已商諸師長，可將其他各科得分多者酌減移補。命余立即去楊老師處請罪，求恕。余因言，圖畫科考試不及格罪有應得，監督愛護之意更所感激，惟平日對國文歷史兩課尚知用心，不願將此兩課所得分數減低。元博師面作嗔色，謂小孩無知，可速往楊老師處，勿再多言。余往見楊師，彼已因監督面商，不加斥責。及新證書發下，國文、歷史兩科分數果未改動。是可見元博師對余愛護之誠心矣。其他類此事尚多，不備述。

元博師兄弟四人，師居長，太老師屠寄敬山先生，乃當代史學泰斗，著有《蒙兀兒史記》一書，書未成，而名滿中外。其時已退休居家。某一日，已忘以何因緣，得偕三數同學進入元博師之住宅，又得進入太老師敬山先生之書齋。四壁圖書，臨窗一長桌，桌上放數帙書，皆裝璜鉅製。坐椅前有一書，已開帙，似太老師正在閱讀。就視，乃唐代《李義山詩集》，字大悅目，而眉端行間硃筆小楷批注幾滿，字字工整，一筆不苟。精美莊嚴，未曾前見。尚有碎紙批注，放在每頁夾縫中，似臨時增入。書旁有五色硯臺，有五色筆，架在一筆架上，似臨時尚在添寫。余一時呆立凝視，但不敢用手觸摸。因念敬山太老師乃一史學鉅宿，不知其尚精研文學，又不知其已值晚年，而用力精勤不息有如此。此真一老成人之具體典型，活現在余之目前，鼓動余此後向學之心，可謂無法計量。較之余在小學時，獲親睹顧子重、華紫翔諸師之日常生活者，又另是一境界。惜其時年幼，不敢面請元博師給以親瞻敬山太老師一面之機緣，則仍是當時一憾事。

二

除監督元博師外，當時常州府中學堂諸師長尤為余畢生難忘者，有呂思勉誠之師。亦常州人。任歷史、地理兩課。聞誠之師曾親受業於敬山太老師之門。誠之師長於余可十二歲，則初來任教當是二十五歲，在諸師中最為年輕。誠之師不修邊幅，上堂後，儘在講臺上來往行走，口中娓娓不斷，但絕無一言半句閒言旁語羼入，而時有鴻議創論。同學爭相推敬。其上地理課，必帶一上海商務印書館所印《中國大地圖》。先將各頁拆開，講一省，擇取一圖。先在附帶一小黑板上畫一十字形，然後繪此一省之四至界線，說明此一省之位置。再在界內繪山脈，次及河流湖澤。說明山水自然地理後，再加注都市城鎮關卡及交通道路等。一省講完，小黑板上所繪地圖，五色粉筆繽紛皆是。聽者如身歷其境，永不忘懷。

一次考試，出四題，每題當各得二十五分為滿分。余一時尤愛其第三題有關吉林省長白山地勢軍情者。乃首答此題，下筆不能休。不意考試時間已過，不得不交卷。如是乃僅答一題。誠之師在其室中閱卷，有數同學窗外偷看，余不與，而誠之師亦未覺窗外有人。適逢余之一卷，誠之師閱畢，乃在卷後加批。此等考卷本不發回，只須批分數，不須加批語。乃誠之師批語，一紙加一紙，竟無休止。手握一鉛筆，寫久須再削。誠之師為省事，用小刀將鉛筆劈開成兩半，俾中間鉛條可隨手抽出，不斷快寫。鉛條又易淡，寫不出顏色來，誠之師乃在桌上一茶杯中醮水書之。所書紙遇濕而破，誠之師無法黏貼，乃以手拍紙，使伏貼如全紙，仍書不輟。不知其批語曾寫幾紙，亦不知其所批何語。而余此卷只答一題，亦竟得七十五分。只此一事，亦可想像誠之師之為人，及其日常生活之一斑。

後誠之師已成名，余獲與通信，曾為經學上今古文之問題，書問往返長函幾達十數次。各累數萬字，惜未留底，今亦不記其所言之詳。惟憶誠之師謹守其鄉前輩常州派今文學家之緒論，而余則多方加以質疑問難。誠之師最後一書，臨了謂君學可比朱子，余則如象山，儘可有此異同。余不知此係誠之師之謙辭，抑更別有所指。惜後再見面，未將此問題細問，今亦終不悟當時誠之師此語是何意義也。

余之重見誠之師，乃在民國二十九年，上距離去常州府中學堂，適已三十年一世之隔矣。是年，余《國史大綱》初完稿，為防空襲，急欲付印。乃自昆明赴香港，商之商務印書館，王雲五館長允即付印，惟須交上海印刷廠付印。余曰大佳，光華大學有呂思勉教授，此稿最後校樣須由彼過目。雲五亦允辦。余又赴滬，親謁誠之師於其法租界之寓邸。面陳《國史大綱》方完稿，即付印，恐多錯誤，盼師作最後一校，其時余當已離去，遇錯誤，請徑改定。師亦允之。後遇曲折，此稿越半年始付印。時余亦蟄居蘇州，未去後方。一日赴滬，誠之師告余，商務送稿，日必百頁上下，催速校，翌晨即來取，無法細誦，只改錯字。誠之師盛讚余書中〈論南北經濟〉一節。又謂書中敘魏晉屯田以下，迄唐之租庸調，其間演變，古今治史者，無一人詳道其所以然。此書所論誠千載隻眼也。此語距今亦逾三十年，乃更無他人語余及此。我師特加賞識之恩，曷可忘。

余是年居蘇州奉母，每隔一兩月必去滬。去滬必謁誠之師。師寓不甚寬，一廳容三桌。師一子，弱冠夭折，最為師傷心事。一女畢業光華大學，時方習繪事。近窗右側一長方桌，師憑以寫作。左側一長方桌較小，師妹憑之臨古畫。一方桌居中央，刀砧碗碟，師母憑之整理菜肴。余至，坐師桌旁，或移兩椅至窗外方廊中坐。或留膳，必長談半日或竟日，歷三四日始歸。誠之師必留每日報紙，為余寓蘇不易見者，一大束，或用硃筆標出其要點。見面即語余別後大事變經過之要略。由余返旅館，再讀其所留之報紙。一年中，如是相晤，可得六七次。

民三十年夏，余由蘇州重返後方。抗戰勝利後，再返蘇州，在無錫江南大學任職，曾赴常州，謁誠之師。師領余去訪常州府中學堂舊址，民國後改為常州第五中學。門牆依稀如舊，校中建築全非。師一一指示，此為舊日何處，均難想像。臨時邀集學生在校者逾百人，集曠場，誠之師命余作一番演講。余告諸生，此學校四十年前一老師長，帶領其四十年前一老學生，命其在此講演。房屋建築物質方面已大變，而人事方面，四十年前一對老師生，則情緒如昨，照樣在諸君之目前。此誠在學校歷史上一稀遘難遇之盛事。今日此一四十年前老學生之講辭，乃求不啻如其四十年前老師長之口中吐出。今日余之講辭，深望在場四十年後之新學生記取，亦渴望在旁四十年之老師長教正。學校百年樹人，其精神即在此。誠之師又帶余至街坊品嘗四十年來之老食品，如常州蔴糕之類。至今又已三十年，回憶尚在目前也。

余又屢去其滬上之寓所。抗戰時開明書店曾邀余作「國史長編」，余介紹之於誠之師，得其允諾。已有分編成書。乃誠之師案上空無一物，四壁亦不見書本，書本盡藏於其室內上層四圍所架之長木板上，因室小無可容也。及師偶繙書桌之抽屜，乃知一書桌兩邊八個抽屜盡藏卡片。遇師動筆，其材料皆取之卡片，其精勤如此。所惜者，其長編亦寫至唐代而止，為師最後之絕筆。

最後一次與師晤面，在民國三十八年之春假期間。余離無錫往廣州，謁師於其滬上之新寓址。適師在中膳，尚能吃米飯一大椀，非普通之飯椀，乃盛湯餚之椀，大普通飯椀一倍。師言往日進兩椀，今僅可一椀。余觀其顏色食量，意他日歸，當可再晤。及共軍進滬，各大學皆呈報駐校辦事代表之姓名。光華大學報上，問代表中何無呂思勉名字。誠之師數十年在大學任課，從未預聞行政。光華同人無奈，列誠之師姓名為代表中之首席第一人。余在粵聞之，遙想師情，抑鬱可知。乃不久，聞噩耗。思念種切，何堪追溯。

三

尚有數學科臨時來代課一徐先生忘其名。乃當時府城中負盛名之舊數學家。有一妹，兄不娶，妹不嫁，同有才子名，亦得怪人稱。同學呼為「徐瘋子」。余初謂其名字常在胸臆間，乃不謂今日臨下筆亦已忘之，苦憶不獲，曾函詢旅港之老同學費子彬，來函相告，未即補入。頃子彬已逝世，此函遍檢不得，姑仍稱「徐先生」。呂誠之師曾從學，自加減乘除迄小代數二次方，僅一星期而畢。

先生為人，落拓不羈。首次上講堂，身穿深紅色長袍，口中啣酥糖半塊，糖屑溢兩唇，手掌中尚留酥糖半塊。然諸同學震其名，一堂靜默，恭敬有加。先生在堂上不多發言，而時出狂笑聲。

一同學練習課本上一題，未知演法，上講臺問。先生狂笑曰：「此易耳，得數當係何。」竟不告此同學以演法。此同學苦演始獲解，然最終得數亦竟如先生言。

一日，逢月考，先生在黑板上出四題，諸同學皆瞠然不知所答。一題為$1-\frac{1}{2}, -\frac{1}{2}, -\frac{1}{2}, -\frac{1}{2}$……。余意此即《莊子》「一尺之棰，日取其半，萬世不竭也」。因以0……1為答，幸得之。餘三題皆類此，恨不復憶。一同學亦答中其中之一題。全班惟余等兩人各中一題，各得七十五分。餘皆全不中，各得六十分。先生笑曰：聊以試諸生之聰明耳。答不中，儘無妨。

先生上課不久，諸同學愈益加敬。聞先生將去職，乞留。先生曰：「汝輩舊老師當來，我特應急耳。」因笑曰：「儻使他拜我門下，亦與諸君同學，我亦不留。」

先生最後一堂課，手持書八本，乃先生自著書。告諸生，我嘗從學於無錫蕩口鎮之華蘅芳華世芳兩先生，今班上有蕩口鎮同學八人，當各贈我所著書一部以為紀念。先生即下講臺，首以一本給余，余坐講堂之第一位，其餘皆在後座，先生一一走就其座授之。先生平日似乎高瞻遠矚，雙目在雲漢間，俗情世事，全不在眼。乃不意其知班上有從蕩口鎮來者八人，餘七人皆姓華，獨余不姓華，亦從蕩口鎮來。又各知其坐位。此誠先生怪中之尤可怪者耶。課後，余讀其書，茫然不解，今已不記其書名。後學幾何，大喜之，然於數學終未入門。亦不知先生書今日尚有人領會否。然先生為人風格特具，終使余不能忘也。

四

又余班上國文先生為童斐伯章老師。宜興人。莊嚴持重，步履不苟，同學以道學先生稱之。而上堂則儼若兩人，善詼諧，多滑稽，又兼動作，如說灘黃，如演文明戲。一日，講《史記・刺客列傳》，荊軻刺秦王。先挾一大地圖上講臺，講至「圖窮而匕首見」一語，師在講臺上繙開地圖，逐頁繙下，圖窮，赫然果有一小刀，師取擲之，遠達課堂對面一端之牆上，刀鋒直入，不落地。師遂繞講臺速走，效追秦王狀。

學校課餘特設游藝班，分為多組，令諸生自由選擇。余家七房橋有世襲樂戶丁家班，專為族中喜慶宴會唱崑曲祝興。余自幼即知愛好，遂選修崑曲組，由伯章師教導。笛、笙、簫、嗩吶、三弦、二胡、鼓、板諸樂器，生、旦、淨、丑諸角色，伯章師皆能一一分授。余習生角，唱《長生殿》劇中之郭子儀，心情神態頗能領會，遇公開演奏幸亦稱職。余學崑曲，較之學校中其他正式課程更用心，更樂學。余升四年級之上學期，一日，忽嗓音驟啞，不能唱，班中驟無替人，伯章師屢加勉強終無效。班上吹笛有人，余上班，乃以吹簫自遣。自後遂好吹簫。遇孤寂，輒以簫自遣，其聲烏烏然，如別有一境，離軀殼遊霄壤間。年逾七十，此好尚存。實為余生平一大樂事，則乃伯章師當年之所賜也。

余自嗜崑曲，移好平劇，兼好各處地方戲，如河南梆子、蘇州灘黃、紹興戲、鳳陽花鼓、大鼓書一一兼好。年少時學古文，中年後古文不時髦，閒談及之，每遭恥笑，乃欲以所瞭解於中國文學之心情來改治戲劇。擬於抗戰勝利後，觀賞當代名家平劇百齣，為之發揮，著為一書，藉以宣揚中國文學傳統部分之內蘊。大陸變色，亦失去機會。伯章師為余啟此機，而余終未能遂此業，思及每為憮然。

五

時學校行政首長監督下有舍監，如此後之訓導長。首任舍監為劉伯琮師，為人大體與元博師相似。有一弟，名伯能，在校為體操科老師。時體操課學步德日，一以練習兵操為主。伯能師在操場呼立正，即曰：須白刃交於前，泰山崩於後，亦凜然不動，始得為立正。遇烈日強風或陣雨，即曰：汝輩非糖人，何怕日。非紙人，何怕風。非泥人，何怕雨。怕這怕那，何時能立。後余亦在小學教體操課，每引伯能師言。久知此乃人生立身大訓也。伯能師坦爽直率，平日遇同學一如朋友兄弟，絕不有師生界線，學生亦樂從之遊。

越一年，來新舍監陳士辛師，風度氣象，顯與元博伯琮師判然兩型。元博伯琮師寬宏廣大，有教育家兼政治家規範。士辛師則刻削律切，兀岸自守，多封閉，少開展，終日不見笑容，亦少言辭。出布告，亦絕不著一言半句虛文浮語，只是命令，無訓誨。只有禁止，無啟導。時同學風氣，頗知敬學尊師，奮發上進，較之近年學生似多富成年氣息。惟染以前私塾積習，好頑皮惡作劇。每於不犯法中行非法事，外守法，而內喜玩法。重課業，蔑視規則，乃其時通病。士辛師如影隨形，監視追蹤不倦。同學或集團或單獨行動，能稍示反抗，即群傳以為嘉話，亦引以為榮。於是無大風潮，而時有小囂張。士辛師乃成為全校一中心人物，亦即一反抗對象。士辛師疾惡之心勝於揚善，乃益嚴加壓抑。時群傳士辛師乃一革命黨人，然亦僅增同學間畏懼心，非崇敬心。

士辛師持身節儉，絕不穿絲綢緞匹有顏色花紋之衣服。入冬不棉不皮，惟一布夾袍。天氣加冷，添一呢夾袍。此呢布兩夾袍，歷三年不換。然聞具寢室侍役言，士辛師臨睡，脫兩襪必擲床下，翌晨不再穿，亦不加洗滌。經旬日，棄襪滿床下地上，即命侍役取去，更不顧視。同學皆莫明其所以。自余為鄉村教師，亦曾一時慕效士辛師，只穿夾袍過冬，終經先慈先兄之勸而止。又雙襪每晨必換，但舊襪經洗滌再穿，經年復用。殆以士辛師在前清時，穿布襪，不穿洋襪，故不願加洗滌之功耶。

其時上課必先排隊。同學間多好抽煙，或有口啣煙蒂到課堂始棄者。一日，舍監室出示，煙蒂不得帶上講堂。諸生乃集議，排班時凡抽煙同學必燃一煙在嘴上，班長叫開步走，始擲地下。待士辛師前來查視，可見群煙蒂餘燼未熄，煙氣冉冉上升，亦如排班然。同學間乃私以為喜。

余年幼無知，乃亦慕效此等行為。時每夜有自修課兩小時，課畢乃開放寢室，定時熄燈，即不許作聲。士辛師必手持小電筒來寢室巡視。一夕，余與一同學各在帳內對床互語，士辛師來，云：愛語者可至舍監室與我語。余遂披衣潛起，尾隨下樓。士辛師初不覺，走近舍監室有電燈光始覺之。回視見余，問為何下樓。余答：從師訓來談話。師屢斥速睡去，速睡去。此後余遂為士辛師一特別注目人，年終操行分數得二十五分。同班又一人，下一級又兩人，各得二十五分，合一百分。其餘三人皆在同學間有美譽，余亦無惡名，同學遂更相傳，引為四人榮。

時全校皆寄宿生，家在城中者，週末得離校。一日，舍監室又出示，週末須告假，乃得離校。時低余兩級有一同學名瞿雙，因其髮頂有兩結故名。後易名霜，遂字秋白。其人矮小文弱，而以聰慧得群譽。週末晚餐後，瞿雙獨自一人直入舍監室，室內壁上有一木板，懸家在城中諸生之名牌。瞿雙一人肩之出室，大聲言，今晚全體告假。戶外數十人呼嘩為助。士辛師一人在室，竟無奈何。遂大群出至門房，放下此木板，揚長離校。瞿雙星期一返校，是否特有訓誡，則未之知。瞿雙以家貧，未在府中學堂畢業。民國後進北平俄文專修館，可免費，乃留學俄國。後為共產黨黨魁。

士辛師教修身課，每週僅一小時。上堂屢言，士尚行，不尚言。樸吶不語非即小人，多語擅文非即君子。一日，月考。同學遂集議，每答一題，不得超二十字，答語不得修辭費時，限三十分鐘內皆須繳卷。余坐教室前排第一位，士辛師黑板上寫出四題纔畢，余亦隨而繳卷。諸同學絡續繳卷，魚貫出教室，返自修室，群聚鬨笑。有兩人被旁坐告發，答一題踰兩行，群議罰。時學校午膳前一小時有小食品攤，由兩人買蒸饅頭兩籠，熱氣燻蒸而上，諸同學方圍蒸籠爭啖，而士辛師隨至，果見有此異動，然亦無法斥責，乃悻悻然而去。其他不斷出事，率類此。

六

當余班四年級年終大考前，全級集議，欲於明年課程求學校有所改動。主要如減去修身科，增希臘文科等。公推代表五人，余亦預也。晉謁監督。元博師言，課程規定乃學校事，諸生意見可供參考。五代表求元博師明確答復。元博師問余，聞汝讀英文科不用心，何以又要增讀希臘文。余答：此乃全班同學公意，非余一人意。元博師又問：修身課每週僅一小時，何以要減去。諸代表述士辛師上堂語，謂修身不由語言傳受。然卒不得結論。進退三數，不蒙允許。諸生遂議由五代表上全班退學書，以為要挾。元博師告五代表，退學乃學生各別個人事，集體退學，不在學校規則內。諸生遂又集議，全級排班見監督，逐一填寫申請退學書。元博師接見於一大會議室內，面加訓誨，歷一小時。余排隊為全班第一人，離元博師座位最遠，大聲言，監督訓辭已一一聽過，請發退學書由各生填寫。元博師乃桌上揭取一紙命余填。余填後，元博師略視余所填，謂不合式，不獲請。時同學已多意動，告余當退後再議。余忽一時憤慨，大聲請監督告以當何等式樣填寫。時諸同學皆在竊竊私言，元博師乃告余應如何填。余填訖，退一旁，由第二同學填，第二同學遂不填，整隊退出。明日即大考，或言且先應考再議，眾不復語。而余則退學書已上，既不得與考，又不敢一人離校獨自回家，遂移居療養室。

療養室中僅一人，為同班同學許君，亦扶病應考。余偶於其枕下得一書，乃譚嗣同《仁學》。取閱大喜，全忘退學事。竟日閱未畢，臨晚移步室外小院中讀之。夜寐，屢思書中言，世界人類髮分四型，一全留加冠，乃中國型。全薙空頭，乃印度型。剪短，乃西方型。剪前額，其餘留後，垂如一豚尾，乃滿洲人型。余晨起，乃一人赴理髮室，命理髮師剪去長辮，大得意，一人獨自歡樂。大考既畢，隨果育諸同學歸。或言汝腦後無辮，乘坐火車，或遭警察盤問，有革命黨嫌疑。眾乃勸余將所留長辮仍縫帽上戴之，勿惹人注意。余遂得隨眾歸。翌年，辛亥革命，人人皆不留長辮，而余則已先一年去之。

既歸，先兄已先得元博師函，知余退學事。元博師囑先兄婉勸余明年請求復學。後又得元博師書，囑先兄命余轉學南京鍾英中學。後，同學告以士辛師反對元博師所提議允余請求復學之事，謂如此將何以再管此學校。而當時五年級畢業班又例不許轉學。元博師乃代為申請私立鍾英中學。其對余加意護惜有如此。

七

上年冬，余雖未經常州府中學堂四年級之年終考試，以元博師之介紹，翌年春遂得轉入鍾英中學，五年級肄業，到校赫然遇見常州中學同班同學張壽崑亦在校。壽崑乃為與余同得操行分數二十五分之一人，亦同為去年五代表之一。蓋於應大考後，亦請退學。其家乃常州城外奔牛鎮一豪家，其父與元博師有舊，故元博師亦為介紹來校。但余兩人見面，壽崑絕口不談去年自請退學事。其時同學間意氣相負有如此。

余在鍾英之前半年，最受刺戟者，乃是清晨薄暮環城四起之軍號胡笳聲，以及腰佩刺刀街上邁步之陸軍中學生。使余油然引起了一番從軍熱。最所希望乃能出山海關，到東三省，與日本俄國兵對壘，那是一件何等痛快之事。余雖未償所願，但亦因此學會了騎馬。每逢星期天上午，三幾個同學，在鍾英附近一馬廐租了幾匹馬，出城直赴雨花臺古戰場，俯仰憑弔，半日而返。成為余每星期最主要之一門功課。一日，暢遊興盡，各自上騎回程，余纔知今日所乘真是一匹頭號之劣馬。費盡工夫，跨不上馬背。好容易跨上，鞭著踢著，儘不動。正無奈間，路旁一軍人見余如此，走近前，一手牽韁繩前行，不幾步停下，把馬頭左右搖幌幾下，猛然重重一掌打在馬面上，一手將韁繩放了，那馬奮迅直前，奔逸絕塵而馳。余幸未被摔下，但亦不知如何控制，只得任其奔跑。正驚魂未定之際，已見馬進了城。滿街熙攘，余又恐其撞倒行人，但仍無從駕馭，此馬奔跑如故。驀然間，神志醒來，乃見馬廐矮門已近在路邊。余急將兩腳前伸，把身向後緊靠馬背，那馬乃直衝入僅容一馬進出之矮門。馬到廐房，四蹄停下，余纔得慢慢下馬身來。這亦是余生平值得驚心動魄一件大險事。

是年，鍾英中學暑假略早，余得常州府中舊同學約，歸途小停，以求暢晤。余是時讀曾文正〈求闕齋記〉，常念當自求己闕。如袁紹多疑少斷，自念余亦多活動，少果決。因此每晨起，必預立一意，竟日不違。日必如此，以資練習。念今日去舊校，可在校長談，不當留宿。及到校，晚餐後，自修時間過，寢室門已開放。余急欲行，同學堅留弗捨，云：今晚週末，宿舍多空床。但余堅不留。忽而風雨驟來，余意仍不變。出校門，沿圍牆一石路，過玉梅橋轉灣，成一直角形，直到市區。路邊曠野，另一草徑穿越斜向，如三角形之一弦，可省路。余逕趨草徑，風益橫，雨益厲。一手持傘，一手持燈籠。傘不能撐，燈亦熄，面前漆黑。時離校門尚不遠，意欲折回，又念清晨立志不可違，乃堅意向前。而草徑已迷失，石塊樹根遍腳下。危險萬狀，只得爬行，重得上石路。滿身盡濕，淋漓不已。入市區，進一旅店，急作一柬，囑旅店派人去一同學費子彬家借衣。余擁被臥床以待。是夜，苦頭喫盡，而別有一番滋味在心頭。此後余遇一決定，即不肯輕易轉變，每念及此夜事。

子彬名保彥，與余同年進常州中學，年長余較低一班，亦余同校一密友。其家在常州府之孟河，為清室御醫，歷世擅名。子彬後亦以名醫寓滬上。與余重晤於香港，余每病，悉由子彬診治。今已老，垂垂近九十矣。

暑假中余大病，延期赴校，適逢武昌起義後一日。壽崑語余，可待革命軍進城同投軍。忽一日，壽崑得家中電，告以父病，催速返。壽崑告余，去後即來，堅囑勿離校。但此後音訊遂絕。蓋其家乃以詐語欺之，不許復來矣。余亦終以學校解散，被迫乘南京開出最後一班火車離去。民國後，壽崑投入北京大學，易名煊，創辦一雜誌，與新文化運動樹異。該雜誌名《國故》，專與當時北大學生羅家倫傅斯年諸人所辦《新潮》作抗衡。余皆未見此兩雜誌。老友蔣復璁慰堂近告余，此一雜誌用中國毛邊紙線裝，其中有劉申叔黃季剛諸人之文字。出至六七期。慰堂又告余，當時諸人辦此雜誌無經費，蔡子民校長撥學校款，按月三百元資助之。則當時蔡子民亦非專一偏袒中國新文化運動一邊可知。壽崑亦不久而卒。

八

五代表中又一人為江陰劉壽彭。府中學堂首次招生，分縣發榜，壽彭居江陰榜上第一名。二年級升級試，壽彭亦第一。年終考試又第一。不三月，壽彭連中三元，同學爭以一識劉壽彭面為榮。壽彭最親楊權，言動遵依如弱弟之隨長兄。楊權倜儻有才氣。曾有一日，邀余在一教室中密談，歷一時許。彼詳言太湖形勢，沿蘇州、無錫、宜興一帶港汊分歧，陸上多山巖洞穴，可躲藏。湖中漁民多舉家住大艇中，終年不登岸，即在其艇設家塾教其子女，此輩宜可曉喻以民族大義。我輩果有志革命事業，太湖應可為一理想根據地。默察同學中，如君宜可語此。倘再物色得三四人，當早作詳商，預為準備。越數月，又邀余再作一次長談，大意如前。但不久楊權即中途離校，聞其赴北京，往來北洋軍人之門。蓋無錫楊家與前清北洋軍人有甚為深切之關係。同學中群傳楊權不久當在政界露頭角，但亦不聞其有何活動。民十二年之秋，余任教於無錫第三師範，某日曾與楊權相晤於公園中。時楊權年未達四十，而意態頹唐如老人。見余絕不提及以前同學時事，僅寒暄數語即避去。後又相遇三數次，均如是。卒不獲與作一長談。當此大動亂之世，如楊權宜可成一人才，而終未有所成就，良可惜也。

楊權離校，壽彭乃驟若孤立。一日，被召至舍監室，出至廁所，大呼「不殺陳士辛，不為我劉壽彭」。士辛師尾隨聞之，重召回，問何出此言。壽彭默不語，則獲退。亦於四年級學年考試畢，退學去滬，當時上海新文學運動中有星期六派，壽彭亦預，易名半儂。有文名。後獲陳獨秀召，任教北京大學，又名半農，提倡白話文最力。嗣又留學法國。民十九，余去北平，重相晤，則已相隔二十年矣。余登其門訪之，留中膳，相語可兩小時。半農絕不提常州府中學堂事，亦不問余二十年經過，亦不談提倡新文學事。不客氣乃舊相識，無深語似新見面。蓋其時半農大名滿天下，故不願談往事。又知余與彼意氣不相投，不堪相語，故亦不提其新思想。此後遂不相往來。後暑假半農去內蒙古，受瘧蚊咬中毒，歸不治。余輓以一聯曰，「人皆認之為半農，余獨識之是壽彭」，亦紀實也。

半農弟天華，亦常州府中學堂同學，低兩級。時學校創一軍樂隊，全隊二十餘人，人操一樂器，惟大鼓須繞頸擁在胸前，既沉重又其聲單調最少變，人皆不願習，天華獨任之。隨一隊之尾，人競以為笑。然天華實具音樂天才，偕其兄半農在滬，以國樂名。果育老校主子才先生長孫華士巽繹之，與余中學同班，後為果育易名鴻模之新校主，某冬特邀天華來蕩口。一夕，繹之與余聽天華彈琵琶〈十面埋伏〉，深夜惟三人，靜聽如在世外。後天華卒以二胡名。在北平甚忙，余亦少與往來。然余在收音機中愛聽其二胡，歷年不倦。

五代表中又一人，張姓，忘其名，為學校運動場中一健將。平居乃一恂恂儒者，在同班中年最長，同學競兄事之。亦常州城中人。亦退學家居。後重返校，進留日預備班。

五代表中又一人，乃元博師之第三弟，名孝寔，號平叔。中途與其弟孝宦，字公覆同來插班。平叔學業為一班之冠，沉默寡言，然亦不崖岸自傲，長日孳孳書案上，不預聞他事，同學群加推敬。五代表中惟彼一人仍留校，因其兄為監督，故不敢自請退學也。後留學日本，歸國在北京某大學任教宗教哲學，梁漱溟甚稱之。北伐勝利後，平叔來蘇州，再相晤。平叔告余，兄往年多言好辯，今沉默少言不與人爭，儼然兩人矣。問何以得此。余答不自知有此異，亦不知何故。臨別送之車站。不久亦逝世。儻平叔得壽，不知其學果何止也。又聞敬山太老師之《蒙兀兒史記》，乃由平叔公覆足成之。

九

有一事當附記，約計余在三年級時，星期六下午上唱歌課，教室中無桌椅，長凳數條，同學駢坐。余身旁一同學攜一小書，余取閱，大喜不忍釋手，遂覓機溜出室外，去另一室讀之終卷，以回書主。然是夜竟不能寐，翌晨，早餐前，竟出校門上街至一書肆。時店肆皆排列長木板為門，方逐一拆卸。余自板縫中側身竄入，見書店主人，急問有《曾文正公家訓》否。蓋即余昨晚所讀也。店主人謂有之，惟當連《家書》同買。余問價付款，取書，即欲行。店主人握余臂，問從何處來。余答府中學堂。店主人謂，今方清晨，汝必尚未早餐，可留此同進餐，亦得片刻談。余留，店主人大讚余，曰，汝年尚幼，能知讀《曾文正家訓》，此大佳事。此後可常來，店中書可任意翻閱，並可借汝攜返校閱後歸回。自後余乃常去。一日，店主人取一書，小字石印本，可二十冊，曰，汝當愛讀此書，可攜去試讀之。今已忘此書名，大體是史籍彙鈔之類。余果愛之，往問價，但不能付現款。店主人言，可暫記賬，俟假後歸家，再決購買或退回。店主人情厚又通解書籍，視余若親族後輩。余此後屢與書肆往返，然如此店主終少遇。惜已忘其名字，而當日情景則仍依稀如在目前也。

參、三兼小學

一

民國元年，余年十八歲，初往秦家水渠三兼小學校任教。其先由鴻聲里遠房姪冰賢介紹。冰賢為人忠忱直爽，年齡在余兄弟間，與先兄交甚密。然似心懷隱憂，遇飲酒必大哭不已，醒即無言，亦不知其何故也。冰賢乃秦家之婿，言其內兄仲立，性古怪，應前清科舉秀才試，繳白卷出場，一時群傳為笑柄。後在無錫城中習物理化學。歸，長日閉門。能自製一磨墨機，機上縛大墨五六枝，一手轉墨，瞬刻墨汁滿硯。又自製一自動槳，置其往返無錫城中之船上。先於水渠中駕一長木板試之，屢招覆溺，後卒成。三兼小學校由其斥資創辦，與其兩弟分任課務，獨需聘一英文教師。前任由無錫城中聘來，仲立不滿意，已解聘。仲立常言，欲聘一人能與共學。倘賓四叔肯往，或可相得。先兄遂命余往。

余在常州中學時，先兄聲一先生已在七房橋創辦一又新小學。來讀者皆七房橋族中子弟。學校自先兄為校長外，又聘一教師，亦先兄常州師範之同學，江陰人，已忘其姓名。其人先曾為一道士，後還俗遂進師範。年歲已長，於中國音樂諸器如簫、如笛、如笙、如琵琶，皆所素習。余每自府中學堂歸，小學校尚未放假，余晨夕必在小學中。及小學放假，余即移住學校。得暇常吹簫笛，先兄則喜笙與琵琶。某教師在校時，常三人合奏，如〈梅花三弄〉之類。余兄弟亦喜鑼鼓，每於年假，集族中青年十數人合奏，大小鑼鼓十數器，節拍疾徐，聲響高低，皆由先兄指揮。族人聞之，皆爭致誇諛。

又余既決意應三兼小學聘，念自此升學絕望，一意自讀書。前在私塾時，四書僅讀至《孟子・滕文公章句上》，此下即未讀。念當讀完《孟子》，再續及五經。民國元年之元旦，余即一人在又新小學閉門讀《孟子》。前在果育上國文課，每篇文字大約過眼三遍即能背誦。至是，自限半日讀〈梁惠王章句上〉，至能全體背誦始歸家午膳。午後，又去又新閉戶讀〈梁惠王章句下〉。如是七日，讀畢《孟子》七篇。

余又在家中先父遺書中獲得大字木刻之《史記》一書，有批點，有圈注。余讀而悅之，後知其圈點批注皆移錄歸方評點本，並旁採《史記菁華錄》等書。皆出先祖父手筆。又得小字石印本毛大可《四書改錯》一書，盡日攻讀，至下午日光漸淡，常攜赴庭中讀之。書中謂朱子注有如是多之錯誤，大為驚奇。自後知讀清代乾嘉諸儒書始此。

二

新年初，余一人赴三兼學校任。舟泊離水渠外半里許。先到學校，在水渠外，一老僕應門，放置行李畢，即命老僕領余至仲立家。家在水渠內，渠廣圓，乃一湖。仲立兄弟三人及族中數家皆居渠內。駕一橋，通渠外。夜間橋懸起，交通即絕。渠惟一口通大湖可直達無錫城。余叩門，由守門僕人直領至仲立書齋外，此齋直升入渠中，三面皆水，俗稱「旱船」。僕叩門，門啟，仲立坐室內。余進入，即向仲立鞠躬行禮，仲立不離坐，微頷首。余念秦錢兩家久係戚屬，仲立妹嫁冰賢，余當為其長輩，惟其弟叔堆所娶，乃余近房姑母，則彼兄弟皆係余之長輩。捨此不論，余年十八，仲立已過四十，論年輩乃余父執，遂不介意。仲立座前一長桌，命余坐桌對面一椅。余與仲立椅皆背窗，窗外即渠。桌之一端，上懸「在水中央」四字一橫匾。橫匾後，四壁書架占室中三之一。又後另一室，疑亦即書室也。

桌上放水旱煙管七八支，仲立言，汝能抽煙，可任取吸。因告余，上年一英文老師，乃從無錫縣城中聘來，年老，半途自修，其英文程度恐不可信。君在常州府中學堂讀英文，當可勝任愉快。因指桌上一藥水瓶，上黏英文標籤，問曰：「君視之，知是何藥水？」余答，中國文字與英文不同，中國特別名詞皆以普通文字拼成，如輪船電燈之類。英文乃拼音文字，遇特別名詞亦皆用其語音拼成，與普通文字有別。余在學校，只習普通文字，各種藥水皆係特別名詞，余所不識。仲立告余，我習照相，此瓶中乃照相中所用顯形藥水也。又指一瓶問，余亦對不識。仲立曰：「此乃我以塗金術自製成，投進銅圓，經時即變成金色。」因指桌上一疊金色銅圓十數枚，曰：「此皆由浸此瓶中取出。」首次見面所談，率盡此。余告辭起立鞠躬，仲立不離坐，微頷首。

余歸學校，又來一寄宿生滕德奎，乃秦家戚族。遠道自蕩口鎮東滕族聚居之地，名大墳上來。年長於余約可四五歲。學校在樓上，樓下惟老僕一人，其餘皆空屋。樓上有兩教室，一為高級小學班，一為初級小學班，學生共約五十人。余占一寢室特大，德奎另占一室。尚有一辦公室，及其他空室。一大樓上下共住三人。樓外乃一荒園，老樹兩百左右，枝葉蔽天。入夜，群鴉爭鳴其上，余不能寐。取攜來之《昭明文選》，枕上讀之，極倦始入睡。累一月皆然。初夜睡前，德奎來問余，能下象棋否。余答能。德奎因取象棋來，與余在辦公室對奕。奕兩局，德奎連敗，乃深服余。服弟子禮甚恭，忘其年歲之長也。

嗣德奎又告余園中有狐魅作怪之事，繪形繪聲，疑神疑鬼，如有其事，如在目前。而余此後亦確曾遭遇到。姑舉一例。某夕深夜，余欲起床小解，開亮電燈，忽見床前地上兩鞋，只賸一隻。

明是關著寢室門纔上床，望寢室門依然關著，但床前那隻鞋卻不翼而飛，不見了。清晨遍覓不獲，後見此鞋乃在帳頂之上。是必有啣之而上者，但究不知是何怪物。寢室既門窗緊閉，此怪物又何由而來。此類事，曾三數見。余告德奎，我二人講狐魅並未開罪於他，但他卻來作弄，余遂寫一文，責狐不是。命德奎買些錠箔，余用黃紙硃筆恭寫此文，命德奎焚之園中，以後此等事遂絕。德奎對余更是佩服不止。要之，此校園之淒涼寂寞陰森古怪之種種情狀，亦由此可想而知。但自余言之，余當時只是一十八歲之青年，實際尚未足十七歲，即投入此一奇異環境中，而竟亦能磨練自己在此情狀下渡過，此亦實堪回憶，乃使余至今不能忘。

時余又喜讀《東方雜誌》所載《碎琴樓》一說部，後曾屢訪其著者，久始知其乃一貴州人，然亦終未與其人相識。蓋余在此悽涼之環境中，宜對《碎琴樓》之悽涼有異樣之同情也。

三

開學後，仲立來上課，見余辦公桌上置《文選》一書，問：君亦喜此耶。余答因讀《曾文正公家訓》，知讀此，但不甚解。仲立面露笑容曰：「余亦喜讀《曾文正家訓》，君乃與我有同嗜。」其兩弟來，則必專擇書中僻字奧句為問，使余不能答為樂。

一日，余去仲立書齋，入門鞠躬，仲立點頭，微聳其身，若欲離座而終未離。桌上放一《東方雜誌》，告余，君該社徵文已錄取，知之否。余答，尚未得通知。仲立披卷，指余名，知共分五等，首獎百元，次獎五十，三獎二十五元。余名列第三等。蓋去歲底，家居無事，適見報載《東方雜誌》徵文，可任自擇題。余題論〈民國今後之外交政策〉，大意言，英法侵犯我東南海疆，日俄霸踞我西北邊陲，一可謀和，一必交戰。《東方雜誌》每期刊載所錄取之徵文一篇。後來信，言吾文涉外交秘密，不擬刊出。此為余投寄報章雜誌之第一文。而今則無其存稿矣。

是日，仲立告余，彼在商務印書館進函授學校，近將畢業，考試題皆寄來，須一一作答，甚覺忙碌，有一作文題，君肯代撰否。余答，當撰後由先生改定。題名「言志」。余退，歸撰此文畢，於星期六下午交仲立長子，在校讀書，與余同年，命其帶歸。翌晨，余親往，入門鞠躬一如往例。仲立乃起座答禮，肅余坐。手擇一旱煙管，用桌上一濕毛巾屢擦煙管嘴，手送余口，親為燃點紙捲燒煙，禮貌謙恭，得未嘗有。仲立先致謝余為彼代撰一文事，乃告余，君未來，冰賢告我，當為我介紹一共學之人，君真其選矣。因指室後書架上書曰：「我雖畢生窮日夜之力何能盡讀，每欲求一共學之人，以兩人之力合成此業。君肯為我分讀架上書，將書中大意告我，我可省再讀之力。續加討論，使我進步加速，君其允之否？」余答佳。仲立遂於架上取一書，云：「此書久欲讀而無暇，君試先讀，何如？」余視之，乃嚴復譯英人斯賓塞《群學肄言》。余答大佳。仲立又另取一書示余，書中各頁眉端，多黏紙條，廣狹長短不等，滿紙皆工楷小字。仲立曰：「我向例讀書，遇不識生字，必查字典鈔錄，用薄漿糊黏上，如此。他日不需用，可逐條揭去，而不傷原書。君讀嚴書，幸亦照此例。」仲立所藏嚴書，乃金陵刻線裝本，與此後商務印書館印行者不同。

余返學校，讀嚴書，一一如仲立言，查字典，黏貼紙條。讀至一半，自嫌所查生字太多，慚以示人。並欲加速完工，不免輕慢，不再一一查注。既畢讀，攜書去仲立齋。仲立問余書中大義，及余讀後意見，仲立聽之不倦，時露喜色。余所言告一段落，仲立言，君真一善讀書人。聞君語，甚勝我自讀之矣。隨取書，檢某頁某行，指一「檜」字，問余此字音義。余答當讀「音」，乃地下室也。仲立言然，並云：「曾遍查《康熙字典》未得其字，只有『窨』字，解地窖。蓋中國地下室僅一土穴，西洋地下室加木製，嚴氏乃特造此字耳。」而余在書上無紙條，乃未查字典而以意會之，聞仲立言，大慚恧。然後知仲立已先讀過此書，或將所黏紙條撕去，特以試余耳。豈不媿對。然仲立自此益親余而加敬，屢讚余善讀書，能見人所未見。蓋仲立聽余對此書敘述大義及讀後意見，乃特加欣賞也。仲立言，今日起，當如前例，君試再取一書去。余言：「願續讀嚴譯」，遂取架上嚴譯《穆勒名學》一書。仲立益大喜。蓋仲立雖愛誦古籍，更喜近代西洋新學說，彼亦或已先讀此書，故見余取此而更大喜耳。余自讀此兩書後，遂遍讀嚴氏所譯各書，然終以此兩書受感最深，得益匪淺，則亦仲立之功也。

自此，仲立與余交益密，余常至其齋，暢言必逾時。一日，仲立取架上浦二田《古文眉詮》一冊，大字木刻，裝璜精美。浦氏西倉人，介七房橋水渠之間。浦族與錢秦兩族代有戚誼。仲立言，同是選幾篇古文，何以姚氏《古文辭類纂》甚得後代推尊，而浦氏書視之遠遜，兩書高上果何在。余曰：此誠一大問題，幸先生教余。仲立作慍色，曰：「我不知，故以問君，奈何反以難我。」余謝失言，因曰：「先生所問，余素未想及，然此實一好問題，他日研思有得，當再請益。」事踰數年，余思欲窺姚選用意，當遍讀姚選以外之文。遂立意先讀唐宋八家。至《王荊公集》，而余意大變。凡余於《荊公集》中所尤喜者，姚選多不錄。於是又念紫翔師蕩口暑期講習班所授，乃從治古文轉治理學家言，為余學問闢一新境界。而其時，仲立已卒。余此後亦漸不談古文。而仲立當時此一問題，實啟余良多也。

四

仲立又告余，生平有三大志願，一為創辦一學校，教育宗族鄉黨之子女，即三兼小學。又一為附近農村創辦一診療所，治病施藥，不收分文。仲立先曾從學於上海丁福保仲祜之函授學校，又遍讀丁氏醫書數十種，遂通醫術。廣購藥品，自任門診，此尚在創辦三兼小學前。後以事忙，不克兼顧，命其賬房蔡君亦讀函授講義及丁氏書，並親為講述。積有年，蔡君亦通醫術，遂代仲立診療所之事務。又一為創辦一報館。仲立極留心時事，而無意政治。特注意縣邑中事。日讀地方報，更留心。手執硃筆，批抹滿紙，或施一大槓，或撲一大點，或批豈有此理，或批狗屁不通。間或施圈。每曰：「賢奸不論，是非不辨；何以為人，何以做事。如此社會，豈不將淪喪以盡。」恨不能逐日逐人逐事，一一暢論之。惟以居鄉，辦報不易。仲立曰：「此一志願，待他日終成之，以一吐胸中之積悶。」仲立雖居鄉閉戶，其疾惡好善之情有如此。

仲立又嘗導余觀其書齋之前室，一方桌上放書四十大厚冊。仲立告余曰：「此先父四十年手書日記也。積一年訂一冊，無一日缺。」歎曰：「先人遺志，盡在此四十厚冊中，每一展覽，因念我兄弟三人承先人之遺產，乃不能承先人之遺志，不肖之罪，其何以辭。」

暑假後，余再往，仲立忽病。告余：「曾赴滬，求診於丁先生仲祜，知為肺病。」桌上一顯微鏡，囑余視之，曰：「此我痰中之血絲，君見之否？」命余移椅遠坐，勿相近，恐傳染。又囑余即離去，勿久坐。

一日，余又往，仲立告余，有一事相煩。仲立謂生平以不識英文字為憾，近方進一世界語函授學校，他日通世界語，庶稍補我平日之積憾。不幸今又病，但幸為時不久，講義尚不多，擬懇君補讀。此後每月講義寄來，由君代讀代應試。俟我病愈，再由君面授。君通英文，治此當不難。余急應之。遂攜其講義歸。後仲立卒，余亦未終其業。

一日，余又往。仲立已臥樓上，不下樓數日矣。禁余不得上樓。余廢然而返。及年假，余離水渠，赴仲立家辭行，堅請登樓一面。但仲立之家人一遵仲立命，堅不許余上樓，竟未獲見。不久，仲立終以不治聞。余以十八歲幼齡，初涉世事，即獲交仲立其人。實相處僅半載，而又竟未獲最後之一面，亦未克親往弔唁。至今逾六十年，兩世矣。每一念及，愴傷依然。

五

仲立家賬房蔡君，忘其名，乃附近一農民，精手藝，能劈篾製筐篋，皆精絕。擕赴縣城中，豪戶皆爭購。仲立召來，聘為賬房，為收田租。又教其習醫術，代主診療所事。又告之曰：汝今尚有暇，可試學古文，因授以曾鞏子固〈寄歐陽舍人書〉一文，命試讀。告以遇愜心處，如何當加圈，如何當加點。數日，蔡君繳卷，仲立大賞之。曰：「君有宿慧，可治古文，盼勤加誦習勿倦。」遂授以姚氏《古文辭類纂》一書。蔡君得閒亦來學校。暑假後，來更頻。常以夜間來，輒語至深夜。有一子，亦在三兼入學，聰慧異常。一日，在船上，失身溺水。救起，蔡君為下藥，心慌亂，誤其分量，即斃。蔡君從此恍惚如犯精神病，屢勸之弗愈。臨別前一兩月始平復。忽有意自造一自動發電機，欲媲美舶來品而價廉。往杭州上海蘇州電燈廠，訪其工程師。歸，自謂有把握。後聞其終有成，已在余離水渠一兩年後。亦余平生所遇一異人也。

肆、私立鴻模學校與無錫縣立第四高等小學

一

自民國二年起，至民國八年至，乃余十九至二十五歲，前後共六年半，余往來於蕩口梅村兩處。茲順其先後為序，並篇述之。

果育學校校主華子才老先生卒後，由其長孫士巽繹之繼任校主。與余在果育小學及常州府中學堂兩度同學，年長余約四歲。果育用子才先生名。改名鴻模。

民國二年，余不再去三兼，即轉入鴻模任教。三兼學校高初兩級僅分兩班。余原則上任高級班，除理化課由仲立任之，圖畫手工課由仲立幼弟任之，其餘國文、史地、英文、數學、體操、音樂等，皆由余一人任之。並兼部分初級班課，每週任課三十六小時，月薪國幣十四元。仲立三

兄弟則合任三十六小時。及來鴻模，規模較備，高初八年各分班。余僅任高三國文及史地課，每週二十四小時。較三兼減三之一，而月薪則增至二十元。

時果育舊師長惟理化教師顧君在，乃子才老先生之婿，為繹之姑丈，任校長職，餘皆新任。有華澄波，乃常州府中學堂師範班同學，年近四十，任高級四年班國文課。以其班上每週作文課卷命余代改。課卷僅五六本，余必擇其中一本詳加改動，澄波即以此教班上諸生，為該題之模範作。

時余雖在小學任教，心中常有未能進入大學讀書之憾。見報載北京大學招生廣告，投考者須先讀章學誠《文史通義》，余亦求其書讀之，至形於夢寐間。一夕，夢登一小樓，所藏皆章氏書，有世所未見者。後二十餘年，余在北京大學任教時，果得見章氏書之為世未見者。亦異事也。

余又讀夏曾佑《中國歷史教科書》，因其為北京大學教本，故讀之甚勤。余對此書得益亦甚大。如三皇五帝，夏氏備列經學上今古文傳說各別。余之知經學之有今古文之別，始此。一時學校同事聞余言三皇五帝有相傳異名之說，聞所未聞，皆驚嘆余之淵博。實不知余之本夏氏書也。又余讀夏書第一冊，書末詳鈔《史記・十二諸侯年表》、〈六國年表〉等，不加減一字，而篇幅幾占全書三分之一以上。當時雖不明夏氏用意，然余此後讀史籍，知諸表之重要，則始此。及十年後，余為《先秦諸子繫年》，更改《史記・六國年表》，亦不可謂最先影響不受自夏氏。

又夏氏書皆僅標幾要點，多鈔錄史籍原文。無考據方式，而實不背考據精神。亦為余所欣賞。

惟其書僅至南北朝而止，隋唐以下即付闕如。斯為一憾事。此後余至北平教人治史，每常舉夏氏書為言。抗戰時，重慶國立編譯館擬重印夏氏書為部頒教科書，囑余審正，時余在成都齊魯大學國學研究所，又細讀夏氏書。列舉其書中謬誤，皆小節，如年歲地名等，顯係夏氏鈔錄時疏失，凡一百七十餘條。編譯館見余校正繁多，遂終止前議，此書不予重印。其實余素重此書，不意此書乃竟因余之細為校訂而失其再為廣播流傳之機會，此亦人事因緣之甚難言者。

二

民國三年暑，無錫縣創辦六所高等小學，梅村鎮得一所，為縣立第四高等小學，校舍借用市區之泰伯廟。華澄波被聘為校長，邀余兄弟同往。

余在縣四每週任課十八小時，又較鴻模任課減四之一。但鴻模堅不放行，乃仍兼鴻模課，每週一次往返。一年後，始專在縣四高小任教。又四年，再回鴻模專任一年。

余兩校兼課時，似已改為秋季始業。余每週乘船往返梅村蕩口兩鎮，於星期四下午課後四時自梅村上船，歷兩小時近晚到蕩口。翌日下午四時返。沿途湖泊連綿，秋水長天，一望無際。猶憶第一次上船，余坐船頭上，讀《史記·李斯列傳》。上下千古，恍如目前。余之讀書，又獲深入新境，當自讀此篇始。

縣立第四高小第一年只辦一年級一班。學生皆住校，余與學生同寢室。臥床在寢室門口，側臨窗。一夕，深夜，月光照床而醒。一足觸帳外牆壁，忽念臂與壁皆形聲字。辟屬聲，但臂在身旁，壁在室旁，凡辟聲似皆有旁義。如避，乃走避一旁。璧，乃玉懸身旁。嬖，乃女侍在旁。譬，乃以旁言喻正義。癖，乃旁疾非正病。躄，乃兩足不正常，分開兩旁，盤散而行。劈，乃刀劈物分兩旁。如是凡辟聲皆有義，此即宋人所謂右文也。是夜在床興奮不寐，連思得形聲字十數例。翌晨上第一堂國文課，不講課文，乃講昨夜枕上所得。適縣中派督學來校視察，進入講堂後，竟跱立不走，聽完余一堂課始去。余此講未涉課文，離題漫述，而督學不以為忤。歸後竟詳細作一筆記報導，登載在縣署所發布之月刊上。惜此督學已忘其名，亦在規格外賞識余之一人也。

時無錫與南通，同稱為開明新縣，兩縣亦競相重視。縣督學此一篇報導，亦為南通小學界教師所傳誦。後數年，余偕數友赴南通考察，乃有人面詢余，君乃往年講臂壁右文之錢某耶。同行調余，汝已名揚外縣矣。

三

余在府中學堂時，即好圍棋，先兄亦然。縣四高小又聘一教師，從無錫城中來，亦余府中學堂同班同學，已忘其名字，亦有圍棋癖。三人遂在學校東廡一小室中，特置棋盤棋子，並廣羅晚明以下各種圍棋譜，課餘在此對奕，或擺譜。惟學校事無大小，胥由先兄管理，彼甚忙，不常至。余與某君一得閒，即獨去擺譜，或同去對奕，幾乎每日必對奕一局。某君持黑棋，常敗，但意終不服。奕益勤。後去城中任教，有奕社，社中有兩國手，社友須出貲始得與對奕。越數年，某君棋大進，重與余晤，對局，某君改持白，余持黑，但勝余亦甚艱。余曰：「君積年苦學，進步僅此。」自此余乃奕興大減，數十年不復奕。直至抗日戰爭時，余赴雲南始再復奕。

又余自幼即抽香煙，在果育時，晚飯後，余隨先兄同讀一室，先兄必命余至鎮上買香煙一包。歸，先兄必賞余一支。自進府中學堂，乃有煙癮。歸家又抽水煙。及交秦仲立，又抽旱煙。及來梅村，一日上課，課文〈勸戒煙〉。余告諸生，余已染此習，已無奈何。諸生年幼，當力戒。下課後，終覺今日上課太無聊，豈得以無奈何自諉，他日何以教誨諸生。遂決心戒煙，竟形之夢寐中。後遂數十年更不抽。直待任江南大學文學院長時，厭於常出席開會，始再抽煙。

四

余自三兼鴻模至梅村縣四，朝夕讀書已過三年。寢室中書架上所列書亦不少。同事皆稱余博學。縣四校舍為泰伯廟，正殿前一大方院，院中有古柏兩行。西廡為教室，東廡為宿舍，南面為大門，右側西邊乃教師休息室。某日下午，遇學校假期，余移一躺椅置大門東側向北走廊下臥讀范曄《後漢書》，不記是何一卷。忽念余讀書皆遵曾文正《家書家訓》，然文正教人，必自首至尾通讀全書。而余今則多隨意繙閱，當痛戒。即從此書起，以下逐篇讀畢，即補讀以上者。全書畢，再誦他書。余之立意凡遇一書必從頭到尾讀，自此日始。

余又效古人剛日誦經，柔日讀史之例，定於每清晨必讀經子艱讀之書。夜晚後，始讀史籍，中間上下午則讀閒雜書。余體弱，自辛亥年起，幾於每秋必病。一日，讀日人一小書，論人生不壽，乃一大罪惡，當努力講究日常衛生。余時適讀陸放翁詩，至其晚年作品，心中大奮發。念不高壽，乃余此生一大恥辱，大懲罰。即痛於日常生活上求規律化，如靜坐，如郊野散步等，皆一一規定。又開始寫日記，逐日所讀書皆記上，不許一日輟。後遇余結婚，遠近戚屬皆先後來，上午竟未獲讀一字，下午又繼續忙亂。自念今日之日記勢將破例矣，適理髮師來為余理髮，余乃於此時間默默成詩兩首，始釋然自慰，今日之日記宜勉可交卷矣。此一習慣，直至余進入大學任教後，始有斷續。

是年，余教《論語》課，適讀《馬氏文通》，一字一句按條讀之，不稍疏略。念《馬氏文通》詳論字法，可仿其例論句法，即以《論語》為例。積年遂成《論語文解》一書。此為余正式著書之第一部。以稿郵送上海商務印書館，得回訊，允為付印。出版後，當酬贈原著百部。余函商，能否改贈商務書券百圓，得允。書券亦隨到。余又商之無錫城中一書肆，付以此百圓書券，由余隨意選購，不限商務出版者。亦得允。余遂於經史子集四部中，擇余所缺者絡續購買。自此余學問又進。此百圓書券實於余大有裨益也。

又余購得浙江官書局本《二十二子》，依次讀之，至《墨子》，開卷即覺有錯誤。心大疑，意謂官書局本不應有誤。又見此書校注者乃畢沅，此人為清代大儒，不應不知其誤，置而不問。姑再讀之，錯誤續出，幾乎逐頁皆有。益大疑，遂奮筆從開始起逐條舉出其錯誤處，加以改正，取名《讀墨闇解》。積數日，所舉已多，心滋增疑。《墨子》乃先秦古籍，迄今越兩千年，何竟無人發見其書中錯誤，必當有人討論及此。而學校同事中無人可問。試翻商務印書館之《辭源》，於《墨子》下，竟得《墨子閒詁》一條。讀之，正余所欲知。然又疑書肆中不知有此書否，即作函寄無錫書肆詢問。翌日，航船送來一書包，拆視赫然即孫詒讓之《墨子閒詁》。開卷急讀，凡余所疑，孫書均已列舉，更多余所不知疑者。至其改定錯誤處，則必有明證確據，取材淵博。回視余之《闇解》，乃如初生嬰兒對七八十老人，差距太遠。自念余之孤陋幼稚，乃亦自居於讀書人之列，豈不可笑可恥。於是於孫書逐字逐句細讀，不敢絲毫忽過。余之遊情於清代乾嘉以來校勘考據訓詁學之藩籬，蓋自孫氏此書始。惟清儒多自經學入，余則轉自子部入，此則其異也。然余讀孫書至《墨經》一部分，又覺其所解釋有未盡愜意者。蓋余前在水渠讀嚴譯《穆勒名學》，於此方面亦略有悟入。乃不禁又奮筆從《讀墨闇解》改寫《墨經闇解》。逐條改寫孫解之未愜意者。然孫解雖未愜意，正解亦非急切可得。乃逐條寫墨書原文納衣袋中，一人郊野散步，隨手從衣袋中取一條出，隨步隨思。思未得，又易一條思之。積久乃得數十條，是為余寫《論語文解》後第二部有意之撰述。然其時余已嚴定規律，每日必讀新書，必求能日知其所無。架上書尚多未讀，心中欲讀書更無盡。不欲為此一端自限，妨余前進之程，乃終未敢恣情於此，勒成一書。惟此《墨經闇解》與《讀墨闇解》之兩稿，則常存行篋中，至今未忍拋棄。偶一檢閱，當時孤陋幼稚獨學無友之艱苦情況，猶湧現心頭。既以自慚，亦以自奮。余之終幸得免於孤陋幼稚之境者，縱不足以自滿，亦可得以自慰也。

及數年後，得讀章太炎梁任公胡適之諸人書，乃知墨學竟成為當代一時之顯學，孫書特其嚆矢。而余亦終於寫出許多有關古名家《墨經》及惠施公孫龍諸人之論文，今俱已收集於近編《中國學術思想史論叢》之第二冊。其先肇端，實在梅村此時也。余之讀書，最先從韓柳古文唐宋八家入門，隨即有意於孔孟儒學，又涉及古今史籍。墨學實非所喜，而耗精瘁神於此者亦復不少。不知者，亦或疑余為學追隨時髦，譁眾取寵，以博當前之稱譽。而余之孤搜冥索，所由步入此一條艱險之路者，事有偶然。甘苦之情，又誰知之。故知學問向前，在遙遠之進程中，自不免許多意料不及之支節曲折，錯歧複雜，有違初心者。孔子言，十有五而志於學，三十而立，四十而不惑。余之在當時，或可依稀髣髴於孔子志學之年矣。及今耄老回憶，果能有立而至於不惑否，則真不勝其慚恧與感喟之餘情也。

時余已逐月看《新青年雜誌》，新思想新潮流坌至湧來。而余已決心重溫舊書，乃不為時代潮流挾捲而去。及今思之，亦余當年一大幸運也。

又憶某年暑假，余在七房橋家宅東邊陪弄中，硃筆標點《宋元學案》。當時余已先讀歐陽文忠公及王荊公諸集，對其收編頗不愜意，遂有意重編《宋元學案》。惟有此志，迄未成書。

五

越一年，暑假後，余因病遲到校。是年學校新聘一教師，為松江朱懷天，新畢業於上海第一師範，已先到校，與余兩人同一寢室。室內惟兩床一桌。夜間同歸寢室，余告懷天，出校門有兩路，一左向，過小橋，即市區，可喫餛飩飲紹興酒，佐以花生塘裡魚，課畢，同事皆往，想君亦已隨行多日。一右向，越圍牆田野村莊散步塍間，仰天俯地，暢懷悅目。余一人率右行。君今與余同室，願仍左行，抑改右行。懷天立刻言，願改右行。於是相視而笑，遂為友。懷天較余年輕一歲或兩歲。

未一月，懷天忽得家訊，其母逝世。告假奔喪，旬日返校。夜臥，常夢中大哭而醒，或夢寐中大呼，由余叫其醒。連夜如此，累月皆然。而日間平居，乃絕不露哀容。余始識其純孝由衷，深敬之。詳詢其家庭。懷天言，早孤，獨一母。家貧，有一弟，不能養，乃由相識家領養，已易姓，惟常往來。其時懷天已成婚。懷天敘述其家況時，語語皆自其肺腑中孝悌真情出。至於其家庭具體之淒苦，實不足當其心中傷痛之萬一也。

余與懷天自此相處益親。黃昏前必相偕校外散步，入夜兩人各自規定之讀書時間畢，又同在院中小憩，始就寢。余與懷天均任國文一班作文課同在週末，必儘日夜批改完畢，俾可星期日偕出遠行，或竟日，或半日，擇叢林群石間，無人處，亦坐亦臥，暢論無所不至，迄夜方歸。

懷天在滬求學時，最崇拜其師吳在公之。公之日常言行，及其講堂所授，懷天時時為余稱道，纖悉弗遺。年假後，懷天回校，攜帶佛書六七種，皆其師公之為之選定。蓋因懷天喪母心傷，故勸以讀佛書自解耳。余在教師休息室中一桌靠西窗，坐南朝北。懷天一桌在余座後，靠南窗，坐東朝西。懷天攜來之佛書，余亦就其桌上取來一一讀之。尤愛讀《六祖壇經》。余之治佛學自此始。

第二年年假後，懷天又攜來其師公之新撰之《宥言》一冊，共八篇，皆申馬克斯共產主義。蓋公之遊學日本，其時日本有信仰共產主義大師河上肇，國人周佛海等皆出其門。公之衍暢其說，用《莊子．在宥篇》，取名《宥言》。懷天持以示余，共讀之。傍晚散步，逐篇討論。余雖愛公之文辭，然力反其說。懷天則袒師說。余特寫〈闢宥言〉八篇，懷天亦為〈廣宥言〉八篇。余又為〈續闢〉八篇，懷天亦為〈續廣〉八篇，相爭不已。時中國共產主義尚未大興，而余兩人則早已辯論及之矣。

余告懷天，君治佛書，又遵師說欣賞共產主義，然則他年將逃世避俗出家居山林為一僧，抑從事社會革命為一共產黨人。一熱一冷，一進一退，君終何擇。懷天曰，君尊儒，言必孔孟，我恐兄將來當為一官僚，或為一鄉愿。余言此四者皆當戒，幸各自勉。

懷天忞性誠篤，民八五四，上海罷市，遠近城鄉皆震動。縣四高小全校師生結隊赴四圍鄉村演講，懷天熱血噴迸，聲淚俱下。其平日與人相處，極和易，得人懽。故知其論學時雖有偏激，然其本源皆發自內心深處。惟當以一字形容曰愛，愛國家，愛民族。雖言共產，言佛法，然絕無階級革命之兇暴意，亦無離親逃俗之隱遁意。他日學問所至，必歸中正可知。

時先兄方肆意陸放翁詩，朝夕諷誦，亦常作詩自遣。余與懷天，一晚，田塍間散步，告懷天，我兩人平日以澹泊寧靜自期，近來為《宥言》一書，爭論不休，往日讀書散步一番蕭散閒適意味，今皆失去。從今晚起，當將此問題暫擱置，不再爭，可否。懷天曰好。余更曰，吾兩人當另闢一途徑，改向新趨。自今晚始，吟詩相唱和，如何。懷天又曰好。余遂即景出題告懷天，今晚歸，即以「林中有火」四字各作四言詩四章，以此四字，押韻如何。懷天又曰大好。自此又為五言、六言、七言，古今絕律，或出題兩人同詠，或一人成詩，一人追和。如是積月，懷天告余，今成詩日多，昔人皆各自成集，今我兩人可合成一集，當先為此集命名。兩人各試題名，終不愜。余忽得一名，告懷天曰，當可逕名《二人集》。不僅紀實，亦期我二人能不分彼我，同躋於仁。懷天大恢意，書名遂定。

余與懷天又讀鮑芳洲催眠術書而喜之，曾召學生作練習。後見報載鮑芳洲在上海面授，只一週即可畢業。余以惜費不往，後乃以積錢買了一部《資治通鑑》。懷天一人往，謂歸來仍可兩人同習。旬日而返，告余七日學習之詳細經過。然懷天特喜新所學之自我催眠。時余與懷天寢室已分，懷天每天下午四時即在其寢室習自我催眠。余曾至其室觀之，其術頗似靜坐，只坐後自心內定歷四十五分鐘或一小時醒來，即能入睡眠狀態，到時果醒，則此術已成。懷天體素羸弱，自言醒來體況覺大舒適，習久當可轉健。余時正學靜坐，已兩三年矣。憶某一年之冬，七房橋二房一叔父辭世，聲一先兄與余自梅村返家送殮。屍體停堂上，諸僧圍坐頌經，至深夜，送殮者皆環侍，余獨一人去寢室臥床上靜坐。忽聞堂上一火銃聲，一時受驚，乃若全身失其所在，即外界天地亦盡歸消失，惟覺有一氣直上直下，不待呼吸，亦不知有鼻端與下腹丹田，一時茫然爽然，不知過幾何時，乃漸恢復知覺。又知堂外銃聲即當入殮，始披衣起，出至堂上。余之知有靜坐佳境，實始此夕。念此後學坐，儻時得此境，豈不大佳。回至學校後，乃習坐更勤。雜治理學家及道家佛家言。尤喜《天台宗小止觀》，其書亦自懷天桌上得之。先用止法，一念起即加禁止。然余性躁，愈禁愈起，終不可止。乃改用觀法，一念起，即返觀自問，我從何忽來此念。如此作念，則前念不禁自止。但後念又生，我又即返觀自問，我頃方作何念，乃忽又來此念。如此念之，前念又止。初如濃雲密蔽天日，後覺雲漸淡漸薄，又似得輕風微吹，雲在移動中，忽露天日。所謂前念已去，後念未來，瞬息間雲開日朗，滿心一片大光明呈現。縱不片刻，此景即逝，然即此片刻，全身得大解放，快樂無比。如此每坐能得此片刻即佳。又漸能每坐得一片刻過後又來一片刻，則其佳無比。若能坐下全成此一片刻，則較之催眠只如入睡境中者，其佳更無比矣。余遂益堅靜坐之功，而懷天亦習其自我催眠不倦。一日，余站梅村橋上守候自城至蕩口之航船，喚其停靠。余上船，坐一老人旁。老人顧余曰，君必靜坐有功。余問何以知之，老人曰，觀汝在橋上呼喚時，雙目炯然，故知之。余聞言大慰。

六

時余七房橋家遭回祿之災，屋舍全焚，乃又遷家至蕩口鎮。而先慈病胃，積月不能食。余與丁仲祜通信，求其開方療治，病卒愈。余乃辭縣四職回鴻模任教，以便朝夕侍養。時為民國七年之夏季。此下一年，乃余讀書靜坐最專最勤之一年。

余時銳意學靜坐，每日下午四時課後必在寢室習之。時鴻模亦有一軍樂隊，課後必在操場教練。余在寢室中可聞其聲。其時國歌為〈中華獨立宇宙間〉，歌中後半有一字，軍樂教官教至此字，聲快慢錯四分之一拍。余因昔在府中學堂習崑曲，知此甚稔。其時余習靜坐工夫漸深，入坐即能無念。然無念非無聞。恰如學生上午後第一堂課，遇渴睡，講臺上教師語，初非無聞，但無知。余在坐中，軍樂隊在操場練國歌，聲聲入耳，但過而不留。不動吾念，不擾吾靜。只至其節拍有錯處，余念即動。但俟奏此聲過，余心即平復，余念亦靜。即是坐中聽此一歌，只聽得此一字，儘欲勿聽亦不得。余因此悟及人生最大學問在求能虛此心，心虛始能靜。若心中自恃有一長處即不虛，則此一長處正是一短處。余方苦學讀書，日求長進。若果時覺有長處，豈不將日增有短處。乃深自警惕，懸為己戒。求讀書日多，此心日虛，勿以自傲。

某日傍晚，家中派人來學校喚余回家。余適在室中坐，聞聲大驚。因知靜坐必擇時地，以免外擾。昔人多在寺院中，特闢靜室，而余之生活上無此方便，靜坐稍有功，反感不適。以後非時地相宜，乃不敢多坐。又余其時方效伍廷芳練習冷水浴，雖嚴冬不輟。至是，亦悟其非宜，遂停止。

時華繹之以校主兼為校長。學校中新建一樓，繹之家富藏書，皆移樓上。樓門不輕啟，繹之獨交余一鑰匙，許余一人上樓讀書。惟上樓即須反鎖其門，勿使他人闖入。余遂得多讀未見書。藏書中有南宋葉適水心之《習學記言》，乃江陰南菁書院所刻，外面流傳絕少，余即在鴻模藏書樓上讀之。後到北平數年後，乃始有新刻本。余對程朱所定四書順序《論語》、〈大學〉、〈中庸〉、《孟子》，孔曾思孟之排列，早年即抱懷疑，即受水心《習學記言》之影響。又余遍閱顏李書，亦在是年。

此一年，乃為余任教小學以來最勤學之一年。室中蒔文竹一盆，日常親自澆灌，深愛之，特為作一詩。懷天在梅村見此詩，意余心存抑鬱，乃以盆中文竹自比。遂鈔此詩，詳述余近況，告其師吳公之，蓋欲其師為余作推薦也。

又一年，余又轉至后宅鎮之泰伯鄉第一小學為校長，懷天帶領學生作長途旅行，從梅村來后宅，又轉至蕩口。先兄領其赴余家謁拜先慈。返梅村後來書，言我兄弟怡怡，常願相隨作一弱弟。近又親到余家，真如回己家也。懷天是冬返松江，忽得其在上海時舊同學邀其赴南洋。懷天亦久蟄思動，遂決於暑假後辭縣四職前往。忽以背生疽返家。初謂不嚴重，只自我催眠即可療治，緩於求醫，竟不治而卒。時余在后宅，遂至梅村，檢其遺書。懷天有日記，余摘取其間要語，並余兩人之〈闢宥言〉、〈廣宥言〉共四篇，及《二人集》，合並為一書，名《朱懷天先生紀念集》。除學校師生外，並分贈當時國內各圖書館。日記則由余保存。對日抗戰時，余家藏書盡失去，懷天日記亦在內。不知其紀念集他日尚可檢得否。

民十九余去北平燕京大學任教，時吳公之在清華。然余聞其日常生活頗為消極頹唐，不復似往日懷天之所語，竟亦未與謀面。懷天之弟，余抗戰時在重慶曾與晤面，然亦未獲深交。

回念余自民元出任鄉村教師，得交秦仲立，乃如余之嚴兄。又得友朱懷天，乃如余之弱弟。

惟交此兩人，獲益甚深甚大。至今追思，百感交集，不能已。

七

時在鴻模管事者，為須霖沛若，亦係果育與常州府中學堂兩度同學。沛若鬍鬚滿腮，人皆謂其年長，然終不知其真年齡。沛若家在鎮上開一店鋪，以富有稱。然沛若儼如一鄉下佬，絕不絲毫有市井氣。謙恭多禮，勤奮倍常。遲余一年肄業府中學堂，衣袋中常帶英文字典一冊，不論室內室外，得間即取出讀之。從開首第一字起，讀一字，能背誦，即用紅鉛筆抹去。依次而下。有人得微窺之，已讀至F，占全體字母四之一矣。

畢業府中學堂後，為華家管理一當鋪，後遂轉至鴻模，與余交往最密。舊曆元旦清晨來拜年，余家懸先父、先祖父母、先曾祖父母三代神像，沛若一一焚香跪拜，始辭去。當時諸同學間，新年必相聚，然少行如此拜年禮。余念沛若年長，因赴其家答禮，亦一一瞻拜其祖先遺像。臨辭，沛若堅留午餐，謂僅兩人，可作長談。又謂元旦家中有現成菜餚，不煩特加烹煮，余遂留。菜餚既上，沛若囑余先上坐，謂今日元旦，我當先拜祖宗遺像乃進餐。拜畢就坐，沛若乃謂，我蓄意已久，欲拜兄為師。此不比學校教課之師。然恐兄不允，方頃之拜，乃我行拜師禮，在祖宗神像前作誓。幸兄勿堅辭，我已心師矣，必終身不渝。沛若拘謹而固執，余亦難與辯，只笑謂不意兄亦有詐。余亦惟有仍以同學視兄，兄其諒之。

一日，在學校兩人坐廊上。沛若言，先生愛讀《論語》，有一條云：「子之所慎，齋、戰、疾。」今先生患傷風，雖不發燒，亦小疾。可弗慌張，然亦不當大意。宜依《論語》守此小心謹慎一慎字，使疾不加深，則數日自愈。余從此讀《論語》，知當逐字逐句反己從日常生活上求體會，自沛若此番話發之。

一日，沛若又語余，自知性太拘謹，時讀《莊子》，求自解放。顧姿愚，領悟不深。暑假將臨，願先生在暑假中為我講《莊子．內篇》七篇，使我有所從入。余允諾。沛若又言，先生專為我一人講，殊嫌精力浪費，當約在校學生聰慧者數人，及舊學生升學在外暑期中歸來者數人，合六七人同聽講，庶先生精力多所霑溉。余亦允之。是暑，在一樓朝夕開講。沛若促諸聽者發問，己必居最後，逐段逐節不肯輕易放過。約三四日始完一篇。將滿一月，七篇方畢。回憶往昔紫翔師講習班上課，真霄壤之別矣。然余對《莊子》七篇，經此講解，乃知自所未解者實尚多。以後余為《莊子纂箋》及《論語新解》兩書，每憶沛若與余討論此兩書獨多。往日情事，如在目前。

自余離鴻模，與沛若少來往。沛若不久亦離鴻模。沛若乃獨子單傳，育兩女，無子嗣。乃納一妾，不育。又納一妾。時社會風氣已日開，方群趨西化，即蕩口一小鎮亦然。離婚再娶，乃人生正規，被認為開通前進。有妻納妾，則是頑固守舊，封建遺毒作祟，乃傷情違理之事。沛若雖閉戶自守，不與外界接觸，但頗受外界之譏諷。余傳聞得此，亦未與沛若通訊有所詢問。沛若後與余再見，亦從未談及於此。

余在北平，一日，得沛若書，告其次女毓壽畢業中學，考進協和醫學院。當一人赴北平，懇余賜照拂。余親赴車站接候，宿余家。醫學院預科在燕京大學上課，開學後，余又親送之赴校。越旬日，毓壽忽來余舍，面有不樂。余問之，言，上課第一堂即是解剖，講臺桌上一死屍，見之驚悚，晝不能食，夜不能眠，精神不支，欲退學。余謂此乃汝自己心理作用，當勿視為一人，亦勿視為一屍，心肺肝腸，一一如師言，當各別視之為一物。心境變，則外面環境自變，可再試之。毓壽如余言，終獲畢業。留協和，後轉回蘇州行醫，名噪一城。余抗戰中回蘇州，毓壽時來余家。一家有病，皆由其診治。

抗戰勝利後，余又回蘇州，任無錫江南大學文學院長。時河南大學播遷來蘇州，校長乃北大同事老友姚從吾，邀余兼課。課堂設在滄浪亭，《浮生六記》之舊宅。一日，課畢，方出門，沛若赫然站路邊。告余，近亦遷來蘇州，知先生在此有課，故特來相候。遂漫步同赴其家。知沛若已有子矣。一家三口，居兩室，極逼窄。留午膳而別。自後遂多往還。

一日，在其窄室中，沛若問《論語》孔子五十知天命，先生今年亦已過五十，敢問知天命之義。余曰，此乃大聖之境界，吾儕何敢妄加揣測。余只敢在三十而立，四十而不惑上用心。回憶自果育學校、常州府中學堂以來，改朝換代，天翻地覆，社會一切皆已大變。而吾兩人今日在此簷下坐談，豈不髣髴依然是往日情況。此亦可謂是吾兩人之能立能不惑，但只可謂是一種具體而微之能立能不惑，又只是微之又微，微不足道。正如一萬貫錢與一文錢，一文錢太少，太無價值，但亦同是錢。孟子謂人皆可以為堯舜，羅近溪謂端茶童子亦即如聖人，皆此義。儻吾儕能立能不惑，繼續下去，亦可算得是吾儕之天命矣。孔子言：「天生德於予。」人之稟賦有高下，德亦有大小。大德敦化，小德川流，縱是溝瀆之水，只川流不息，亦皆朝宗於海。大海是其滙歸歇宿處。此即是天命。沛若言，我聞先生言，暫時總得一解放，但不久即依然故我，總不長進。余言，余聞兄言，亦立時總得一警策。吾兩人性情有不同，正好相互觀摩，各自得益。勿妄自尊大，亦勿妄自菲薄。惟日孳孳，在安分守己中努力，如是而已。兄謂何如。沛若數十年來，從不談國家大事，亦不論人物臧否，世局是非，儘只在自己日常生活上自憤自責。其敦厚而拘謹有如此。

沛若長女嫁蘇州一豪富家。一日邀宴，其父其妹四人同席。入門一賬房，一大櫃臺，乃收租處。進為大廳，寬暢大方，陳設甚雅。沛若已先在，姊妹特來行一禮，留坐，皆婉辭而去。及同桌共餐，意氣言語亦皆拘謹，終不稍有發舒。余念其姊乃一富家主婦，其妹乃一名西醫，其父無論在家出門皆是一鄉下佬，亦從不對二女有嚴父態。然二女對其父則禮敬有加，為余在他家所少見。此亦沛若終生以禮自守有以致之也。

余離蘇州今又三十年，沛若儻仍健在，則已九十左右矣。此一鄉下佬，乃一資本階級，不知其何以自處。此又另是一種天命也。悵念何竭。

稿成越數年，聞沛若已逝世。又聞毓壽已移居美國，但告者亦不審此訊確否。

伍、后宅初級小學

一

民八之秋季，余轉入后宅鎮泰伯市立第一初級小學校任校長之職。是年，余二十六歲。余自民元起，先在三兼，即任高小課程，只兼初小之體操唱歌課。自入鴻模與縣四，皆係高等小學，而余則任其高年級之課。余之決意轉入初級小學，厥有兩因。一因報載美國杜威博士來華，作教育哲學之演講，余讀其講詞，極感興趣。但覺與古籍所載中國古人之教育思想有不同，並有大相違異處。因念當轉入初級小學，與幼童接觸，作一番從頭開始之實驗，俾可明白得古今中外對教育思想異同得失之究竟所在。二則當時大家提倡白話文，初級小學教課書已全改白話文體，而余在民國七年曾出版一部《論語文解》，專為指示學生作文造句謀篇之基本條件而作。極思轉入初小，一試白話文對幼童初學之利弊得失所在。此兩念時在余心。

暑假前一日，余從鴻模去縣四，欲與懷天一晤。是夕，泰伯市督學許君來縣四邀安若泰去任后宅第一初級小學之校長。若泰乃余常州府中學堂低班同學。畢業後，留學日本，習法律。半途歸，任初等小學校長。是年，轉來縣四任教。他日仍需赴日，領取畢業文憑，即可回國當律師。許君之請，若泰堅拒。許君請益堅，若泰終拒不允。

時縣四諸同事皆同在一室中。余忽起立，語許君，余若肯往，君願聘否。眾謂余乃故作戲言。余曰，絕非戲言，乃真心話。許君曰，君若真心，我決無條件聘請。余曰，君無條件，余則有條件。許君問，何條件。余答，余若往，學校行政及課程編排，余當有絕對自由，君肯勿干預否。儻上面及外界有非議或斥責，君肯同任其咎否。許君答，一切可勿慮，悉隨尊意。余曰，如此即可決。若泰告余，君勿輕作此決定。初級小學究與高級小學有不同。君無此經驗，困難臨頭，必後悔。余曰，正為無經驗，故去從頭學起。余心已決，絕不後悔。若泰忽意動，曰：君果去，我亦追隨。為君作一助手，君願之否。余曰，此更佳，寧有不願。若泰又曰，君與初級小學任教者皆不熟，學校有空缺，任我代聘，君肯勿過問否。余曰，此更大佳，即浼君代勞。此事遂一夕而決。

二

余與若泰既到校，若泰又聘來蔡英章，專教體操唱歌。若泰告余，英章直爽有膽量，肯喫苦，但亦肯聽話，必可為君一好助手。又一人，乃后宅鎮上一女性，舊任留校，課畢即離去。學校惟余與若泰英章三人，每事必會談相商。余告若泰英章，余有一理想，當使一切規章課程盡融在學生之生活中，務使課程規章生活化，而學生生活亦課程規章化，使兩者融歸一體，勿令學生作分別觀。若使彼等心中只分出一部分生活來服從學校之規章課程，另保留一部分生活由其私下活動，此決非佳事。兩人皆同意，請談辦法。余曰，欲求課程生活化，先當改變課程，如體操唱歌，明是一種生活，但排定為課程，則學生亦以課程視之。今當廢去此兩課，每日上下午必有體操唱歌，全體學生必同時參加，余等三人亦當參加，使成為學校一全體活動，由英章任指導。若泰英章對此皆表贊同。

余又曰，欲使學校章則生活化，此事較複雜。首先，余意欲廢止體罰，勿使學生視學校章則如法律，誤認為一切規矩皆是外面加上之束縛。使規矩能生活化，豈不是教育上一大目標乎。若泰英章對此不表贊同。謂余僅談理想，不顧經驗。今日之初級小學，皆自六七歲起，最長不過十三四歲，童稚無知，群相聚，事態百出，有時非加體罰不可。余曰，縱童稚，亦得對之有理想。

僅有理想不顧經驗，此屬空想。但只仗經驗，不追求理想，到底亦僅是一習慣，將無意義可言。有關訓育方面，余願一人任之，以試驗余之理想，盼兩君隨時在旁相助。以兩君之經驗，隨時隨事相告，以助成余此一理想。遇有困難，再從長討論，另作決定，如何。兩人皆無言。

即日，余出布告，課畢皆須赴操場遊散，勿逗留課室中。余隨巡視。有一生兀坐教室中課椅上。余問，何不赴操場。彼兀坐不動如故，亦不語。余問其姓名，亦不答。乃召班長來問之。班長告余，此人乃楊錫麟，曾犯校規，前校長命其到校後非大小便即坐課室中不許離去。余曰，此乃前校長所命，今前校長已離學校，此命令亦不存在。汝當帶領其同去操場。二人遂去。不久，一群學生圍擁楊錫麟來余辦公室，告余，楊錫麟在操場旁水溝中捕一青蛙，將之撕成兩半。一人並帶來此青蛙之屍體。余曰，楊錫麟因久坐課室中，汝等所知，彼皆不知。今獲與汝輩同遊散，汝等所知，彼亦可漸漸學而知之。汝等當隨時隨地好為勸告，勿得大驚小怪，彼犯一小錯誤，即群來告發。以後再如此，當罰汝等，不罰楊錫麟。諸生乃默默無言而去。

又有兄弟兩人，乃后宅附近鄒姓，係余之戚屬。其家長親送來上學。家長辭去，余命兩人亦至操場。不久，群擁其弟來余室，其兄隨之，群告其弟隨手打人。余曰，他年尚幼，汝輩皆年長於彼，何足怕。他若再打人，汝輩可回手打他，我將不罰汝等。群懽然而散。其兄大哭，謂吾弟將被人打，如何受得起。余告之曰，汝勿憂。汝弟若不先打人，他人亦不會來打汝弟。汝惟好相護視，令汝弟莫再打人即可。此後亦無事。若泰英章在旁，見余處理此兩事得當，皆大讚許，再不主張用體罰。

三

余上堂，好用兩種測驗。在黑板上寫一段文字，令諸生凝視三數遍，撤去黑板，令諸生默寫。又口誦一段文字，諸生默聽三數遍，令其默寫。如是數次，覺楊錫麟於默聽後所記常無誤，意其聽覺必較佳。一日，傍晚散學，余獨留錫麟。余彈琴，令錫麟隨而唱。音節聲調果皆祥和，溫雅有致。余再彈，令其再唱。余忽停彈，琴聲息，而錫麟出不意，歌聲仍續，意態靜定，有佳趣，余大加讚賞。問，明日唱歌班上汝能一人起立獨唱否，錫麟點首。又問，琴聲息，汝能仍續唱如今晚否，錫麟又點首。明日，上唱歌班，余問何人願起立獨唱，錫麟舉手起立。琴聲息，錫麟獨唱不息。諸生皆驚，鼓掌聲久不息。

自錫麟捕殺青蛙事被告發，諸生雖不再告發錫麟他事，然錫麟與諸生間，終若有隔閡。錫麟一人終被歧視。自此後，諸生再不歧視錫麟，錫麟意態亦漸發舒，視其前若兩人。

時學校將開一遊藝會，余告英章，好好教錫麟唱一老漁翁歌。英章遂常獨留錫麟在校教唱，務期盡善盡美。又特備簑笠，令錫麟披戴演習。臨開會，錫麟一人獨扮一老漁翁，登臺演唱，琴聲歌聲，悠揚滿堂，眾皆默坐神往。老漁翁一劇畢，最得滿座之掌聲。而楊錫麟乃迴出他人之上。

余近年在臺北，常晤后宅鎮人老友鄒景衡。一日，忽語余楊錫麟畢業後事。相隔垂六十年，當時后宅小學諸生，獨楊錫麟一人尚在其同鎮人口中得稱道，真出余意料外也。

四

時泰伯市長為后宅鎮人鄒茂如，景衡父。景衡留學日本。茂如為人忠誠坦白，敢作敢為，一鎮皆貼服。年五十左右，與余為忘年交。遇其在家，必來學校。於諸生家屬多熟悉，纖屑皆談。有一鄒生，家一寡母，生則獨子，在校課程皆列上等。在校外，則多不守規矩。其母甚賢，但亦無以教之。茂如告余其母子事。

年假，余返蕩口，三四日即返校。校役告余，假中有兩學生私進學校故犯校規，並舉其名。其一人即鄒生，另一人，平日在校亦多犯規事。時余記起讀《漢書》諸名臣治郡之事。乃召其一人來，嚴問其私入學校事，此生直認不敢諱。余告之曰，汝與鄒生同來，平日必常相聚首。余知其離學校多不守規矩。今命汝三日內，可常與鄒生相偕，遇其有不守規矩處，即來告余。但決不可以此事告彼知之。余可減汝罪，不深究。該生懽然而去。隔一日，即來告。鄒生有一叔父，開一豬肉舖。鄒生在每日清晨上課前，即在櫃臺上代其叔收錢登賬。待叔至，即來校。但日私取錢少許，納己袋中，不入賬，其叔亦不知。又昨日，我偕其在一糖果舖買糖果，舖主人回身取貨，彼即在舖前攤上私取糖果一小包，舖主人亦不知。余告之曰，汝果能如余命，汝犯私進學校罪，可僅記一小過，不再深究。余因恐鄒生不能如汝般直認己罪，故令汝告發其私。俾可從其他罪名加深處罰，亦免令汝當面作證。彼若屈服，直認其罪，亦可減輕懲罰，是汝亦已助了他一臂之力。此後汝當善遵師旨，勉為一好學生。亦當敦友誼，勿輕道人過。汝自思之。該生欣然而去。

余即召鄒生來，問以私入學校事。鄒生否認。余曰，只要己莫為，莫謂人不知。汝每日私取汝叔櫃上錢，汝有之否。又昨日私取某舖糖果攤上一小包糖果，有之否。鄒生大驚駭。余又告以，汝其他不守規矩事尚多，因汝在學校功課好，故暫不問。不謂汝竟不知改。汝亦勿謂汝叔父不知汝事，汝當向汝叔直道己過，並告以知悔改，汝叔對汝必加讚賞。汝近犯私入學校事，亦當僅記一小過，不深究。汝若不依余言，將受重罰，勿悔。是日，余對鄒生倍加誨諭。鄒生果如余言，向其叔道罪。其叔曰，此事我早知之，今汝悔改，真好孩子。遂每月額定其工作費，尤多過其私取。一日，其寡母特來校，告余，其子近日大變常態，能知孝道，不知由何如此，特來謝師。茂如亦來言，君等來，校風大變，皆三師善盡教導之功。一鎮人皆稱譽。

五

時學校預定在下學期可添聘一教師。有一鴻模畢業生，忘其名，極聰慧，余頗愛之。升學上海某商業學校，畢業歸，任其鄉甘露鎮一初級小學校之校長。余與通函，約其轉來后宅，未得覆。年假歸，元旦清晨，余自蕩口步行至甘露，約可五華里。入門，某生方起床盥漱。坐定，余問，得余書否，何不覆，豈無意來共事耶。某生無以對。余曰，果無意，亦必有一理由，何默不言。某生遲遲答曰，師即觀今日此刻情形，已自知之，何必強生再多言。余曰，此語何義，余實不解。某生曰，今日乃元旦，師遠從蕩口徒步來甘露，生方起床，盥漱未畢。如此情形，生何敢來與師共事。如去，生多遭師責罵，師亦空自增閒氣。生久思之，不敢來，亦無以覆。幸師賜諒。余曰，生語余已明白。然生近日生活態度何以驟變如此，亦盼有以告余。某生曰，恕生直言，幸師勿責。生自就職以來，一日忽念，今年任一小學校長，明年仍是一小學校長，如此終生，成何意義。余曰，生當返思，六年前，生是一高小學生，進而為中學生，又進而為小學校長，升遷不謂不速，何以忽生此念。如余，六年前在高小任教，六年後轉入初小。六年前與汝為師生，六年後與汝為同事。余尚未有如生想法，生奈何涉想到此。某生曰，生亦不自知其如此，故未敢以告師。余又問，生既不甘長為一小學教師，曾作何想。某生曰，生曾從滬買來一縫襪機，雇一女工，縫襪出售。得贏餘，又買一機。今已有三機。待買得十機，便擬辭現職，自設一縫襪廠。余曰，生言差矣。今年為一縫襪廠老闆，明年仍為一縫襪廠老闆，終生為一縫襪廠老闆，其意義又何在。人生豈能如孫悟空，搖身作七十二變。變來變去，還是一孫悟空。人總是一人，孫悟空逃不出如來佛掌心，人生亦有逃離不得處。生何遽倦怠如此。某生言，六年前生亦知服膺師訓，今忽生此妄想，一時自無奈何。待生回心轉意，當願常隨左右。如此遂無結果而返。

六

是春，乃由滬上余兩姑表兄弟介紹一湖南人趙君，忘其名，來教國語。教材由余與趙君洽定。若泰英章亦偕余同上班，國語課遂與體操唱歌課同為每日全校師生之共同必修課。而余之國文課則退居在後，不占重要地位。乃以作文課代之。

余告諸生，出口為言，下筆為文。作文只如說話，口中如何說，筆下即如何寫，即為作文。只就口中所欲說者如實寫出，遇不識字，可隨時發問。一日，下午第一課，命諸生作文。出題為今天的午飯。諸生繳卷訖，擇一佳者，寫黑板上。文云，今天午飯，喫紅燒豬肉，味道很好，可惜鹹了些。告諸生，說話須有曲折，如此文末一語。

又一日，余選林紓《技擊餘談》中一故事，由余口述，命諸生記下。今此故事已忘，姑以意說之。有五兄弟，大哥披掛上陣，二哥又披掛上陣，三哥亦披掛上陣，四哥還披掛上陣，五弟隨之仍然披掛上陣。諸生皆如所言記下。余告諸生，作文固如同說話，但有時說話可如此，作文卻宜求簡潔。因在黑板上寫林紓原文，雖係文言，諸生一見，皆明其義。余曰：如此寫，只一語可盡，你們卻寫了五句，便太囉嗦了。

又一日，命諸生各帶石板石筆鉛筆及毛邊稿紙出校門，至郊外一古墓；蒼松近百棵。命諸生各自擇坐一樹下，靜觀四圍形勢景色，各自寫下。再圍坐，命諸生各有陳述。何處有人忽略了，何處有人遺忘了，何處有人輕重倒置，何處有人先後失次，即據實景互作討論。

余又告諸生，今有一景，諸生多未注意。諸生聞頭上風聲否。因命諸生試各靜聽，與平日所聞風聲有何不同。諸生遂各靜聽有頃。余又告諸生，此風因穿松針而過，松針細，又多隙，風過其間，其聲颯然，與他處不同，此謂松風。試再下筆，能寫其髣髴否。諸生各用苦思寫出，又經討論，余為定其高下得失。經半日，夕陽已下，乃揚長而歸。如是，諸生乃以作文課為一大樂事。競問，今日是否又要作文。

一日，遇雨。余告諸生，今日當作文。但天雨，未能出門。令諸生排坐樓上廊下看雨。問，今日是何種雨。諸生競答，黃梅雨。問，黃梅雨與其他雨有何不同。諸生各以所知對。令互相討論，又為評其是非得失。遂命下筆，再互作觀摩。如是又半日。

余又令諸生各述故事。或得之傳聞，或經由目睹。或聞自家庭，或傳自街坊，或有關附近名勝古蹟，橋樑寺廟。擇其最動人者，或赴其處踏看，或逕下筆。每作一文，必經討論觀摩，各出心裁，必令語語從心中吐出，而又如在目前。諸生皆踴躍，認為作文乃日常人生中一樂事。如是半年，四年級生畢業，最短者能作白話文兩百字以上，最多者能達七八百字，皆能文從字順，條理明暢。然不從國文課本來，乃從國語課及作文課來。而作文課亦令生活化，令諸生皆不啻如自其口出。此為余半年中所得一大語文教學經驗。

七

如是一年，余忽得病，就醫城中，斷為初期肺病，令休息療養。若泰英章諸人乃絕不許余預聞校事，皆曰，蕭規曹隨，兄復何慮。茂如方規劃創設一圖書館，館址即在學校旁。若泰英章諸人強余遷居圖書館樓上。一人孤寂，日臨許氏《說文》，學寫篆體大字。病良已。茂如又命余偕鎮上別一鄒君遊西湖，名為赴杭州上海蘇州采購書籍，實以假余作療養。其時，余能於半日間，徒步連登西湖南北兩高峰，則體健可知。

在杭州購書時，得康有為《新學偽經考》石印本一冊。圖書館購書，皆須木刻大字本，此書遂歸余私有，為余八九年後寫〈劉向歆父子年譜〉之張本。

此次購書歸來，余遂日夜讀以前未見書。一日，讀錢竹汀《年譜》，至某年竹汀因病自撰年譜語，心大疑。念竹汀生平有許多著作，何竟一字不提。讀及後半，始知竹汀許多著作，皆在其因病自作《年譜》之後完成。心又大奮。余尚年輕，病亦良已，以竹汀為例，此下正大可努力也。

是年春，余部署圖書館一切略就緒，遂行開幕禮。是為無錫縣各鄉市設圖書館之第一所。然其時，有一大不愉快在余心頭者。時鄉里初小畢業生，除士紳子弟多遠出升學外，餘多鎮上小商人家子弟，畢業即留家，在商店中服務。或茶肆，或酒館，或豬肉舖，或糖果攤，極少再升學者。余雖絕少至街市，然聞此甚不懽。念余在此教讀，心力交瘁，積年讀書工夫亦多放棄，而所得僅此。果是作一番試驗則可，若久淹於此，恐違余志，遂決意離去。

八

余來校之第一上半年冬季，一夕，余與若泰英章三人聚談。時李石岑自歐留學返國，以哲學名，在上海《時事新報》副刊〈學燈〉任主編。每作一文，必以大一號字登首幅，其餘皆小一號字排。余告兩人，石岑文亦自語簡意遠，較勝他文。余當試投一稿，看其亦能用大一號字刊之首幅否。二人亦加慫恿。余撰一文，長可三百許字，題名〈愛與欲〉。投去。是為余生平在報紙上投稿之第一篇。越日，余文果以大一號字在〈學燈〉首幅刊出。若泰英章兩人大加揄揚，促余續為文。題已忘，憶是論希臘某哲人與中國道家思想之異同。稿既成，寄去，不數日，又以大一號字登〈學燈〉首幅。乃為〈學燈〉上刊載大一號文字李石岑外之第一人。若泰英章倍加興奮，又促余撰第三文。時〈學燈〉忽刊一小條，曰，錢穆先生請示通訊地址。兩人更興奮，謂兄自此獲知於當代哲人，通訊久，當有前途可期。余覆函，寫后宅鎮第一小學地址。若泰英章曰，君學問高出人一等，然奈何愚蠢若此。余問，何愚蠢。若泰曰，當待通信久，乃可讓彼知君底細。若如此寄出，我敢打賭，必無通訊希望。余曰，行不改姓，坐不改名。所作文字與所任職務乃兩事。寧如君所想，余不願打賭，但亦不願不以余真相明白告人。若泰曰，圖書館址即在側，不如用圖書館字樣，彼或疑君乃一宿儒，如此或可有通訊希望。余不從，並附第三文去。不久，此文改小一號字體，刊入《青年論壇》中，亦終無來信。若泰曰，果不出我所料。因告余，儻不信，可續投他文，將決不會再用大一號字登首幅。余似又寄第四文，續登《青年論壇》。自是遂絕不再投寄。

後十許年，余已任教北京大學。暑假還蘇州，時李石岑以婚變，其新戀人在蘇，石岑亦來。某君召宴，余與同席。兩人初見面，石岑尚憶余名。一見即問，君今在北大，尚作文言文否。余答然。此下遂別作他語，絕不及以前事。同席人亦不知余與石岑有此一段經過也。

九

若泰於余投稿〈學燈〉之明年春，去滬上晤其常州府中學堂同學施之勉。旅館夜談，縱論一時作家名學人。之勉首舉余名，曰，在〈學燈〉見此人文，文體獨異，惜不悉其人資歷，及今何所在。若泰曰，此人乃我輩常州府中學堂舊同學，近在后宅，與余同一學校。惟已改名，故君不知耳。之勉時在廈門集美學校任教務長。告若泰，我此去，必加推薦。若泰歸告余，兄不見知於李石岑，今終見知於老同學施之勉。不久當可得來訊，吾儕相聚恐不久矣。然直至夏季，之勉亦終無來信。

余與若泰英章同赴后宅滿三年一夕，蔡英章忽言，吾三人如此寂寞相處，何可久耐。他日我蔡英章三字當以大標題刊報端，作第一條新聞，則我願足矣。余與若泰競笑之。在國民革命軍北伐前，英章任職某學校，竟在鄉里中集眾演說，獲罪處死，亦可惜也。若泰去日本，獲文憑返國，不詳其究竟。

陸、廈門集美學校

附 無錫縣立第一高等小學校

一

民國十一年秋季，余辭去后宅小學及泰伯市立圖書館長職，轉至縣立第一高等小學任教。此校在前清時名竢實，為無錫楊氏初創第一所私立新式學校，極有名。民初，改為縣立。

余到校未盈月，忽得廈門集美學校來電，又來聘書。是為余初獲中學聘。時余得月薪二十四元，而集美則為月薪八十元。余意欲應聘，遂持原電呈縣一校長，懇另覓替人，俾可去職。校長力加挽留。余歸寢室，念已受聘，未獲替人，豈可遽去。如是忐忑有日。一夕，忽一同事來余室，詫問余，聞君已得集美聘，並已向校長辭職，何以仍留校上課不去。余告校長堅留，不便遽離。某同事言，此乃校長對君之禮貌。聞其已洽得替人。君不行，將反使校長為難。君當再度向校長請辭，惟弗提請覓替人事。只言辭便可。儻別有問題，我可再約同事一二人為君陳說。余聞言，心下大解舒。遂再辭。於中秋假期前離校。是為余任教小學之最後一校，亦為任期最短之一校。

在家渡中秋節後，一人赴滬上，搭海輪赴廈門。余自民元起，在秦家水渠、蕩口、梅村、后宅四處小學，輾轉十足年有半，余年亦二十有八歲矣。

二

余初次渡海遠遊，長風萬里，水天一色，時登船尾，晚觀日落，曉觀日出，盡日觀賞。第三天傍晚，船抵廈門。知集美有接待處，然一人攜行李數件，天色已黑，恐上岸後尋訪為難。同船一人，乃留學生，問余，廈門大學有熟人否。余云有。彼云，不如逕往廈大借宿一宵，明晨再來訪求集美接待處較便。遂為余雇一小艇，回駛向港口，黑夜望岸上燈火，惟聞槳聲，深以為樂。艇泊一沙灘，艇夫肩余行李前行，余後隨。至一處，艇夫大聲呼叫。廈大有人來，接肩行李，余又隨行。不久，進入廈大，至某相識宿處，已不記其姓名，留宿一宵。翌晨，訪集美接待處，送上一小輪。港汊紆回，四望景色極美。輪上十餘人，疑皆集美學生。群操閩南語，不知其所云。

抵校，無圍牆，無校門。逕往校長室。校長葉采真見余來，大欣慰。即送余至為余預定之寢室。在一樓上，室極寬大，三面皆窗，惟一床，大覺安適。此室為余與之勉兩人同居。之勉另賃一屋在校外。是日下午來，與余初不相識，一見如老友。之勉小坐而去。

三

余所任，乃高中部師範部三年級同屆畢業之兩班國文課。翌日，即上課。同授曹操〈述志令〉一文。時余方治中國文學史有新得。認為漢末建安時，乃古今文體一大變。不僅五言詩在此時興起，即散文為體亦與前大異。而曹氏父子三人，對此方面有大貢獻。惟曹氏此文，不僅不見於《文選》，即陳壽《三國志》亦不錄，僅見裴松之《注》中。故首加選講。校長時在課堂外徘徊。授此文既畢，校長即夕盛宴，列席者皆本學期新聘同仁，余居首座。隔日，之勉來告余。君初到，不敢驟以告。君所任兩班課，前任一人年逾五十，乃一老名士，西裝革履，教白話文，今方返南京，自辦一學院。一人乃南京第一高等師範舊同學，年三十左右，戴瓜皮帽，穿長袍，教文言文。兩人年齡老幼相差，而意趣新舊又別。年老者趨新，年幼者守舊，而兩人皆各得其班上學生之推崇佩服。一旦均以事辭職而去。學校擬聘一新人兼此兩班課，驟無把握。去年我曾向校長推薦君，校長詢問已詳，多經考慮，終不接受。今遇此難關，來問我，君前年所推薦者，若來同時任此兩班課，能保其勝任否。我答非特勝任，又必有出色過人處。今兄來，校長連日不安，自得兩班同學佳譽，心大喜悅，特來告我。聞已邀兄盛宴相款，故我亦敢詳以奉告。

余之首授曹氏此文，正在當時文學上新舊兩派爭持之間。而曹操為人，同學間亦初不知其在中國文學史上有如此一特殊地位。故兩班學生驟聆余課，皆深表欣服。此亦殊出意外也。

四

集美校址廣大，校舍恢宏，高樓叢立。校主陳嘉庚兄弟乃集美村人，隨其父經商南洋。其父破產，依南洋僑商慣例，其子可不償父債。陳嘉庚兄弟家業續起，乃逐步清償其父舊欠。債主皆云，此間例，父欠子不償，可勿爾。兩兄弟謂，已有盈裕，償債不害此下之經營。於是信譽日隆，業務日擴。

又南洋舊例，出貲興學可不負稅。於是在其故鄉集美村，先創一小學，聘無錫名教育家侯保三任校長。此後學校日擴，有中學、師範、女子中學、商船、水產、農業六部。嘉庚仍不自滿，決心辦大學。以大學經費大，恐非獨立所能勝任。乃不在集美村舊址，另辦新校於廈門，名廈門大學。初意欲廣攬眾力共任之。而南洋僑商群謂，陳嘉庚回國興學孰不知，旁人相助，彼獨享名，復何意義。遂皆袖手。廈大仍由陳嘉庚獨貲支持。

陳嘉庚兄弟輪年必歸集美一次。一日，陳嘉庚返集美村，至校長辦公室。門僕見其村俗，禁不許入。嘉庚言，我乃校主，欲見校長，請賜通報。門僕驚惶入告，校長出迎，一校傳為嘉話。

余漫遊學校各部分，皆高樓矗起，惟校長辦公室乃一所平屋，最不受注意。最先小學舊址猶在，屋舍更簡陋。而校主住宅亦在學校內，更是一所普通平民屋。陳嘉庚兄弟回國，即住此。嘉庚有一子，在校讀書。有一自行車，往返住宅與學校間。又畜一馬，星期日馳騁學校內外，為健身運動。其所異於其他同學者惟此。

五

施之勉乃余常州府中學堂低班同學。余在校，雖不與相熟，而亦曾知其名。之勉畢業後，又升學國立南京高等師範學校，受其師柳貽徵翼謀之稱賞。時集美教師多來自南北兩高師。之勉曾任教務長。

時集美同事住校者皆單身，之勉則攜其新婚夫人沈韻秋女士賃一小屋，居村中。余每星期日必至其家。之勉體弱多病，又因家貧負債，欲求節省清償，日以進薄米稀粥，以鹽拌水豆腐佐膳。其夫人則賢慧有加，侍夫治家，食淡攻苦，絕無應酬。之勉年方過三十，儼然一恂恂儒者。而其夫人則純如一舊式之閨秀。又有無錫同鄉與之勉南京高師同學蔣錫昌，時亦在集美任教，必與余同至施家。

每逢星期日，余與錫昌同赴廈門，又常同遊鼓浪嶼。尤好遊其兩公園，一在山上，一在海濱。

濱海者有曲折長橋架海上，更所愛遊。返廈門，以叉燒包當午膳。買豬蹄一，海參幾條。歸，竟往施家。與之勉三人暢談。其夫人燉海參蹄膀至極爛，供晚餐。余與錫昌必飽啖至盡。之勉則極少下箸，仍以鹽豆腐薄米粥為膳。如是，每星期不變。其夫人之燉治海參蹄膀，亦每膳不變。一如天下之至樂，乃無過於此者。

余離集美越一年，錫昌亦離去。錫昌乃無錫鄉間一富農，不脫農人本色，乃絕無富人氣味。常自其鄉來城訪余於第三師範。遇雨，則穿其家中自製之油鞋，鞋底釘聲磴磴，終不見其穿皮鞋。余兩人常在無錫公園中暢談盡半日。錫昌好道家言，著有《莊子哲學》一書。余後曾采其說入余著《莊子纂箋》中。

之勉離集美，在家養病。余在三師時，親訪之其家施家宕。同遊其附近之唐平湖，其時顧頡剛《古史辨》方問世，余手一冊，在湖上，與之勉暢論之。余離三師至蘇中，之勉來三師，一校同事幾盡為其南京高師及中大之同學。抗戰軍興，之勉在重慶界石之蒙藏學校任教。余自成都至重慶，親訪之。其幼子方積年病在床，幾不起，一家生活益清苦。之勉則以其時成《秦會要》一書。

勝利還都，之勉助其師柳翼謀重整江蘇省立國學圖書館。又返無錫，任縣中校長。余在江南大學，常去其家。後之勉避共來臺，隨其長子在臺南農場，余又時訪之。其時之勉生活則清苦更甚於往常。及之勉任臺南成大教職，余又得屢與相聚。之勉仍多病，即飲水亦有定時定量。其夫人治家侍夫一如往昔，而之勉終能在貧病中著述不輟。後其夫人亦時病，之勉從成大退休後，又隨其長子至臺中中興新村。其夫人長期臥病在醫院中，余夫婦又親訪之。其夫人卒不治。余題其墓碑曰：艱難締姻，刻苦持家。貞德彌勵，幽光永嘉。蓋道實也。

今之勉乃鰥居，仍著述不輟。今年已八十九，而體健轉勝往時，亦其積年謹慎清淡所致也。憶余生平所交，惟之勉為最親亦最久。而生活之清苦，亦惟之勉為甚。余嘗一日問之勉，讀《論語》何章最感受親切。之勉舉飯疏食飲水一章以對。今已不憶是何年事，當逾五十年矣。然之勉畢生安貧，殊堪後生之佩仰，惜不能一一詳述之。

六

余在集美，寢室既寬靜，教課又輕減，乃一意肆力於讀書。圖書館距余寢室不遠。校長屢告余，圖書館事，盼時加指導。又告余，已告圖書館長，當謹聽規劃。余疑之勉前年推薦，時必受若泰意見，言余為圖書館長，不言余為小學校長。故集美校長乃存有此印象。然余未以詢之勉。惟圖書館長視余落落，余亦僅借書即離去，不逗留。猶憶在集美所讀，以《船山遺書》為卷帙最巨。余在梅村已成習慣，讀書必自首迄尾，通體讀之。不抽讀，不繙閱，讀《船山遺書》亦然。

遇愜意處，加以筆錄。後在北京大學寫《近三百年學術史》，船山一章所用資料即本此。又讀其注《楚辭・九歌》，言屈原居湘乃漢水，非沅湘之湘，尤有啟發。後在《先秦諸子繫年》一書中詳論之。又為〈楚辭地名考〉，〈周初地理考〉，〈三苗疆域考〉，最後為〈史記地名考〉，余之注意古史地名遷革，其起源在此。後余又撰《莊子纂箋》一書，亦從船山註《莊》發其義。

余在集美又好作海灘遊。預計每日海潮上下之時刻，先潮漲而去，坐大石上迎潮，潮迫身而退。獨有一唱歌圖畫教師，今已忘其名，亦好來迎潮，每與相值。彼好述其師李叔同後出家為弘一法師者之言行，纖毫備敘。余聞此等語，真如在世外，非人間，令人神往，誠當年余遊海灘一異遇也。

七

年假後，余再往學校，風潮驟起。學生對學校多所請求，校長拒弗納。學生益堅持，久相持，不決。事聞於校主。校主告人，我請了校長，學校事一切由其作主，我決不過問。校長遂由此絕不作退讓意。時同事中，有兩人，與余而三，願出面居中作調停。同學已接納，校長派人來言，學校自有主張，幸勿介入。最後乃激起公憤，群議散學。一晨，學生召集一大會，惟學生素所敬重之教師皆邀請預會，相聚言別。其中實多事前在背後對諸生鼓盪或贊助此風潮之人。余亦被邀列席。學生一一請諸師臨別贈言，亦請余，余辭。諸師皆言，學生反抗學校，走向光明，乃教育之成功。學生屢屢鼓掌不已。及正午十二時，贈言方畢，將散會。余聽諸同事言，心有感，不耐久默，起立求發言。主席邀登臺，余一時興奮，直言不忌，大意謂諸生反抗學校，走向光明，如謂是教育成功，亦即是學校之成功。果學校教育失敗，諸生今日散去，前途恐無光明可期。諸生回家後，恐諸家長暑假後仍會令諸生回校，到時諸生當憶余此刻所言。儻諸生決意不返，寧無繼續來此求學之人，則學校仍是此一學校。否則學校空留此一堆壯麗美好之大建築，寂寂無人，諸位與此學校或久或暫，均已結合有此一段姻緣，思之豈不可惜。學校縱有不是，諸生豈宜爭一時之義氣，出此下策。諸生驟聞余言，皆默坐無表示。余又謂，此刻諸生不鼓掌，但亦不發噓聲，此乃諸生之良心顯露。請皆認取此刻，歸後細思之。余退。有學生欲登臺發言，主席大聲叫，大會已畢，勿再發言。會遂散。學生邀余作團體照者，又十餘起。

時校長派人在會場後面竊聽。散會後，即派人來余室。言余在會場凡言校長不是處，校長皆一一誠心接受，下學年當力求改進。隨又派人送來下學年聘書，余拒不納。又派人來，余言，廈門海輪已先定席位，明晨即起程。來人堅不許攜帶行李。不得已，留行李兩件，私下託錫昌隨後帶回。余以中秋節後前來，以端午節前離去。是為余在集美一學年之經過。及上船，鼓吹此次學校風潮諸同事多同輪，途中與余均絕不談風潮事。

下一學年，余乃轉至無錫第三師範任教。然仍兩度續得集美聘書並蒙電召，余皆婉辭。民三十八年，余避共來香港，有人告余，集美校長葉采真亦來香港，聞君來，不日當來相晤。然亦竟未會面。前後相距，則已近三十年矣。

柒、無錫江蘇省立第三師範

一

民十二之秋季，余轉入無錫省立第三師範任教。學校舊規，任國文課之教師，必隨班遞升，從一年級至此班四年畢業，再回任一年級。全校應有國文教師共四人。余應聘時，四年級國文教師為錢基博子泉。余之去三師，即其所介紹。子泉提倡古文辭，負盛名。曾私人創一定期刊物，忘其名，按期出一紙四面。余讀其創刊，即投稿解釋《易・坤卦》直方大三字，獲載其第二期。及是，聞余自集美回，遂來相邀，余即應之。三年級國文教師為吳江沈昌直潁若，年較子泉尤長。喜詩，尤愛東坡。為人謙和，以詩人兼儒家風。二年級國文教師急切未洽聘得人。余任一年級又暫兼二年級課。一年後，有新人來，余遂專任初教之一年級班，並為其班主任，直到該班四年畢業。此刻在臺北之糜文開，即為其時班上之一人。曾隨外交使節赴印度，留住多年，愛讀泰戈爾書，有譯本，並與其夫人臺大教授裴普賢女士同治《詩經》，頗有著述。

時子泉已在上海聖約翰及光華大學任教，因任三師四年班課，欲待其班畢業，故仍留校兼課。每週返，課畢，余常至其室長談。時其子鍾書方在小學肄業，下學，亦常來室，隨父歸家。子泉時出其課卷相示，其時鍾書已聰慧異常人矣。子泉家近三師，彼一年離校後，遇其返，余亦常至其家。其雙胞同胎弟基厚孫卿，亦甚有名。故余與子泉兄弟及鍾書相識甚稔。及余去清華大學任教，鍾書亦在清華外文系為學生，而兼通中西文學，博及群書。宋以後集部殆無不過目。鍾書畢業清華後，留學英倫。歸，又曾一度與余同在西南聯大任教。後隨其父同任教於湖北省之國立某師範學院。然與其父為學意趣已漸相異。

抗戰勝利後之某年暑期，余赴常熟出席一講學會。適子泉鍾書父子俱在，同住一旅館中，朝夕得相聚。余告子泉，國難尚未已，國共思想鬥爭，學校風波仍將迭起。余此下決意不再在北平天津南京上海四處任教，暫避至較僻處，俾可一意教學，避免此外之許多麻煩。子泉即轉面告鍾書，汝聽賓四叔言如何。江浙錢氏同以五代吳越武肅王為始祖，皆通譜。無錫錢氏在惠山有同一宗祠，然余與子泉不同支。年長則稱叔，遇高年則稱老長輩。故余稱子泉為叔，鍾書亦稱余為叔。時子泉決意仍返湖北，而鍾書則改在上海任教，兩人對時局意態不同。兩人同治文學，而意態亦不同。鍾書亦時稱余言以微諷其父。然余在中學任教，集美無錫蘇州三處，積八年之久，同事踰百人，最敬事者，首推子泉。生平相交，治學之勤，待人之厚，亦首推子泉。余離大陸不久，即聞其卒於湖北。惜哉。鍾書去北京初聞其任毛澤東英文秘書。最近見報載，始知係傳聞之誤。

二

自子泉離三師，穎若最為三師國文課之老師。其同鄉有胡達人教英文，極具中國學人風度，絕不見有洋派氣息。喜飲茶，善自烹煮。午後，余與穎若必聚其室，同品茗。後又有南京中大畢業之某君，亦來教國文課，亦吳江人，亦常同在達人室飲茶。唯余一人，每茶必至。達人最喜飲太湘碧蘿春。自備一小鑪，自煮水，用蓋碗，泡三次而止。達人對一切烹煮皆有講究。或同赴惠山品惠泉茶，或同至公園飲茶，言談有風趣，余尤樂與之遊。

三師同事中，又有常州府中學堂同班同學郭瑞秋，江陰人，曾遊學日本。其寢室與余貼相接。書架上多日本書，有林泰輔《周公傳》，蟹江義丸《孔子研究》，余尤喜愛。因念梁任公言，自修日本文，不兩月，即能讀日本書。余亦遂自修日本文。識其字母，略通其文法，不一月，即讀瑞秋架上此兩書。試譯《周公傳》一部分，後付商務印書館出版。及為《論語要略》，述孔子事蹟，亦多得益於瑞秋架上之蟹江義丸書。日本自明治維新，而漢學亦開新境界。中國自新文化運動起，古籍遂成國渣，疑古非孔，新義迭出，兩國相異在此。然今日日本書亦尚日語化，其新出漢學書，余亦不能再讀矣。

一日，瑞秋邀余至其江陰城中家喫河豚。俗言，拚死喫河豚。余心戒之，以詢。瑞秋言，彼有姑母，最擅烹河豚術。已先請在家，可勿慮。路上行一日，到瑞秋家已入夜。桌上放河豚，余僅略下箸，心終不釋。乃亦不感其味。翌晨，瑞秋引赴市上，見滿街滿室皆河豚，心始釋然。歸午餐，始大啗，並感其味之美。晚又盡情大啖。江陰又出刀魚。瑞秋又一次自其家烹治攜赴學校，余覺味較河豚尤美，更嗜之。瑞秋為人極素樸，絕不留意飲膳。河豚刀魚乃江陰鄉土味，瑞秋為人亦深具鄉土味。一鄉人嗜之，故彼亦邀余啖之耳。

三

民十四孫中山先生病逝北平之翌年春，一日，前后宅小學同事國語教師趙君自滬上來，特約至其旅館相晤。趙君告余，彼已加入國民黨，此來乃特邀余入黨。贈余中山先生《三民主義》一書，曰，君試讀之，我下週再來聽君意見。下週，趙君又來，重在旅館相晤。問余讀此書否。余答，已讀過。並告趙君，余讀此書，震動佩服，迥出讀其他現代人一切著作之上。趙君曰如此君應可即日入黨。余曰，此事余已細思，他日余學有進，當對此書致力闡揚。苟入黨，則成為一黨人，尊黨魁，述黨義，國人認余為一黨服務，效力有限。余不入黨，則為中國人尊一中國當代大賢，宏揚中國民族精神，一公一私，感動自別。余意已決，幸勿再勸。趙君悵然別去。後聞其常在上海街頭公開演講，以積勞卒。距相別不一年，後余著《國學概論》一書，以中山先生《三民主義》為殿。或譏三民主義乃國民黨之黨義，何得編入《國學概論》中，不倫不類，君將作何意圖。余亦急切無以作答。然余之悉心讀《三民主義》，則自趙君始。

余前在果育小學投考常州府中學堂時，得識華叔勤。及在鴻模小學任教，叔勤特命其二子自城來從學。余離鴻模時，叔勤幼子抽刀割手指，血書請學校堅留。後彼兄弟轉學滬上，肄業某大學。余在三師，一日，忽其幼子來，勸余進同善社，余卻之。彼堅勸不已。謂得師一人入社，功德勝勸千萬人入社。余無法開導，只言再說。越數日，又來，請益堅，幾不容余吐一語。乃嚴辭命之出。偕之至校門，告門房曰，他日此人來，勿許其進入。叔勤幼子聰慧英銳，有絕人之姿。不謂數年間迷信當時盛行之同善社，一變至此。亦可惜也。

余初兼二年級國文課，班上有兩生，後皆加入共產黨。余離大陸，其中一人服務北平教育部，一人綰江蘇省政務，皆有名。此兩人，與余師生之誼亦皆甚摯。其綰江蘇省政者，猶常派人至余蘇州家中問候。余今連帶憶及此四人，則一時人心之紛歧，人才之奔溢突出，無共同之趨向。而國事之艱，社會人事之亂，亦可由此推想矣。

四

三師又規定，每一國文教師，隨班遞升於國文正課外，每年必兼開一課。第一年為文字學，第二年為《論語》，第三年為《孟子》，第四年為國學概論。子泉穎若各自編講義，余亦循例。第一年文字學，講六書大義，以篇幅未充，未付印，今已失之。近日偶為及門某生談及，如形聲一部分，本宋人右文義，即就在梅村縣四小學，講壁字臂字推廣闡說可數十條。即如或字，从口乃指民眾。从戈乃指武裝。口下一劃，乃指土地。故或字即指民眾土地主權三項。加一口則為國字，增一土旁則為域字，實則或字中涵有國字域字義。至少亦可謂或字中本涵有群字義。群中必分別包有個人，個人在群中即成或。但後人用或字已忘去其含有群字義，則便不能闡說或字之本義，只認或字為人與人相別義，如从心即為惑字。人之相知貴相知心，彼此不相知，即為惑。而其从口从戈从口下一劃之或字原形，遂成不可說。而國字域字亦不能說。又如禺字左从阜，即為隅，各居一旁不相通。从辵為相遇，从人為相偶。偶必兩人，然既兩人為偶，即必有偶然一人如此，一人或不如此。兩人相偶，即可有偶然。如群中必有或，無或不成群。禺从心為愚，不知人相偶之必有偶然，是愚也。此皆深切人情而又具有日常人生中之一番深意存在。由此可見中國古人造字精妙。從中國文字學即可推闡出中國傳統文化之由來，其深義有如此。但於禺字原義則仍須闡說。此或禹兩字，似不在余當年之舊講義中。但當年舊講義必多類此之例。余除闡說形聲字外，於會意字，於轉注假借字，又多有新義發揮。惜今都已不可復憶矣。不知往日三師舊學生中，亦仍有藏此講義者否。今僻在海外，亦無可訪求矣。

第二年，編成《論語要略》一書，已由商務印書館出版。第三年，編《孟子要略》，後在蘇州為友人某君取去，惜已忘其名，此書遂由另一書肆出版。此兩書今皆收入余之《四書釋義》一書中，由臺北學生書店再版。自余考孟子年代，遂繼此而為《先秦諸子繫年》，則於轉蘇州中學後開始。第四年為《國學概論》，講義僅成一半，亦於轉蘇州中學後完稿，亦由商務出版。余前在梅村縣四高小曾先成《論語文解》一書，至是成此四稿，始為余正式從事著述之年。然此四稿，皆由學校課程規定而來，初亦未敢遽以著述自任也。

余在三師時，又值奉天軍南下與孫傳芳軍衝突。余家在鄉間亦遭劫。余居鄉偶成《公孫龍子解》一小書，特以消遣忘憂。是為余在梅村縣四成《墨經闇解》後之繼續工作。後足成為《惠施公孫龍》一冊，亦由商務出版。今所能記憶者僅此。國民革命軍北伐成功，定都南京，學校改組，余遂離三師，轉赴蘇州中學任教。在三師適四年。

五

余在三師時，又相識兩人，為余終生所難忘。一為常州孟憲承。畢業南洋大學，赴美留學。歸國後任教於光華大學，與子泉同事。一日，子泉偕其來三師，介紹與余相見。三人同坐會客室，子泉默不語，悉由余兩人談話。時憲承方將轉北平清華大學，任中文系主任。憲承告余，出國前，國學根柢未深。此去當一意通體細誦《十三經注疏》。俟閱讀此書畢，庶對國學或可稍有所窺。余聞語深為感動。《十三經注疏》常在余案頭，然余迄今始終未通讀其全部。每念憲承言，心終不能釋。此後余與憲承晤面極少，然當時此一番話，則時在余心頭也。

又一人為唐文治蔚芝。為余生平交遊中之最年高者。長南洋大學時，孟憲承即出其門下。蔚芝在無錫創辦國學專修館，即在三師之對門，僅一水之隔。專修館旁，即為孔廟。子泉亦曾在專修館兼課。余讀蔚芝書，有一節語大受感動。大意言，死者屍體入殮蓋棺，以至下窆掩土，一時，一刻刻，瞬息有變，永不可追。而乃至於人天永隔。描寫人子臨喪，哀痛之情，字字生動，語語入微。似在其講《小戴禮．祭義》篇。竊調本人性，論孝道，古人多由嬰孩言，蔚老此文由成人言，細膩親切，前未之見。然余自以後生小子，未嘗敢輕率進入國學專修館之門，一施拜謁之禮。不記以何因緣，於余離三師前，乃一度晉謁於其無錫城中水西門之私邸，時蔚老精神甚健旺，相談近兩小時。又不憶當時所欲請教者何語，蔚老之所告示於余者又何語。惟憶蔚老告余，彼之雙目失明，乃在前清戊戌政變時。哭其友袁爽秋，流淚過多，自後遂不復能治。視力日退，以至於失明。其在國學館講授，悉由記誦。遇記誦不諦，乃由一助教同在講臺上侍立蔚老旁，隨時提示。此助教亦即館中之教授，並為學校事務之實際主持人。余之晉謁，似亦由其作介。臨別，蔚老乃贈其全部著作兩大包。此後余曾幾度晉謁。抗戰後，蔚老病卒於滬。其氣度風範則常留余心目中。所謂雖無老成人，猶有典型。若蔚老真為余生平所遇一近代中國之典型人物也。

捌、蘇州省立中學

一

民十六年之秋季，余年三十三歲，轉入蘇州省立中學任教。校長汪懋祖典存，蘇州人，留學美國歸，曾一度為北平師範大學校長。轉來蘇中。三師舊同事沈頴若胡達人諸人皆被聘，余即由達人所推薦。

蘇州自吳王闔廬夫差以來，兩千五六百年，為中國歷史最悠久一城市。城內外遠近名山勝蹟，園林古剎，美不勝收，到處皆是。余在蘇中三年，遊歷探討，賞覽無遺。惜為本書體例所限，未能一一詳述。竊意此城，自余當時所見，儻能一一善加保護，其破舊者則略為修葺，宋元明清近千年之歷史文物，生活藝術，遠自宋代之至和塘滄浪亭起，直迄清末如俞蔭甫之曲園，吳大澂之悫齋，依稀髣髴，一一如在目前。舉世古城市，當無一堪與倫比。惜乎近代中國破舊開新，其抽象方面之學術思想猶尚有圖書館所藏古籍，可資搜尋。其具體方面實際人生，則毀棄更易，追究無從。此實一大堪惋惜之事也。

二

余初來蘇中，即覺校風與無錫三師大異。三師風氣純良，師生如家人，四年未遭風波。余來蘇中，任其最高班之國文課，並為全校國文課之主任教席，又為所任最高班之班主任。一日，班中同學來余室，謂學校前遇欠薪時，任課老師為同學所尊仰者，必告假缺席，不赴校上課。其依然上堂來授課者，必為同學所卑視。今先生授課極受同學尊崇。乃近日學校欠發薪水，先生獨上堂不輟，同學同表詫異，不識何故。余聞言，亦大詫，謂，學校欠發薪水，乃暫時之事。諸生課業，有關諸生之前途，豈可隨時停止。諸生惟安心上課，勿以此等事自擾。諸生聞言，各默然相對，無語而退。

忽一日，又來余室，告余班中已決議罷課，派代表去南京催發薪水。余謂，此應由教師向學校，學校向政府催發，與諸生何預。諸生謂，學校催發，政府不動心。必由學生催，始有效。余告諸生，汝輩尚年幼，未涉社會人事，何知政府之內情。幸勿妄聽別人言，輕舉妄動。諸生謂，同班公議已決，定期罷課，特來相告。遂退去。至期，果罷課。余亦歸鄉間。上書校長，引咎辭去班主任一職。待罷課期滿，余再返校。典存親來余室，力懇萬勿辭班主任職。並言諸生去京返校，已面加斥責。諸生皆表示此後必誠心聽訓誨，不敢再有違抗。明日，余乃召班上諸生面加諭導。諸生皆表悔悟，懇余仍任其班主任。並言以後每事必先來請示。自此余與典存過從益密，學校風氣亦逐有改進，與初來時迥別。時諸生所稱請假缺席為學生素所崇拜之諸師，尚多留校任教者，態度言論亦迥然與前相別。

蘇州中學乃前清紫陽書院之舊址，學校中藏書甚富。校園亦有山林之趣。出校門即三元坊，向南右折為孔子廟，體製甚偉。其前為南園遺址。余終日流連徜徉其田野間。較之在梅村泰伯廟外散步，尤勝百倍。城中有小讀書攤及其他舊書肆。余時往購書。彼輩每言昔有王國維，今又見君。蓋王國維亦曾在紫陽書院教讀也。

十七年春，是為余任教蘇中之第二學期。方壯猷曾畢業於清華大學之研究所，並為胡適之《章實齋年譜》作補編。一日，自滬上來蘇州相訪。告余，頃正為商務印書館編《萬有文庫》，尚有兩書，一《墨子》，一《王守仁》，未約定編撰者。余告以可由余一手任之。方君謂，出版在即，能勿延時否。余告當儘速一週成一書，可乎。方君欣然，遂定約。余即在是年春成此兩書。今皆印《萬有文庫》中。後《王守仁》一書又略加改定，付臺北正中書局印行。

又是年夏，應蘇州青年會學術講演會之邀，講「《易經》研究」一題。今此稿收在余之《中國學術思想論叢》第一編。時老人張一麐仲仁亦在座。講畢，仲老與余握手甚讚余之國語音吐明白。其實余之國語盡皆吳音，惟不雜土語而已。仲老久於京宦，與袁世凱不合而退。其國語顧不如余，加以讚賞，亦可笑矣。余在蘇州與仲老亦時相往返。及抗戰軍興，仲老以唱編老子軍遍傳全國。民三十年，余自滬赴蜀，小住香港，仲老時寓九龍漢口街，余特往拜候，並同在仲老常往之香港某茶樓，兩沙發，一小几，對坐品茗，作半日之長談。及余長住香港，每過茶樓舊址，輒甚念此老不已。

三

余來蘇州得交吳江金松岑天翮，僑寓在此。松岑乃《孽海花》一書之最先起草人，後乃由他人續成之。松岑以詩名，亦擅古文，有《天放樓集》行世。其時，應安徽省政府聘，為安徽省修《通志》，時時為余道江慎修戴東原不絕口。又介紹其戚屬中一幼輩來蘇中，私人從余專意學《公羊春秋》。其人文秀聰慧，惜今忘其名。出貲自辦一雜誌，似名《原學》，惜今亦記憶不真矣。余有〈荀子篇節考〉一文，刊《原學》之第一期。自謂有創見，言人所未言。但今無此雜誌在手，因此亦未能將此文刊入余近所編之《中國學術思想史論叢》中。此雜誌不發售，分贈各圖書館。

將來當猶可查覓也。

余之第一妻亡故，松岑為余介紹其族姪女，畢業東吳大學，有校花之稱。年假中略通書札，春季開學，余即如約去松岑家，在書齋中晤面。松岑偕女父避去，余與女對談逾時。後其女告松岑，錢先生為師則可，為夫非宜。松岑遂又介紹一女弟子，親從受業者，在外縣任教。松岑去函，女弟子答：「錢君生肖屬羊，彼屬虎。羊入虎口，不宜婚配。」松岑又失意。及余續娶，乃請松岑為介紹人。松岑兀傲自高，不落落預聞世俗事。蘇州城中學人多著籍稱弟子，獨與余為忘年交。余在廈門集美無錫三師蘇州中學三校，校內敬事者有錢子泉，校外敬事者有金松岑，皆前輩典型人也。

四

余在蘇中除完成無錫三師講義《國學概論》一書外，一意草為《先秦諸子繫年》一書。時北平上海各大報章雜誌，皆競談先秦諸子。余持論與人異，但獨不投稿報章雜誌，恐引起爭論，忙於答辯，則浪費時間，此稿將無法完成。故此稿常留手邊，時時默自改定。

又余前在無錫三師時，每週必有週會。諸生聚大禮堂，由學校聘校內外一人作演講，講辭由校刊刊載。有一次由余主講，講題今已忘。大意為先秦諸家論禮與法。蔣錫昌時在四川重慶某校任教。得三師校刊，將余此篇講辭轉示其同事蒙文通。文通川人，其師廖平季平，乃當時蜀中大師。康有為聞其緒論，乃主今文經學。而季平則屢自變其說。文通見余講辭，乃謂頗與其師最近持義可相通。遂手寫一長札，工楷，盈萬字，郵寄余。及余在蘇中，文通已至南京，在支那內學院聽歐陽竟無講佛學。一日，來蘇州訪余，兩人同遊靈巖山，直至太湖濱之鄧尉。時值冬季，余與文通各乘一轎，行近鄧尉時，田野村落，群梅四散瀰望皆是。及登山，俯仰湖天，暢談今古。在途數日，痛快難言。而文通又手攜余《先秦諸子繫年》稿，轎中得暇，一人獨自披覽。語余曰：「君書體大思精，惟當於三百年前顧亭林諸老輩中求其倫比。乾嘉以來，少其匹矣。」及返蘇州城，文通讀《繫年》稿未畢，但急欲行，遂攜余稿返南京。文通有友專治墨學，見余稿，手抄其中有關墨家諸篇，特以刊載於南京某雜誌，今亦忘其名。是為余之《先秦諸子繫年》稿，最先惟一發表之一部分。

常熟陳天一畢業南京中央大學，任教蘇州東吳大學，與余相識，惟往來不甚密。一日，蘇州女子師範請胡適之來演講。翌晨，轉來蘇中演講。余早在前排坐定。典存偕適之進會場，見余即招至臺上三人同坐。適之袖出天一一柬示余，柬云，君來蘇州不可忘兩事，一當購長洲江湜弢叔《伏敔堂集》一書，蓋適之提倡白話詩，江湜乃咸同間人，遭洪楊之亂，工詩，造語遣詞頗近昌黎，多寫實。可為作白話詩取鏡。此集惟蘇州有售。其二，則莫忘一見蘇州中學之錢某。適之與余本不相識，蓋以詢典存，故典存招余上臺同坐也。余時撰《先秦諸子繫年》，有兩書皆討論《史記・六國年表》者，遍覓遍詢不得。驟遇適之，不覺即出口詢之。適之無以對。演講畢，典存留宴，余亦陪席。適之午後即欲返滬，典存告以太匆匆，何不再留一宵。適之謂，忘帶刮鬍子刀，今晨已不耐，不可再留。典存謂，刮鬍子刀可購可借，區區小事，何足為困。適之言，積習非此常用刀不可。典存云，距下午火車時刻尚遠。遂驅車同遊拙政園。此乃蘇州三大名園之一。同席皆陪往，散坐園中一石船頭部四圍之石座上，露天環水，閒談歷一小時有頃。乃同送之火車站。適之臨離石船前，手撕日記本一紙，寫一上海住址，授余。曰，來上海，可到此相晤。若通訊，亦照此地址。余與適之初次識面，正式與余語者僅此。自念余固失禮，初見面不當以僻書相詢，事近刁難。然積疑積悶已久，驟見一天下名學人，不禁出口。亦書生不習世故者所可有。適之是否為此戒不與余語。儻以此行匆匆不克長談，可於返滬後來一函，告以無緣得盡意。余之得此，感動於心者，當何似。顏斶見齊王，王曰斶前，斶曰王前，終不前。此後余亦終不與適之相通問。余意適之既不似中國往古之大師碩望，亦不似西方近代之學者專家。世俗之名既大，世俗之事亦擾困之無窮，不願增其困擾者，則亦惟遠避為是。此後余與適之再見面，則已在余赴北平燕大任教時。事詳後。

又一日，天一又偕顧頡剛親來余室，是亦為余與頡剛之第一次見面。頡剛家居蘇州，此次由廣州中山大學轉赴北平燕京大學任教，返家小住。見余桌上《諸子繫年》稿，問，可攜返舍下一詳讀否。余諾之。隔數日，天一又來，告余，頡剛行期在即，我兩人能偕往一答訪否。余曰佳，兩人遂同至頡剛家。頡剛言，君之《繫年》稿僅匆匆繙閱，君似不宜長在中學中教國文，宜去大學中教歷史。因云，彼離廣州中山大學時，副校長朱家驊騮先，囑其代為物色新人，今擬推薦君前去。又告余，彼在中山大學任課，以講述康有為今文經學為中心。此去燕大，當仍續前意並將兼任《燕京學報》之編輯任務。囑余得暇為學報撰稿。余與頡剛初相識僅此兩面。

一日，忽得廣州中山大學來電，聘余前往。余持電，面呈典存校長。典存曰，君往大學任教，乃遲早事。我明年亦當離去，君能再留一年與我同進退否。余乃去函辭中大之聘，仍留蘇中。

余與天一私交不密，僅在公園中約面茶敘，而天一視余特厚。松岑為余介紹東吳一畢業生事，天一亦知之。事不成，天一欲為余介紹東吳一女同事，余婉卻，事遂止。後天一因病常離校。又不知何故，聞其欲出家為僧。及余離蘇州去北平，與天一音訊遂絕。抗戰後，聞其在常州任縣立中學校長，惟亦未通音問。

五

吳梅瞿安，時在南京中央大學任教。家在蘇州，每週必返。因典存校長之邀，亦來蘇中兼課。

余因與相識。常邀余至其家午餐，不約他人，因遂識其夫人及其一女。餐後長談，或一家同唱崑曲，余獨一人旁聽，如是者亦有年。後余離蘇中，遂不相晤。抗戰軍興，一日，在昆明公園中重遇。天朗氣和，移坐長談者半日。又約晤公園凡兩三次。瞿安乃由其舊學生雲南某君所招，赴其家避難。某家所在縣邑名，已不復憶。瞿安去，不久，以病卒。

瞿安乃一代崑曲巨匠，著作斐然，有盛譽。但以避轟炸離重慶，溘然長逝於雲南一僻縣中，良可惜也。時加憶念，愴然在懷。

時典存夫婦亦在昆明，余亦曾與一面。然余去蒙自宜良，方一意撰《國史大綱》，極少去昆明。勝利後，余返蘇州，典存夫婦亦自滇來歸。其家在蘇州中學附近一大院落，平屋一排四五間，地極靜僻。乃典存離蘇中校長任時所建。時典存已病，余常去問候，典存起坐床上，余坐床榻旁，每相語移時。典存應上海某書局約，方擬撰一書，有關文學方面者。典存初在北平時，白話文方盛行，而典存有意保存傳統古文。至是，意不變。所撰乃有關文辭文學之教學方面者。余往，典存必告其最近所撰之作意。典存所罹乃胃病。余在成都時，亦患十二指腸潰瘍，幾不起。方謂典存病，亦不久可愈。乃不意在民三十七年之冬，典存遽不治。時余在無錫江南大學，竟未克親臨其喪。

典存夫婦亦曾為余續婚事，欲介紹典存夫人北京女師大一同學，時任江蘇省某中學校長，辦學甚有聲。女方矢言獨身，議亦寢。私情公誼，積載相處。亂世人生，同如飄梗浮萍。相聚則各為生事所困，相別則各為塵俗所牽。所學則又各在蠻觸中，驟不易相悅以解。儻得在昇平之世，即如典存瞿安夫婦，以至松岑潁若諸老，同在蘇州城中，渡此一生。縱不能如前清乾嘉時蘇州諸老之相聚，然生活情趣，亦庶有異於今日。生不逢辰，此誠大堪傷悼也。

玖、北平燕京大學

一

民十九之秋，余開始轉入北平燕京大學任教，時年三十六歲，又為余生活上一大變。回憶在小學時，如在三兼，有秦仲立。在鴻模，有須沛若。在梅村，有朱懷天。學校同事，情如家人兄弟。即為余書所未詳述者，亦復皆然。每校學生亦都在一百人上下，師生相聚，儼如一家。及在后宅，更覺師生親切，寢於斯，食於斯，團體即如家庭，職業即是人生。假期歸家固屬不同。然進學校如在客堂，歸家如返臥室。不得謂臥室始是家，客堂即不是家。故在小學中任教，總覺此心之安。

及去集美，學校規模龐大，組織複雜，始覺余之與此團體，有主客之分。余屬一客，顯與主體有別。然其時大部分同事多來自北方，極少攜家眷。三餐同室，惟江浙豫魯口味不同，則各自分桌。日必見面，情意易相通。及轉錫師、蘇中，全校只四班，每班五十人，則全校僅兩百人，同事亦僅二三十人。住校同事，寢室駢連，亦多朝夕接觸。學校事無大小，皆所預聞。團體小，投其中，不覺是一客，仍如一大家庭。不得謂居家始有生活，在此只是一職業，只是求生活一手段。但一進大學，則感覺迥異。

二

余在蘇中，函告頡剛，已卻中山大學聘。頡剛復書，促余第二約，為《燕京學報》撰文。余自在后宅，即讀康有為《新學偽經考》，而心疑，又因頡剛方主講康有為，乃特草〈劉向歆父子年譜〉一文與之。然此文不啻特與頡剛諍議，頡剛不介意，既刊余文，又特推薦余至燕京任教。此種胸懷，尤為余特所欣賞。固非專為余私人之感知遇而已。

將起程，津浦路以積雨中斷，須乘海輪。張一麐仲仁介紹與潘昌祜佑蓀同行。佑蓀亦蘇州人，前清進士，曾赴日本學法律，返國後，仕於民初北洋政府為法官。年老退休，亦在燕大任教。與余一見如故，亦獲與為忘年交。

既至校，與佑蓀同住朗潤園。園在故圓明園廢址左側，由燕京大門北向越一橋，不百步即至。

單身教授率居此。一大餐廳，人各分食，遇佑蓀每同桌。佑蓀家住北平西城，其妻與幼子居之。佑蓀週末返家，週一晨來校。極熟北平一切掌故。常與偕遊頤和園及西郊各名勝，又曾同遊妙峰山。一湖南某君，忘其姓名，亦在燕大任課，教法律，事佑蓀如師。三人結隊，自山腳登山頂，分八程，每一程八里，沿途有廟，來者遇廟必小駐膜拜，虔誠者則三步一拜。七程五十六華里，歷級升達山頂，已黑夜。自此再一程，轉向下，群峰四繞，妙峰如在盆底。遙望燈火，如遊龍，諸路環向之。知各地來敬香者，正絡繹不絕。余三人餐後小憩，亦攜燈火續行。抵妙峰，已深夜，無宿處。道士引至一小屋，供周文王神座，幸得隙地。佑蓀拼兩空桌為床，睡其上，余睡神座右側地上。凡求子者皆來拜，終夜不絕，一如其向余而拜，竟終夜不得眠。明晨下山，佑蓀精神旺健如常，誠亦難得也。

三

余初到校即謁頡剛。其家在校之左，朗潤園則在校之右。其家如市，來謁者不絕。余初見其夫人及其二女，長女幼年得病而啞，其夫人乃續娶，未育，有賢德。賓客紛至，頡剛長於文，而拙於口語，下筆千言，汩汩不休，對賓客吶吶如不能吐一辭。聞其在講臺亦惟多寫黑板。然待人情厚，賓至如歸。常留客與家人同餐。其夫人奉茶煙，奉酒肴，若有其人，若可無其人。然苟無其人，則絕不可有此場面。蓋在大場面中，其德謙和乃至若無其人也。余見之前後十餘年，率如此。然頡剛事忙，余常去，彼不常來，僅一視余寢室而止。

余初見頡剛，即陪余同謁校長吳雷川，又同去郭紹虞家。紹虞亦蘇州人，亦一見如故交，然亦忙於撰述。賓客少於頡剛，而生活鮮暇則如之。初到所遇皆生人，惟晤佑蓀紹虞及頡剛，使余無身居異地之慼。

某日學校大宴會，新舊同事皆集，皆身懸姓名為標記。余僅與同桌左右座略交談數語而止。越後數十年，在美國紐約哥倫比亞大學遇何廉淬濂，乃即往日同桌座右人也。遂相敘如故舊交。余屢與相見，又至其家，彼曾為余詳述山東人丁龍故事及哥大創設中國文化講座一事之來歷。真恨相識之早而相交之晚也。余性迂而執，不能應付現代之交際場合又如此。

四

一夕，燕大監督司徒雷登在其宅招宴，席上皆新同事。余終不能忘以往十八年半在中小學校中故態，視校事如家事，有問輒直吐胸臆，不稍隱避。燕大校務全由司徒雷登一人主持。校長乃應中國教育部規定，必任用中國人，但徒擁虛名而已。司徒雷登問諸人到校影像。余直答，初聞燕大乃中國教會大學中之最中國化者，心竊慕之。及來，乃感大不然。入校門即見「M」樓「S」

樓，此何義，所謂中國化者又何在。此宜與以中國名稱始是。一座默然。後燕大特為此開校務會議，遂改「M」樓為「穆」樓，「S」樓為「適」樓，「貝公」樓為「辦公」樓，其他建築一律賦以中國名稱。園中有一湖，景色絕勝，競相提名，皆不適，乃名之曰未名湖。此實由余發之。有人知其事，戲謂余曰，君提此議，故得以君之名名一樓，並與胡適名分占一樓，此誠君之大榮矣。

燕京大學一切建築本皆以美國捐款人姓名標榜，如「M」樓「S」樓「貝公」樓皆是。今雖以中文繙譯，論其實，則仍是西方精神。如校名果育，齋名樂在，始是中國傳統。然無錫明代有東林書院，後乃即其遺址建校，初亦名東林，後改名縣立第二高等小學。欲求東林精神，固已渺不可得。又如紫陽書院，改稱江蘇省立蘇州中學，以前紫陽書院之精神，亦已不可捉摸。是則中國全國新式學校及其教育精神，其實皆已西化，不僅燕大一校為然。此時代潮流，使人有無可奈何之慼矣。

天津南開大學哲學教授馮柳漪，一日來訪。告余，燕大建築皆仿中國宮殿式，樓角四面翹起，屋脊亦高聳，望之巍然，在世界建築中，洵不失為一特色。然中國宮殿，其殿基必高峙地上，始為相稱。今燕大諸建築，殿基皆平鋪地面，如人峨冠高冕，而兩足只穿薄底鞋，不穿厚底靴，望之有失體統。余歎以為行家之名言。

屋舍宏偉堪與燕大相伯仲者，首推其毗鄰之清華。高樓矗立，皆西式洋樓。然遊燕大校園中者，路上一磚一石，道旁一花一樹，皆派人每日整修清理，一塵不染，秩然有序。顯似一外國公園。即路旁電燈，月光上即滅，無月光始亮，又顯然寓有一種經濟企業之節約精神。若遊清華，一水一木，均見自然勝於人工，有幽蒨深邃之致，依稀仍一中國園林。即就此兩校園言，中國人雖盡力模仿西方，而終不掩其中國之情調。西方人雖亦刻意模仿中國，而仍亦涵有西方之色彩。余每漫步兩校之校園，終自歎其文不滅質，雙方各有其心嚮往之而不能至之限止。此又一無可奈何之事也。

五

余在燕大有兩三瑣事，乃成為余之大問題。余往常考試批分數，率謂分數無明確標準，僅以分成績優劣。成績分優劣，亦寓教育意義。不宜有劣無優，亦不宜有優無劣。優者以寓鼓勵，但不宜過優，故余批高分數過八十即止，極少在八十五分以上者。劣者以寓督勸，故余在一班分數中必有低於六十分者，以為分數不及格只補考一次即可，然常不在五十分以下。及來燕大，任兩班國文，一新班第一年級，又一班為第二年級。月終考試照例有不及格者數人。忽學生來告，新生月考不及格例須退學。余曰，諸生有不遠千里自閩粵來者，一月便令退學，彼於本學年又將何往。遂至辦公室，索取考卷，欲更改分數。主其事者告余，學校無此前例。余曰，余乃今年新到，初不知學校有此規定，否則新生月考絕不與以不及格分數。主事人曰，此乃私情。君今不知學校規定，所批分數乃更見公正無私。余曰，余一人批分數即余一人之私，學校烏得憑余一人之私以為公。余心不安，必取回另批。主事者難之，商之上級，余終得所請。取考卷回，另批送校，此一班遂無退學者。然余心終不安，始覺學校是一主，余僅屬一客，喧賓奪主終不宜。然余在此僅為一賓客，而主人不以賓客待余，余將何以自待。於是知職業與私生活大不同，余當於職業外自求生活。此想法為余入大學任教後始有。又念在大學任教，惟當一意在自己學業上努力，傳授受業諸生，其他校事盡可不問，庶能使職業於生活不相衝突。遂決意果在大學任教，絕不願兼任行政事務，此想法亦於其時始定。余本好宋明理學家言，而不喜清代乾嘉諸儒之為學。及余在大學任教，專談學術，少涉人事，幾乎絕無宋明書院精神。人又疑余喜治乾嘉學。則又一無可奈何之事矣。

又學校發通知，每用英文。余寢室水電費須按月繳納。得通知，遂置不理。積一年，學校特派人來問，按月通知收到否。余曰，收到。問，水電費何不按月繳納。余答，余乃學校所聘一國文老師，不必要識英文。何以在中國辦學校必發英文通知。派來人大慍，云，我特來收費，其他學校事我不敢知。我乃授款與之，而心終有不適。

又每到學校上課，國文系辦公室中闃無一人。儻欲喝水，又非自帶熱水壺不可。如此之類，使余不願再留。一日，赴頡剛處，告欲離去。頡剛乃夷然，不對余加一挽留語，亦不問所以。僅云，此下北大清華當來爭聘，君且歸，到時再自決定可也。余臨去，燕大亦未續發聘約。不知頡剛是否已轉告，余此後亦未詢及。

余在小學任教十載又半，初到集美，為余職業上一大轉進。然余未先有他處接洽，一年即匆匆離去。在中學任教整整八年。初到燕大，又為余職業上另一大轉進。又僅及一年，即匆匆離去，亦未先有他處接洽。余性頑固，不能適應新環境，此固余之所短。然余每告人，教大學有時感到不如教中學，教中學又有時感到不如教小學。此非矯情，乃實感，必稍久乃心安，然亦終於離小學入中學，離中學入大學。此亦可謂又一無可奈何之事矣。惟今落筆，以此告人，恐仍有人認余為乃一時故作矯情之辭者。人生自有多方面，實難一語道盡也。

六

余居燕大朗潤園，園之後半為屋舍，前半有池石林亭之勝，余每在此散步。讀於斯，遊於斯，絕少外出。一日，在城中某公園適晤馮友蘭芝生。通姓名，芝生即曰，從來講孔子思想絕少提及其「直」字。君所著《論語要略》特提此字，極新鮮又有理。我為《哲學史》，已特加采錄。余自撰〈劉向歆父子年譜〉刊載《燕京學報》後，初去燕大，頡剛又來索稿，以舊作〈關於老子成書年代之一種考察〉一文與之，續刊《燕京學報》。曾獲歐州某漢學家來函推崇，謂讀余文，乃知中國學術問題需由中國人自加論定，非異邦人所能為力也。又一日，頡剛來，手持胡適之一函，與彼討論老子年代，函中及余此文。頡剛言，君與適之相識，此來已逾半年，聞尚未謀面。今星期日，盼能同進城一與相晤。余諾之，遂同進城，赴適之家。坐書齋久，又出坐院中石凳上。適之言，今日適無人來，可得半日之談。他日君來，幸勿在星期日，乃我公開見客之日，學生來者亦不少，君務以他日來，乃可有暢談之緣。此日則盡談了一些老子問題。適之謂天下蠢人恐無出芝生右者。適之後為文一篇，專論老子年代先後，舉芝生頡剛與余三人。於芝生頡剛則詳，於余則略。因芝生頡剛皆主老子在莊子前，余獨主老子書出莊子後。芝生頡剛說既不成立，則余說自可無辯。然余所舉證據則與芝生頡剛復相異，似亦不當存而不論耳。但余與芝生頡剛相晤，則從未在此上爭辯過。梁任公曾首駁適之老子在孔子前之主張。在當時似老子出孔子後已成定論。適之堅持己說，豈猶於任公意有未釋耶。

余在燕大又識張星烺，每星期五來燕大兼課。其寢室與余相鄰，必作長夜之談。余喜治地理之學，星烺留學英倫治化學。返國後，改從其父，治地理，尤長中西交通史。余與星烺談盡屬此門。及星烺歸寢，竟夜鼾聲直侵余室，余每夜必過四時始睡，故聞之特清晰。然臨晨星烺又去清華上課。彼云，即日返城，仍有課。蓋其時政府欠發薪水，又打折扣，故兼課之風甚熾。而星烺之鼾聲則終使余常在耳際不能忘。

余初來北方，入冬，寢室有火罏。罏上放一水壺，桌上放一茶杯，水沸，則泡濃茶一杯飲之。又沸，則又泡。深夜弗思睡，安樂之味，初所未嘗。時《諸子繫年》已成稿，遇燕大藏書未見者，又續有增添修改。又特製〈通表〉，半年始畢。頡剛知之，告余芝生《哲學史》已編為《清華叢書》，君作何不亦申請列入其叢書內。當為介紹。遂持去。翌年，頡剛重來，乃知審查未獲通過。列席審查者三人，一芝生，主張此書當改變體裁便人閱讀。一陳寅恪，私告人，自王靜安後未見此等著作矣。聞者乃以告余。又一人，則已忘之。後遂以稿送商務印書館。

余撰〈劉向歆父子年譜〉，及去燕大，知故都各大學本都開設經學史及經學通論諸課，都主康南海今文家言。余文出，各校經學課遂多在秋後停開。但都疑余主古文家言。及年假，余返蘇州，遂於新年中撰〈周官著作時代考〉一文，及下學期在朗潤園又撰〈周初地理考〉一文，此為余考論古史地名一費力之作。上兩文亦皆刊載於《燕京學報》。

七

余離蘇中之一年，中學始許男女同學，然僅初中約得女生一二人，高中尚未有。來燕大，則女生最多，講堂上約占三之一。後在清華上課，女生約占五之一，北大則僅十之一。燕大上課，學生最服從，絕不缺課，勤筆記。清華亦無缺課，然筆記則不如燕大之勤。北大最自由，選讀此課者可不上堂，而課外來旁聽者又特多。燕大在課外之師生集會則最多。北大最少，師生間僅有私人接觸，無團體交際。清華又居兩校間。此亦東西文化相異一象徵也。

余在燕大上課，僅持曾國藩《經史百家雜鈔》一書，以臨時機緣，或學生申請選授一篇。不在上課前預定，卻增添了學生上堂之興趣。一日，偶書一題為燕京大學賦，由學生下堂後試撰。有一女生李素英，文特佳，余甚加稱賞，一時名播燕大清華兩校間。後李生遂兼受清華研究院課，後又改名李素。余在香港創辦新亞書院，李素服務圖書館，專責編英文書目。後為《燕京舊夢》一書，猶亦提及此事。余之教國文課至燕大時始止，此亦余之任教國文一最後成績也。

拾、北京大學

附 清華大學及北平師範大學

一

民二十之夏，余在蘇州，得北京大學寄來聘書。待余赴平後，清華又來請兼課。此必頡剛在北平先與兩方接洽，故一專任，一兼課，雙方已先洽定也。但余亦未以此面詢之頡剛。

余赴北大，在歷史系任教，是為余在大學講授歷史課程之開始。所任課，一為中國上古史，一為秦漢史，皆必修課由學校指定。另一門選修課可由余自定。余決開近三百年學術史。此一課程，梁任公曾在清華研究所已開過，其講義余曾在雜誌上讀之。任公卒後，某書肆印此書，梁家以此書乃任公未定稿，版權所屬，不准書肆發行。余求其書不得。或人告余，可赴東安市場，在某一街道中，有一書估坐一櫃上，櫃前一小桌，可逕授與八毛錢，彼即在其所坐櫃內取出一紙包授汝，可勿問，亦勿展視，即任公此書也。余果如言得之。

余因與任公意見相異，故特開此課程，自編講義。一日，某君忘其名，來電話，詢余近三百年學術史最近講到陳乾初〈大學問〉一篇，北平最富藏書，但此間各友好皆不知此文出處。並舉馮芝生為例。君於何處得讀此文。余答，余之講義，付北大講義室，待下週去上課時，始領取分發，君何先知。彼在電話中大笑，謂君此講義人人可向北大講義室預定。先睹者已群相討論，君竟不知此事，可笑可笑。亦可想見當時北平學術界風氣之一斑。蓋因余在任公卒後不久，竟續開此課，故群相注意也。

又有人來書，云，君不通龜甲文，奈何靦顏講上古史。余以此書告講堂諸生，謂余不通龜甲文，故在此堂上將不講及。但諸君當知，龜甲文外尚有上古史可講。諸君試聽，以為如何。又一日，告諸生，事有可疑，不專在古，古亦多無可疑者。如某姓錢，此錢姓即屬古，無可疑。余確信有父有祖，乃至高曾以上三十幾代前，為五代吳越國土錢鏐。以上仍有錢姓。近乃有人不姓錢，改姓疑古，此何理。有人來問，君何大膽若爾。余問何事。彼言，君知班上有錢玄同之子亦來聽課否。答，知之。其人曰，君自慎之，勿多惹是非。余曰，余任上古史課，若亦疑古，將無可言。又一夕，有某君設宴席，席上多大學史學教授。一清華大學西洋史教授孔某，一北大史學系教授孟森心史，兩人皆年老。主人推兩人居首座，曰孔孟應居上，可勿讓。又指余與錢玄同曰，君兩人同宗，可連座。余遂與玄同比肩。坐既定，玄同問余，君知我有一子在君班上否。余答，知之。玄同又言，君班上所講一言一句彼必詳悉記載無遺。余答諾，並謂彼勤奮好學殊少見。玄同又謂，彼在君班上之筆記我亦過目，逐字不遺。余聞言，驟不知所答。竊恐或起爭論，將何措辭。玄同乃續謂，彼甚信君言，不遵吾說。余僅諾諾。玄同乃改辭他及，不再理前緒，余心始釋然。

二

一日，又有人責余，君何無情乃爾。余問何事。彼云，君知適之近患病進醫院否。余曰，頃正聞之。彼云，適之尊君有加。有人問適之有關先秦諸子事，適之云可問君，莫再問彼。今病，訪者盈戶，君寧可不去。余答，此顯屬兩事，君並合言之，將教余何以為人。又有一學生告余，彼係一新學生，舊同學皆告彼，當用心聽適之師與師兩人課。乃兩師講堂所言正相反，不知兩師曾面相討論可歸一是否。余答此處正見學問之需要。汝正當從此等處自有悟入。若他人盡可告汝一是，則又何待汝多學多問。余自入北大，即如入了一是非場中。自知所言觸處有忤，然亦無自奈何。

又有一生來問，師言老子出孔子後，又言出莊周後，除最近在《燕京學報》新有一文外，尚有其他意見否。余答，有之。彼云，願聞其詳。余答，此非一言可盡，余在上古史班上當有述及，君儻願聞其詳，可試來聽之。彼乃哲學系四年級生，自是遂來余上古史班上旁聽。越一年，來晤言，余聽師上古史已一年，今信師言不疑。哲學系有畢業紀念刊，當整理一年筆記成篇刊入。不知師尚有所言未盡否。余答，有之。因請余再撰一文，亦同刊其班之畢業刊物中，並告余，亦當請適之師同為一文討論其事。余允之。余因續撰一文，連同彼筆記同刊是年北大哲學系畢業紀念刊中。而適之則竟未為文。後余自刊《莊老通辯》一書。已在余居香港時，距當年亦已三十年矣。此君筆記載當年北大哲學畢業刊者，余手邊無之，容當覓得，再以補入。此君已忘其姓名，惟聞其留學德國，歸國後，在南京中央大學哲學系任教。

余與適之討論老子年代問題，絕不止三數次。余曾問適之，君之先秦哲學史，主張思想必有時代背景。中國古人所謂知人論世，即此義。惟既主老子早於孔子，則老子應在春秋時代，其言亦當根據當時之時代背景而發。君書何乃上推之《詩經》，即就《詩經》來論時代背景，亦不當泛泛分說樂天派悲觀派等五種人生觀，認為乃老子思想之起源。當知樂天悲觀等分別，歷代皆有，唐詩宋詞中何嘗無此等分別。即如最近世，亦復有此五等分別。何以老子思想獨起於春秋時代，仍未有所說明。且如老子以下，孔子墨子各家思想，亦各有其時代背景。君書自老子以下，即以思想承思想，即不再提各家思想之時代背景，又何故。適之謂，君之〈劉向歆父子年譜〉未出，一時誤於今文家言，遂不敢信用《左傳》，此是當時之失。然對余之第二問題，則仍未有答。

此後適之見余，再不樂意討論老子，而別撰《說儒》新篇。在彼撰稿時，屢為余道其作意。余隨時告以己意。如是者數次。適之《說儒》終於成篇，文長五萬字，仍守其初意不變。其說既與余上古史堂上所講意義大相背馳，諸生舉適之此文設問。余遂於堂上明白告諸生，余所持與適之《說儒》不同之所在。諸生或勸余為文駁論。余告諸生，學問貴自有所求，不應分心與他人爭是非。若多在與他人爭是非上分其精力，則妨礙了自己學問之進步。《孟子》一書，只在申孔，不在闢墨。遇兩說異同，諸生貴自有折衷。並余已將今天堂上所講，一一告之適之，不煩再為文辯論。遂拒不為。諸生乃浼余助教賀次君即就余講堂所講撰一文，刊之北大史系同學在天津《益世報》所主辦之副刊上。適之見之，大不悅，但亦未撰文反駁。主編此副刊之同學乃欲次君別為一文自解說，次君拒之，謂所辯乃本錢師之說，不能出爾反爾。不得已，主編此副刊之同學乃自為一啟事，解說此事。自後余來香港，某君在港大《學報》上刊一文，專為討論適之《說儒》。余始別為一小篇，追憶前說，則已上距當時十年外矣。今余此文，已收入余之《中國學術思想史論叢》第二集。

大凡余在當時北大上課，幾如登辯論場。上述老子孔子兩氏不過其主要之例而已。聞有北大同事之夫人們前來余課室旁聽，亦去適之講堂旁聽，退後相傳說以為談資。惟一時所注意者，亦僅為一些具體材料問題解釋之間，而於中國歷史文化傳統之一大問題上，則似未竟體觸及也。然孟子所謂余非好辯，亦不得已也。余深深了此意境。

又一日，適之告余，得商務來書，囑編一中學國文教本。彼謂，君在中學任教國文課多年，對此富實際經驗，盼我兩人合作，共成此編。余告適之，對中國文學上之意見，余兩人大相違異，倘各編一部中學國文教科書，使國人對比讀之，庶可有益。倘欲兩人合編，其事不易，並使他人亦無可窺其底裡，遂拒不為。此事遂亦作罷。時適之在北大，已不授中國哲學史，而改授中國白話文學史。惟余與適之在文學方面甚少談及，以雙方各具主觀，殊難相辯也。

三

時傳斯年孟真主持中央研究院歷史語言研究所，亦自廣州遷北平。孟真與頡剛雖一時並稱適之門下大弟子，但兩人學術路向實有不同。頡剛史學淵源於崔東壁之《考信錄》，變而過激，乃有《古史辨》之躍起。然考信必有疑，疑古終當考。二者分辨，僅在分數上。如禹為大蟲之說，頡剛稍後亦不堅持。而余則疑〈堯典〉，疑〈禹貢〉，疑《易傳》，疑老子出莊周後，所疑皆超於頡剛。然竊願以考古名，不願以疑古名。疑與信皆須考，余與頡剛，精神意氣，仍同一線，實無大異。而孟真所主，則似尚有迥異於此者。如其以歷史語言二者兼舉，在中國傳統觀念中無此根據。即在西方，亦僅德國某一派之主張。大體言之，西方史學並不同持此觀念。其在中國，尤屬創新。

故在其主持之史語所，其時尚僅有地下發掘與龜甲文研究兩門，皆確然示人以新觀念，新路向。然孟真心中之史學前途，則實不限於此兩者。

余至北平，即與孟真相識。孟真屢邀余至其史語所。有外國學者來，如法國伯希和之類，史語所宴客，余必預，並常坐貴客之旁座。孟真必介紹余乃〈劉向歆父子年譜〉之作者。孟真意，乃以此破當時經學界之今文學派，乃及史學界之疑古派。繼此以往，則余與孟真意見亦多不合。

孟真在中國史學上，實似抱有一種新意向。惟茲事體大，而孟真又事忙未能盡其力，以求自副其所想望，而遂有未盡其所能言者。彼似主先治斷代史，不主張講通史。彼著述亦僅限先秦以上，即平日談論，亦甚少越出此範圍。凡北大歷史系畢業成績較優者，彼必網羅以去，然監督甚嚴。有某生專治明史，極有成績，彼曾告余，孟真不許其上窺元代，下涉清世。然真於明史有所得，果欲上溯淵源，下探究竟，不能不於元清兩代有所窺涉，則須私下為之。故於孟真每致不滿。

適之於史學，則似徘徊頡剛孟真兩人之間。先為〈中國大史學家崔東壁〉一文，僅成半篇。然於頡剛《古史辨》則備致稱許。此下則轉近孟真一邊。故北大歷史系所定課程似先注意於斷代史。在余初到之年，北大歷史系第一次開會，適之為文學院長，曾言辦文學院其實則只是辦歷史系。因其時適之已主張哲學關門，則哲學系宜非所重。又文學系仍多治舊文學者掌教，一時未能排除。而歷史系上古史一門除余專任其必修課外，又開選修課，凡八門，頡剛孟真各任一門。此見當時學術界凡主張開新風氣者，於文學則偏重元明以下，史學則偏重先秦以上，文史兩途已相懸絕。其在文學上，對白話文新文學以外，可以掃蕩不理。而對史學，則先秦以下，不能存而不論，但亦急切難有新成就。於是適之對北大歷史系之興趣，亦遂逐漸減輕。

四

余在北大，任近三百年學術史一年。翌年，改開中國政治制度史。系主任陳受頤弗允。受頤人素謙和，主講西洋史。聞其於西洋中古史頗有深入，實際並不任系務，乃由孟真幕後主持。大意謂中國秦以下政治，只是君主專制。今改民國，以前政治制度可勿再究。余謂，言實際政治以前制度可不再問。今治歷史，以前究屬如何專制，亦當略知，烏可盡置不問。屢爭，終不允。余言，余來任課，上古史秦漢史由學校規定，餘一課任余自由開講，不論選課人多少，余意欲開此課，學校似不宜堅拒。遂終允之。北大選課，學生可先自由聽講，一月後始定選。到時乃無人選余此課。當時法學院院長周炳霖告其同事，學生來校只知西洋政治，不知中國政治，今文學院開此課，當令學生前往聽講。遂有政治系全班學生來選聽此課。稍後，人益多，乃歷史系學生前來旁聽。因北大校規鬆，選定之課可任意缺席，未選之課可隨時旁聽。故學校自開學後，講堂必隨時改換。旁聽多，換大課堂。缺席多，換小課堂。某教師或自小課堂屢換大課堂，某教師或自大課堂屢換小課堂。學生以此為教師作評價，教師亦無如之何。清華燕大殊無此現象。惟余第三年仍開近三百年學術史，俾完成余之講義。

余每次上堂必寫此一堂之講授大綱及參考材料。惜余此課所講迄今未編撰成書，惟散見其要旨於余此後之《國史大綱》中。即余初來臺北，有《歷代政治得失》一講演，已付印出版，亦可謂余在北大講授此課一簡編。則已距當年開講近二十年之久矣。

時頡剛在燕大辦一《禹貢》，陶希聖在北大辦一《食貨》，兩雜誌皆風行一時。諸生來余舍，請余辦一《通典》，謂當與《禹貢》、《食貨》鼎足而三。余拒之。諸生曰，師僅掛一名，其他一切盡由吾儕負責，請勿憂。余曰，今年開此政治制度一課，乃為諸生於此方面常識特缺，非為余於此特所重視。余愛《通典》制度，亦愛《食貨》經濟，又愛《禹貢》地理沿革。諸生當擴開興趣，博學多通，乃能於史識漸有進。待他年學問基礎既立，庶可擇性近專精一門。此乃成學後事，非初學時事。儻諸生今即專騖一途，適以自限，非以自廣。恐於諸生學業前途，有損無益。余為諸生著想，非自為計也。諸生唯唯而退。

時國民政府令中國通史為大學必修課，北大雖亦遵令辦理，但謂通史非急速可講，須各家治斷代史專門史稍有成績，乃可會合成通史。故北大中國通史一課，乃分聘當時北平史學界，不專限北大一校，治史有專精者，分門別類，於各時代中各別講授。歷史系主任及助教兩人，則隨班聽講，學期學年考試出題閱卷，由彼兩人任之。余亦分占講席，在講堂上明告諸生，我們的通史一課實大不通。我今天在此講，不知前一堂何人在此講些什麼，又不知下一堂又來何人在此講些什麼。不論所講誰是誰非，但彼此實無一條線通貫而下。諸位聽此一年課，將感頭緒紛繁，摸不到要領。故通史一課，實增諸位之不通，恐無其他可得。乃有人謂，通史一課固不當分別由多人擔任，但求一人獨任，事亦非易。或由錢某任其前半部，陳寅恪任其後半部，由彼兩人合任，乃庶有當。余謂，余自問一人可獨任其全部，不待與別人分任。民國二十二年秋，北大乃聘余一人獨任中國通史一課。於是余在北大之課程，遂改為上古史秦漢史及通史之三門。學校又特為余專置一助教，余乃聘常來北大旁聽之學生賀次君任之。

自余任北大中國通史課，最先一年，余之全部精力幾盡耗於此。幸而近三百年學術史講義已編寫完成，隨時可付印。秦漢史講義寫至新莽時代，下面東漢三國之部遂未續寫。余之最先決意，通史一課必於一學年之規定時間內講授完畢，決不有首無尾，中途停止，有失講通史一課之精神。其時余寓南池子湯錫予家，距太廟最近。廟側有參天古柏兩百株，散布一大草坪上，景色幽蒨。北部隔一御溝，即面對古宮之圍牆。草坪上設有茶座，而遊客甚稀。茶座侍者與余相稔，為余擇一佳處，一籐椅，一小茶几，泡茶一壺。余去，或漫步，或偃臥，發思古幽情，一若惟此最相宜。余於午後去，必薄暮始歸。先於開學前在此四五天，反覆思索，通史全部課程綱要始獲寫定。

此課每週四小時，共上兩堂，每堂兩小時。余於開學後上課前，必於先一日下午去太廟，預備翌日下午上堂內容。主要在定其講述之取捨，及其分配之均勻。如余講上古史，於先秦部分本極詳備，但講通史則不多及。又如余講近三百年學術史，牽涉甚廣，但講通史則只略略提到。必求一本全部史實，彼此相關，上下相顧，一從客觀，不騁空論。制度經濟，文治武功，莫不擇取歷代之精要，闡其演變之相承。而尤要者，在憑各代當時人之意見，陳述有關各項之得失。治亂興亡，孰當詳而增，孰宜略而簡，每於半日中斟酌決定明日兩小時之講述內容。除遇風雨外，一年之內，幾於全在太廟古柏蔭下，提綱挈領，分門別類，逐條逐款，定其取捨。終能於一年內成其初志。上自太古，下及清末，兼羅並包，成一大體。

下及第二年，余遂可不復至太廟古柏下，然亦隨時隨地不殫精思，於每一講之內容屢有改動。又增寫參考材料，就《二十四史》、《三通》諸書，凡余所講有須深入討論者。繕其原文，發之聽者，俾可自加研尋。然此工作迄唐五代而止。因史料既多，學生自加研尋亦不易，此下遂未再續。所發姑以示例而止。

中國通史乃文學院新生之必修課，亦有文學院高年級生及其他學院諸生，復有北平其他諸校生，前來旁聽。每一堂常近三百人，坐立皆滿。有一張姓學生，自高中三年級即來聽課，余在北大續授此課，前後凡四年，張生每年必至。余又在西南聯大續任此課兩年，張生亦先後必至。余知前後續聽此課歷六年之久者，惟張生一人。彼告余，余之每年任課所講內容不斷有增損，而大宗旨則歷年不變。彼謂於余歷年所講變動中，細尋其大意不變之所在，故覺每年有新得，屢聽而不厭。如張生亦可謂善用其心矣。

二十年前，余曾去美國哈佛大學，楊聯陞教授告余，彼其時肄業清華大學，亦前來旁聽。計亦已二十五年上下矣。檢其書架上兩書相贈，一為余之《國史大綱》抗戰期間在重慶之國難第一版，一為余之通史課上所發之參考材料。余受其國難新版，為余手邊無有者。其參考材料，則囑聯陞教授仍留架上，或有足供參考處，余未之受。後此項材料由余英時交臺北某書肆印行。

余在北大任此課時，又常有日本學生四五人前來旁聽。課後或發問，始知此輩在中國已多歷年數。有一人，在西安郵局服務已逾十年，並往來北平西安，遍歷山西河南各地。乃知此輩皆日本刻意侵華前之先遣分子。並常至琉璃廠、隆福寺，各人舊書肆，訪問北平各大學教授購書情形，熟悉諸教授治學所偏好，以備一旦不時之需。其處心積慮之深細無不至，可驚，亦可嘆。

五

余任北大及兼清華課外，越兩年，又兼燕大課，於是每週得兩次出城，各半日。此乃無法辭卸者。某年秋，師範大學歷史系主任某君忽來訪，邀余去兼秦漢史課一門。某君忘其名，乃北平史學前輩，其所編講義亦正流傳東安市場各書肆。其來言辭懇切，有堅求必允之意。余告以北大校規，校外兼課只許四小時，余已兼清華燕大兩校課，適足四小時之限。踰越校規，非余所願，亦非所能。且開學已久，清華燕大兩校課亦無法中途言辭。如是往復半日而去。一日，某君又來，謂已商得北大當局同意，先生去師大兼課，北大決不過問。余無奈，勉允之。

余住馬大人胡同，近東四牌樓，師大校址近西四牌樓，穿城而去，路甚遙遠。余坐人力車，在車中閉目靜坐，聽一路不絕車聲。又街上各店肆放留聲機京戲唱片，此店機聲漸遠，彼店機聲續起，乃同一戲，連續不斷，甚足怡心。及登堂，聽眾特多，系主任亦在窗外徘徊。第二週課畢，系主任邀余赴其辦公室。告余，真大佳事。此課本請某君擔任，上堂後，學生問，中國封建社會係秦前結束，抑秦後開始，又或秦前秦後一體直下無變。某君所答，聽者不滿，爭論不已，終至鬨堂而散。某君遂決不再來。別請某君，復如是，仍鬨堂而散。某君遂亦決不來。恐直言相告，先生決不願來。今幸兩堂過，學生竟不發此問。並聞對先生深致滿意。真大佳事。此亦當年北方學風。甚至同學校同一班級，兩課堂所講如同水火。師大此事雖所少有，然聞者亦終不以為怪。

六

在北大任教，有與燕京一特異之點。各學系有一休息室，系主任即在此辦公。一助教常駐室中。系中各教師，上堂前後，得在此休息。初到，即有一校役捧上熱手巾擦臉，又泡熱茶一杯。上堂時，有人持粉筆盒送上講堂。退課後，熱手巾熱茶依舊，使人有中國傳統尊師之感。

孟森心史與余同年到北大任課。一日，在休息室相晤。心史問余何年級，余答慚愧，亦在此教書。因諸生亦得來休息室問難，故心史有此誤會耳。又一日，余送《燕京學報》新刊余所著〈周官著作年代考〉一文贈心史。心史展視，謂此乃經學上一專門問題，君亦兼治經學耶，當攜歸，細讀之。自是余遂與心史常在休息室中閒談。又一日，心史特來寓址，自是往返益密。

某一年暑假，余回蘇州省親。及返北平，特訪心史。心史書齋西向。余謂今年酷暑，不知先生作何消遣。心史言，此暑期乃成一大工作。商務新出版《永樂大典》中之《水經注》，今暑專為此書作了許多考訂。遂引余視其桌上積稿，並歷述清代各家治《水經》之得失，娓娓忘時。余告心史，已向商務預約此書。方期不日去取書，作一番考訂工夫，為戴校《水經注》一案作一定論。不謂先生已先我為之。心史說，此書實無新資料可供考訂。君不如向商務另購他書，俟余此番考訂絡續出版，君可就此作商榷，不煩另化一番工夫也。余謂，與先生相識有年，初不知先生亦對此有興趣。然心史所考訂，送《北大國學季刊》，主其事者，因適之方遠在國外，心史所考，與適之之意見有異，非俟適之之歸，不敢輕為發布。而心史此項存稿遂亦遲未整理，所發表者殊有限。及翌年，抗戰軍興，日本軍隊進北平，聞心史曾在北大圖書館發現一舊地圖，於中俄兩國蒙古邊疆問題有新證據之發現。遂派人特訪心史，於其宅前並曾攝一相而去。而心史不久以病進醫院。雙十國慶後，北大同人絡續離北平南下。余赴醫院與心史話別，不謂心史竟以不起。余自抗戰勝利後，即未去北平，每念心史有關《水經注》考訂一稿，其整理成篇，及其未及整理者，究在何處。及其有關蒙古新地圖一事，仍有人留意及之否。人盡知心史在北大任教明清史，其對清初入關前史有著述。對此兩事，人或不知，追憶及此，豈勝惘然。

心史是一好好先生，心氣和易。所任明清史，講義寫得太詳密，上堂無多話講，學生缺席，只少數人在堂上，遇點名時輪流應到。心史說，今天講堂座上人不多，但點名卻都到了，仍自講述不輟。學生傳為談資。其時北平方唱尊孔。有人說，軍閥何堪當尊孔大任。心史說，專要堪當尊孔的人來尊，怕也尊不起。適之為文，昌言中國文化只有太監姨太太女子裹小腳麻雀牌雅片等諸項。心史為文駁斥，不少假借。但我們見面，他從不提起這件事。他從不放言高論，甚至不像是一爭辨是非的人。在北大同人中，卻是另具一格。

七

與余同年來北大者，尚有哲學系湯用彤錫予。本任教於南京中央大學，北大以英庚款補助特聘教授之名義邀來。余是年攜眷去北平，潘佑蓀割其寓邸之別院居之，距北大甚遠。一日，錫予來訪。其翌日，錫予老母又來訪。謂，錫予寡交遊，閉門獨處，常嫌其孤寂。昨聞其特來此訪錢先生，儻錢先生肯與交遊，解其孤寂，則實吾一家人所欣幸。自是余與錫予遂時相往返。

一年後，余家自西城潘宅遷二道橋，凡三院四進，極寬極靜。年假以榆關風聲緊，挈眷奉先慈返蘇州，錫予老母亦隨行返南京。明年春，余單身先返北平，適錫予老友熊十力自杭州來，錫予先商於余，即割二道橋第三進居之。此本為先慈居住之所，平屋三間。其第二進僅一書室，為余讀書寫作之所。此兩進相隔最近，院最小，可以隔院相語。十力既來，而余眷久不來。錫予為余一人飲食不便，又勸余遷居其南池子之寓所，割其前院一書齋居余。而又為十力別邀一北大學生來居二道橋之第一進。

是年暑假，蒙文通又自開封河南大學來北大，與余同任教於歷史系。錫予在南京中大時，曾赴歐陽竟無之支那內學院聽佛學，十力文通皆內學院同時聽講之友。文通之來，亦係錫予所推薦。文通初下火車，即來湯宅，在余室，三人暢談，竟夕未寐。曙光既露，而談興猶未盡。三人遂又乘曉赴中央公園進晨餐，又別換一處飲茶續談。及正午，乃再換一處進午餐而歸，始各就寢。凡歷一通宵又整一上午，至少當二十小時。不憶所談係何，此亦生平惟一暢談也。

自後錫予、十力、文通及余四人，乃時時相聚。時十力方為《新唯識論》，駁其師歐陽竟無之說。文通不謂然，每見必加駁難。論佛學，錫予正在哲學系教中國佛教史，應最為專家，顧獨默不語。惟余時為十力文通緩衝。又自佛學轉入宋明理學，文通十力又必爭。又惟余為之作緩衝。

除十力錫予文通與余四人常相聚外，又有林宰平、梁漱溟兩人，時亦加入。惟兩人皆居前門外，而又東西遠隔。漱溟又不常在北平，故或加宰平，或加漱溟，僅得五人相聚。宰平與漱溟則不易相值。

某日，適之來訪余。余在北平七八年中，適之來訪僅此一次。適之門庭若市，而向不答訪，蓋不獨於余為然。適之來，已在午前十一時許，坐余書齋中，直至午後一時始去，余亦未留其午膳。適之來，乃為蒙文通事。適之告余，秋後文通將不續聘。余答，君乃北大文學院長，此事與歷史系主任商之即得，余絕無權過問。且文通來北大，乃由錫予推薦。若欲轉告文通，宜以告之錫予為是。而適之語終不已。謂文通上堂，學生有不懂其所語者。余曰，文通所授為必修課，學生多，宜有此事。班中學生有優劣，優者如某某幾人，余知彼等決不向君有此語。若班中劣等生，果有此語，亦不當據為選擇教師之標準。在北大尤然。在君為文學院長時更應然。適之語終不已。余曰，文通所任，乃魏晉南北朝及隋唐兩時期之斷代史。余敢言，以余所知，果文通離職，至少在三年內，當物色不到一繼任人選。其他余無可言。兩人終不懽而散。文通在北大歷史系任教有年，而始終未去適之家一次，此亦稀有之事也。

文通既不續聘。史系主任遂邀余任魏晉南北朝史，余拒不允。余言聘約規定余只任上古兩漢，不願再有增添。其隋唐史一門，則聘陳寅恪兼任。上堂僅盈月，寅恪即辭去不再來。謂其體弱，其夫人言，若不辭北大兼職，即不再過問其三餐。於是此課遂臨時請多人分授。學生有發問者，謂此課既由多人分授，何以獨不有錢某來上課。史系主任始來請余。余遂亦上堂一二次。文通自離北大，即轉至天津一女師任教。其家仍留北平，與錫予及余諸人之來往則一如舊日無變。

八

余又因錫予獲交於陳寅恪。錫予寅恪乃出國留學前清華同學。寅恪進城來錫予家，常在余所居前院書齋中聚談。寅恪在清華，其寓所門上下午常懸休息敬謝來客一牌，相值頗不易。余本穿長袍，寅恪亦常穿長袍。冬季加披一棉袍或皮袍，或一馬褂，或一長背心，不穿西式外套，余亦效之。

余亦因錫予識吳宓雨生。彼兩人乃前中大同事。余在清華兼課，課後或至雨生所居水木清華之所。一院沿湖，極寬適幽靜。雨生一人居之。余至，則臨窗品茗，窗外湖水，忘其在學校中。錢稻孫與余同時有課，亦常來，三人聚談，更易忘時。雨生本為天津《大公報》主持一文學副刊，聞因《大公報》約胡適之傅孟真諸人撰星期論文，此副刊遂被取消。雨生辦此副刊時，特識拔清華兩學生，一四川賀麟，一廣東張蔭麟，一時有二麟之稱。賀麟自昭，自歐留學先歸，與錫予在北大哲學系同事，與余往還甚稔。蔭麟自美留學歸較晚，在清華歷史系任教。余赴清華上課，蔭麟或先相約，或臨時在清華大門前相候，邀赴其南院住所晚膳。煮雞一隻，懽談至清華最後一班校車，蔭麟親送余至車上而別。

余其時又識張孟劬及東蓀兄弟，兩人皆在燕大任教，而其家則住馬大人胡同西口第一宅。時余亦住馬大人胡同，相距五宅之遙。十力常偕余與彼兄弟相晤，或在公園中，或在其家。十力好與東蓀相聚談哲理時事，余則與孟劬談經史舊學。在公園茶桌傍，則四人各移椅分坐兩處。在其家，則余坐孟劬書齋，而東蓀則邀十力更進至別院東蓀書齋中，如是以為常。

一日，余去北大有課，攜《清華學報》所刊余近撰〈龔定菴〉一文，過孟劬家門前，囑其門房遞進。及課畢歸，見孟劬留有一紙條，乃知孟劬已來過余家，蓋不知余赴北大有課也。余遂即去孟劬家，孟劬娓娓談龔定菴軼事，意態興奮，若疑余有誤會。孟劬與余亦屬忘年之交。前輩學者，於昔人事，若不干己，而誠誠懇懇不肯輕易放過有如此。孟劬又常告余，彼同時一輩學人，各不敢上攀先秦諸子，而群慕晚漢三君，競欲著書成一家言之意。余因孟劬言，乃識清初學風之一斑，以較余與孟劬同在北平時情形，相距何堪以道里計。因念孟劬慕古之意特深，而東蓀趨新之意則盛。即就彼兄弟言，一門之內，精神意趣已顯若河漢。誠使時局和平，北平人物薈粹，或可醞釀出一番新風氣來，為此下開一新局面。而惜乎抗戰軍興，已迫不及待矣。良可嘅也。

其他凡屬同在北平，有所捧手，言懽相接，研討商榷，過從較密者，如陳援菴、馬叔平、吳承仕、蕭公權、楊樹達、聞一多、余嘉錫、容希白肇祖兄弟、向覺民、趙萬里、賀昌群等，既屬不勝縷述，亦復不可憶。要之，皆學有專長，意有專情。世局雖艱，而安和黽勉，各自埋首，著述有成，趣味無倦。果使戰禍不起，積之歲月，中國學術界終必有一新風貌出現。天不佑我中華，雖他日疆土光復，而學術界則神耗氣竭，光采無存。言念及之，真使人有不堪回首之感。

九

又有遠道相交者。某年，章太炎來北平，曾作演講一次。余亦往聽。太炎上講臺，舊門人在各大學任教者五六人隨侍，駢立臺側。一人在旁作繙譯，一人在後寫黑板。太炎語音微，又皆土音，不能操國語。引經據典，以及人名地名書名，遇疑處，不詢之太炎，臺上兩人對語，或詢臺側侍立者。有頃，始譯始寫。而聽者肅然，不出雜聲。此一場面亦所少見。繙譯者似為錢玄同，寫黑板者為劉半農。玄同在北方，早已改采今文家言，而對太炎守弟子禮猶謹如此。半農盡力提倡白話文，其居滬時，是否曾及太炎門，則不知。要之，在當時北平新文化運動盛極風行之際，而此諸大師，猶亦拘守舊禮貌。則知風氣轉變，亦洵非咄嗟間事矣。

又某年，余返蘇州。太炎國學講習會一門人某君來約，余依時往訪。是為余面晤太炎之第一次。亦惟此一次。室中惟兩人，無第三人參加。余詢太炎，近見報上中央政府有聘先生赴南京任國史館長消息，確否。太炎答，我與政府意見不相洽，焉得有此事。報章傳聞不足信。余又言，儻果政府來聘，先生果往，對此下撰寫新國史有何計劃。太炎謂，國史已受國人鄙棄，此下當不再需有新國史出現。余曰，此姑弗深論。儻有新國史出現，較之前二十五史體裁方面將有何不同。太炎沉默有頃，曰，列傳與年表等當無何相異。惟書志一門，體裁當有大變動。即如外交志，內容牽涉太廣，決非舊史體例可限。因言居滬上，深知治外法權影響深廣。如加敘述，所占篇幅必鉅。其他方面更然。外交以外，食貨刑法諸門亦皆然。所需專門知識亦更增強。惟此「書志」一門，必當有大變動。在今難可詳談。余以下午三時許去，暢談迄傍晚。太炎又別邀蘇州諸名流張一鵬等，設盛宴，席散始辭歸。此一問題，亦恨絕少與他人論及。

又一年，余自北平返蘇州。張君勱偕張一鵬來訪。不憶晤談於何處。一鵬乃一麐胞弟，曾任袁世凱時代司法部長，久已退居在家。君勱係初識，時方有意組一政黨，在赴天津北平前，邀余相談。謂君何必從胡適之作考據之學，願相與作政治活動，庶於當前時局可有大貢獻。余告以余非專一從事考據工作者，但於政治活動非性所長，恕難追隨。語不投機，一鵬似亦對此不熱心，談話未歷一小時即散。自後余與君勱在香港始獲再晤。

又絡續由南方來遊北平相識者，有繆贊虞鳳林，張曉峰其昀，皆從南京中央大學來。贊虞則住余家，兩人曾同遊盧溝橋。民二十六年曉峰自浙大來函，聘余前往，余辭未去。續聘張應麟，亦未允。再聘賀昌群，昌群遲疑不決。一夕，余三人在一小館共餐，余與應麟勸昌群往，昌群遂允行。

余在北平舊書肆購得顧祖禹《讀史方輿紀要》之前八卷，嘉慶刊本，特為一文，刊載於《禹貢半月刊》上。浙江省興業銀行行長葉景揆葵初，特遠自滬上來訪。告余，彼持有此書一鈔本，遍訪刊本未得，君今得此刊本，乃與彼相持之鈔本相符。又謂彼並有顧氏此書之全部手鈔本一部。此書在未正式付印前，本多鈔本流行，只白銀四十兩，即可向無錫顧家得一部。彼所得與其他鈔本有不同，特不知其價值所在，欲懇余代為一查考。余允之。葵初又遠自滬上攜其書首幾冊來，余審其為顧氏家傳本，特舉證明。葵初大喜，謂果如君言，當即謀付印。余謂此書卷帙浩大，儻僅付印，讀者當就君之新刊本與舊刊本對讀，乃始得其異同所在。此事大不易。不如將舊刊本與君本對校，即以異同添注舊刊本之眉端行間，乃以付印，則讀者一披卷即得，不煩再一一比讀矣。葵初以為然。問余願任其勞否，余復允之。時適余弟起八同在北平，余即命其從事校對。約年餘，方畢直隸山東兩省。但時事益急，余恐倉促失誤，囑葵初將已校稿攜返滬上，待事變定，再謀續校。而抗戰烽火乃不久爆發。余曾於抗戰期中，自昆明返滬，知葵初與張旭生合創一合眾圖書館在法租界。余特往訪，未得晤葵初，見主其事者為顧廷龍起潛，乃頡剛之叔父。起潛告余，彼之主要任務即為續校顧祖禹《讀史方輿紀要》一書。及赤禍又興，余又匆匆南來，迄今將三十年，聞合眾圖書館已不存在，葵初與起潛亦不獲其消息。《讀史方輿紀要》之顧氏家傳本，今不知究何在。苟使余不主先作校對，則此家傳本將早已行世。余對此事之媿悔，真不知何以自贖也。

十

又章實齋《遺書》之家傳本，亦為余在北平所發現。一日課畢，北大圖書館長毛子水特來歷史系休息室詢余，坊間送來《章氏遺書》鈔本一部，此書鈔本在北平頗有流行，不知有價值否。余囑其送余家一審核。是夜，余先查章實齋〈與孫淵如觀察論學十規〉一文，此文在流行刻本中皆有目無文。劉承幹嘉業堂刻《章氏遺書》，曾向國內遍訪此文，亦未得。而余在此鈔本中，即赫然睹此文。乃知此本必有來歷。嗣經收得其他證明。乃知此本確係章氏家傳。若余誑言告子水，此書即退回原書肆，余可收歸私藏。然余念公藏可供眾閱，不宜秘為私有。乃連日夜囑助教賀次君錄出其未見於流行刻本者，凡二十篇左右。又有一篇，流行刻本脫落一大段數百字，亦加補錄。即以原本回子水，囑其可為北大購取珍藏。時余之《近三百年學術史》一書，方送商務印書館在北平排版，由余親自校閱，實齋一章已校迄，續又取回補入前所未見之重要有關部分若干則。〈與孫淵如觀察論學十規〉一文，則全篇增附於後。及余離北平南行，又攜所錄之全部佚文藏大衣箱底，上加一木板，以避檢查，轉輾自香港經長沙南嶽至昆明，以至成都。時蒙文通為四川省立圖書館長，遂將此佚文印兩百冊流傳。及余避赤禍來香港，大陸又重印此書，而將余所為一小序抹去，則讀者將不識此書之所由來。後余遊巴黎，法國漢學家戴密微，曾特來詢問此書，余詳告之。後大陸又將此各篇散入章氏《文史通義》中。然余念當時特據家傳本目錄匆匆鈔出其未見之篇，是否尚有遺漏，則不克再通體查閱矣。而此章氏家傳本，頗聞子水實未為北大圖書館購取，特以轉歸胡適之家藏。及適之南來，此書未及攜行，則不知又在何處。是亦大堪回念也。

又憶民十以前，余在小學任教，即深喜章氏之《文史通義》。一夕，忽夢登一小樓，由北面樓梯上，樓外三面環廊，樓中四壁皆書，又有一玻璃面之長方桌，桌面下一櫃，亦皆藏書。余觀之，乃悉是章實齋書，又多世所未見者。此夢醒來，初不為意。乃二十年後，不意此夢竟有印驗，是亦余一人生平回憶中值得玩味之一事也。又余獲睹《章氏遺書》後，又得戴東原未刊稿鈔本一種，名《孟子私淑錄》，為從來學者所未知，亦以廉價收得。與《章氏遺書》稿同攜南下。今此稿已收入余之《中國學術思想史論叢》第八冊。

其他尚有一家傳本，為余在北平所發現者，則為北通州雷學淇所著之《竹書紀年義證》，凡四十卷。雷氏於紀年有兩書，一為《考訂竹書紀年》共十四卷，有刻本。余又知其尚有《義證》一書，在北平坊肆遍覓未得，後乃在北平圖書館珍藏書中得其家傳之稿。其先乃由其家人獻之，北大校長蔡孑民，請由北大付印，其眉端有陳漢章校。於上古之部較詳，春秋後較簡，不知何由此稿乃轉入北平圖書館。余既擇其有關者，一一補入余之《先秦諸子繫年》一書中。又曬藍本一部，而交還其原稿。民國二十六年，始將此稿之曬藍本交書肆排印，是年雙十國慶後，余匆匆離平，而此書尚未印成，書首遂缺一序。及國民政府來臺，有人攜有此書在臺重印，亦未有序。惟此書之流傳，則實由余始其事也。

十一

余自民國十九年秋去北平，至二十六年冬離平南下，先後住北平凡八年。先三年生活稍定，後五年乃一意購藏舊籍，琉璃廠隆福寺為余常至地，各書肆老闆幾無不相識。遇所欲書，兩處各擇一舊書肆，通一電話，彼肆中無有，即向同街其他書肆代詢，何家有此書，即派車送來。北大清華燕京三校圖書館，余轉少去。每星期日各書肆派人送書來者，踰十數家，所送皆每部開首一兩冊。余書齋中特放一大長桌，書估放書桌上即去。下星期日來，余所欲，即下次攜全書來，其他每星期相易。凡宋元版高價書，余絕不要。然亦得許多珍本孤籍。書估初不知，余率以廉價得之。如顧祖禹《讀史方輿紀要》之嘉慶刻本，即其一例。

余又曾在無錫城門洞一小書攤購得朱石曾《竹書紀年存真》一部，書價僅幾毛錢。取以校王靜庵所校本，乃知王校多誤，朱本甚有價值。余特撰一文，收入《先秦諸子繫年》中。傅孟真來余家借此書，曾遍囑北京各書肆為彼訪購，積數年，皆無以應。乃以余所藏曬藍藏入中央研究院書庫中。其他類此之例，難於一一縷舉。余於明代以下各家校刊《竹書紀年》，搜羅殆盡。專藏一玻璃書櫃中。錫予見而慕之。彼亦專意搜羅《高僧傳》一書，遇異本即購。自謂亦幾無遺漏矣。後余在成都，一女弟子黃少荃，專治戰國史。余告彼，他年返北平，當以余所藏各本《竹書紀年》相贈，乃今返憶，真不啻如癡人說夢話矣。

又胡適之藏有潘用微《求仁錄》一孤本，余向之借閱。彼在別室中開保險櫃取書，邀余同往。或恐余攜書去有不慎，又不便坦言故爾。余攜歸，適書記賈克文新來，囑其謹慎鈔副，亦不敢輕付曬藍。余移廙南池子錫予家，一日傍晚，一人偶遊東四牌樓附近一小書攤，忽睹此書，亦僅數毛錢購得。既歸，錫予聞而大喜。晚飯方畢，即邀余重去此書攤。余告以此書攤絕無他書可購，余亦偶而得此。錫予堅欲往，乃乘夜去其地。書攤已關門，扣門而入。屋內電燈光甚微弱，一一視其攤上書，皆無足取，遂出。而書攤主人卻語余，先生傍晚來購書，殆一佳本，先生廉價得之，故又乘夜重來乎。余曰，適偕吾友重過此門，再來相擾，幸勿介意。然彼意若終不釋。

一日，一書估來訪，適余案頭展讀《三朝北盟會編》一書。書估謂，先生喜讀此書，我有此書鈔本僅半部，先生亦肯收藏供欣賞否。余囑其攜來，知出浙東某名家，紙張字樣墨色皆極精美。

藏之有年。及民國二十六年春，余遍遊琉璃廠各書肆，乃於某一家小書攤旁牆邊書架中見一書，書品裝璜精美有別，即於書堆中取出，赫然即余所藏《三朝北盟會編》鈔本之另半部。驚喜出意外，即問攤主此書售價。攤主在余身傍，見余取閱此書，即甚注意。凝視余久之，乃曰，此乃殘本，先生知之否。余答，知之。又問，購此殘本何用。蓋彼或已疑余藏此殘本之又一半也。余曰，此書紙張字樣墨跡書品皆佳，雖殘本，置案頭，亦堪供欣賞。攤主乃言，本攤不擬售此殘本。余曰，既不擬售，為何陳列此架上。攤主久默不語，乃曰，此書既不售，可勿再論價。余知難強，乃默記其地址而去。特招一熟書估來，告其事，囑為余設法得此書。書估去，數日後來，告余，已赴此書攤，先與攤主求相識。彼書係殘本，決不易售出，先生萬勿再往。彼知先生有此書之半部，必高昂提價，難以成議。當冷淡一時，我必為先生取得此書來。乃此後戰氛日迫，余亦無心及此。至今追憶，余擁有此書之半部，今亦已不知去處矣。

北平如一書海，游其中，誠亦人生一樂事。至少自明清以來，游此書海者，已不知若干人。今則此海已湮，亦更無人能游而知其樂趣者。言念及此，豈勝惘然。

余前後五年購書逾五萬冊，當在二十萬卷左右。歷年薪水所得，節衣縮食，盡耗在此。嘗告友人，一旦學校解聘，余亦擺一書攤，可不愁生活。二十六年，余一人匆匆離北平，臨時特製二十餘大箱，將所藏書裝其中。及全家離去，蒙宅主人雅意，願闢一室堆此諸箱。謂此宅決不再租他人，俟他年事定，可再來取。不謂余自抗戰勝利後，竟未再去。儻移書南下，運費尚易籌措。此大批書之藏處，又須每夏曬晾，乏地乏人，遲疑有年。後余去江南大學任教，方擬移書送學校存藏，而共黨已占北平。宅主知余老友錫予在北大，走告，促其即移書去，彼不敢為此獲罪。錫予亦無法，乃囑一與余相熟之書估取去。書估願出百石米價。取余書去時，余已在廣州，得此訊，即電告錫予，所藏書仍盼保留。書估允不以出售，待他年余返北平，出百石米價，可全部讓回。後余在香港，老友沈燕謀為新亞研究所購備藏書，得《資治通鑑》一部，乃余先兄聲一先生生前閱讀本，由先兄手書書根，書中亦多先兄手蹟，乃余特從蘇州家中攜去北平。今此書出現港埠，則其他五萬冊書，流散人間，可以想見。然其時錫予已死，無可查詢。又余藏書絕不加蓋私章。嘗謂，余所藏書，幾乎無不經前人藏過。有一書而經六七家以上之收藏者。又記有《皇清經解》一部，顯有譚延闓藏印。當代鉅公之藏，乃亦轉入余手，亦堪詫嘅。余又何必多增一印，以供他日別人之多一嗟歎乎。不謂余年未七十，此言已驗。則洵足增余私人之嗟歎矣。

又余蘇州家中亦尚多藏書。余抗戰時返蘇州過上海，張家璈盡贈其最近新刻書，皆藏蘇州家中，今亦不知其尚猶存在否。友亡書散，此誠余晚年一大堪嗟歎事也。今則兩目已盲，與書絕緣，捉筆書此，更不勝其自嘅矣。

十二

又有賈克文，亦為余北平新識，永留記憶之一人。余遷居二道橋之歲尾，一日，得北平圖書館研究員劉盼遂電話。時北平圖書館有研究員向達、王庸、劉盼遂等五六人，集居館中之地下室，余時去其處，極相稔熟。王庸夫婦亦曾居賃二道橋余家前院。劉君電話告余，彼近登報徵一書記，有賈克文遠從保定來應徵。昨夕方到，今晨起床，令其倒一盆洗臉水，克文乃作色言，我來應徵為書記，非為僕人充雜役，請從此辭。劉君大驚訝，告失言，請留，必弗再擾以他事。克文堅不允。劉君告以君遠道來，我不慎失言，君遽辭去，我心終不安。懇小留一日，當為君介紹另一去處，俾我心安。克文始允之。劉君謂，兄家有傭婦，有乳娘，又常閉門少人事，故首慮及，盼為我留之。余諾其請。

克文當晨即來，樸厚寡言。告余，家有老祖父在堂，擁田百頃，生活可無憂。其表兄孫連仲乃軍人，在關外，屢招之，不願往。因慕北平文風，遂來此。余宅第三院大廳左側有一小屋，中僅一榻，乃北方舊式炕床之僅存未改者。床下生火，冬夜臥其上，極感舒適。榻前一桌一椅，不容他物。桌臨南窗，陽光照射亦極悅目。余本臥此小屋中，以讓克文。告以閉小屋門，即與外面隔絕。覺倦可開門到大院中散步。除鈔寫外，決無他事，克文遂留。

時適榆關事變，風聲屢作，北平人心惶惶。余擬乘年假送母南歸，全家隨行。家中一傭婦亦辭去，擬獨留克文守舍度歲，乃與商之。並言，開春余全家即返，君肯耐此一段寂寞否，克文慨允。及開歲，余妻兒又因事不克同行。余一人北上，告克文以不得已，囑其赴街上招一傭婦。乃因家無女主人，無論老少皆不來。克文問余，一日三餐作何應付。余曰，君不已一人在此度歲乎，添余一人亦如往日可也。克文謂一人勉圖果腹則可，我作餐何堪入先生口。余曰，慎勿作此想，強君作餐，余滋不安，更貪求享口福乎。燕大郭紹虞之夫人，聞訊來訪，隨帶兩大鍋菜，可供余一人四日之食。如是每週以為常，直迄余遷居錫予家為止。克文不得已，灑掃膳食乃胥一人任之。

錫予來招余遷居南池子，割其前院一書房讓余。克文則住院側廚房中，仍儼然為廚夫。所坐乃一輪椅，儘日轉動。余時時赴廚房中與共語，以稍減其不安。晚餐余與錫予家人同進，晨午兩餐則仍由克文治理。一日，余告克文，余喜食魚，君上市可買魚來試烹之。又一日，告克文，余喜烹活魚，君上市可買活魚，勿買死魚。又一日，余至廚房，見活魚數尾排列長板上。余告克文，如此，魚即死矣。克文曰，我畏殺活魚，故待其死，乃烹之。余曰，如此則可勿再買活魚矣。余又喜食大白菜。克文買白菜歸，必盡割其外葉，僅留一中心，烹以供余。其外葉則克文另烹自食之。余屢去廚房，屢見其事。告克文，僅余與君兩人共食，何必如此分別。余屢言之，克文終不聽。

一日，余語克文，君猶記及前在劉君家否，喚君倒一盆洗臉水，君即憤而辭去。今在余處，乃任一廚夫，君忍為之，何耶。克文曰，我來先生家，不旬日，先生全家南歸，獨留我一人守宅。先生視我如一家子弟，勿稍疑慮。我離家即遇先生，如仍在家中侍奉長老。先生又把每月用款交我掌管支配，先生更不問，我心更感。只有待師母他日回來，我可向之報賬。若能有賸餘，無虧欠，我心始釋。我侍先生，一如在家侍老祖父，惟盼先生不再見外。

一日，余又告克文，余之清華兼課時間改在上午，明晨須一早出門，去趁清華校車，儻或晏起，君勿忘來喚醒。余在夢中聞床前呼聲，披衣急起，出視院中，明月正在中天。余告克文，如此月光正乃午夜耳，何遽來叫。克文曰，我亦夢中驟醒，見滿窗光亮，乃不慮有此誤。余乃留與作竟夕談。

某日，有一人自四川來。其人善相，家世相傳已三代矣。其來特為梁漱溟相，即住漱溟家。漱溟特邀十力錫予同余俱至其家，請相士一一為余三人相。又一日，其人特來南池子錫予家余室中，十力亦在，彼又為余三人相，所言皆能微中。謂十力乃麋鹿之姿，當常在山林間。並言漱溟步履輕，下梢恐無好收場。言余精氣神三者皆足，行坐一態，此下當能先後如一。適克文自外端茶入，余告相士，可為此君一相否。相士乃曰，此君有官相。乃摸其後腦骨有頃，曰，為日不遠，官運來逼，弗可避。錫予十力皆出手挽克文臂曰，汝聞之，即日作官人去，可慶可賀。克文默不言，即避去，不再來。

不久，余家人重來北平，遷一新居。克文亦再得其表兄之招，余力勸之行，克文乃辭余家而去。計其前後在余家亦十月左右矣。克文去至張家口，任警務，然終不安於職。未一載，即返北平，又重來余家。余驚問何速歸，今任何職。克文告余，任局長非所願，今改閒職，只在城區巡視各家庭，使人不以長官視我，我乃心安。余大喜曰，君今任此職，又可為余幫一大忙。余渴欲覓一清閒大院，君巡視所至，幸為留意。一日，克文來告，在北大附近覓得一大宅，前三院宅主所住，後三院現空置，房屋寬敞。從馬大人胡同後門進出，可與前三院隔絕。我商之宅主，宅主問租者何人，我略道先生概況，宅主已同意，可往一看。余遂偕克文同去，看後大喜，不日遷往。宅主乃北通州人，在北平任大律師職，惜已忘其姓名。彼不喜交遊，乃見余一如故交。然彼僅來余宅一次，余亦僅答訪一次。前後宅中間一門常關閉，不再相往來。馬大人胡同此宅遂為余在北平最後居住最感安適之一宅。

及七七抗戰，余一人離家南下，乃將空置之兩院房屋出租，即以房租補家用。克文更常來，時時督教余子女讀書。又時出錢濟余家用。余妻告以家用已足，可勿慮。越兩年，余家亦離北平南下。克文戀戀不捨，屢告余妻，他年錢先生自後方歸來，無論在南在北，我當追隨終身。余妻歸後，亦常與通訊。直至余又隻身赴廣州避赤禍，與克文音訊遂絕。迄今距與克文別，前後又逾四十年。回憶往事，如在目前。

余年八十七，赴香港，晤偉長姪。告余，克文已告退在家，每年必赴偉長家一次。及克文老，乃改命其子亦年去偉長家。偉長亦遭共黨鬥爭清算，勞改踰二十年之久，然克文父子照例年必一往。頃想克文當仍健在，誠亦使余難忘也。

十三

余在北大凡七年，又曾屢次出遊，及今猶能追憶者，一為與吳其昌世昌兄弟同遊八達嶺萬里長城。先一夕，余移宿其兄弟家，與其昌作竟夕談。翌晨，黎明前，即坐人力車赴火車站。路上忽悟宋人詞楊柳岸曉風殘月一語。千年前人一詞句，可使千年後人誦之如在目前，此豈隨手拈來。而近人乃以死文學目之，真可大笑。火車上又不斷追憶詹天祐。國人非無科學天才，徒以百年來社會動亂，無可表現。國人乃以追咎四千年文化傳統，亦良可怪也。登萬里長城上，尤不勝其古今之悼念。

又一次，繆鳳林贊虞從南京來，宿余家。一日，同遊盧溝橋。橋北距平漢路線不遠，然火車中旅客窗外遙望，終不得此橋之景色與情味之深處。元明以來赴京師，最後一站即在此。翌晨即入都門矣。盧溝曉月一語，在八百年來，全國士人得入都門者之心中所泛起之想像與回念，又豈言語所能表達乎。而余與贊虞之來，國事方亟，兩人坐橋上石獅兩旁，縱談史事，歷時不倦。若使吾兩人亦在科舉時代，在此得同賞盧溝之曉月，其所感觸，又豈得與今日城市擾攘中人語之。

又一次，則余與錫予十力文通四人同宿西郊清華大學一農場中。此處以多白楊名，全園數百株。余等四人夜坐其大廳上，廳內無燈光，廳外即白楊，葉聲蕭蕭，淒涼動人。決非日間來遊可嘗此情味。余等坐至深夜始散，竟不憶此夕何語。實則一涉交談，即破此夜之情味矣。至今追憶，誠不失為生平難得之夜。

十四

其他近郊之遊不詳述，遠遊凡四次。第一次在民二十二之春季，遊津浦路泰安、濟南、曲阜。同遊者為北大史系四年級生，結隊為畢業旅行，余為之督隊者。全隊二十餘人，惟燕大及門徐文珊一人，畢業後，從余益勤。及是遂隨行。抵泰安，遊嶽廟，大堂四壁有宋真宗巡狩泰山壁畫，文物車騎，宛然連幅，乃千年古物。雖有剝壞，迭經修補，仍保舊觀。馮玉祥駐軍在此，於牆上遍貼革命標語。及離去，牆上標語亦遭削除，而壁畫已多破毀，殘壁舊泥，觸目皆是。亦無善繪事者，重為補修。余幸於泰安市某一照相館，覓得一套完好之照片。然此項照片，恐亦少有。千年壁畫，亦為革命犧牲矣。

庭院中，古柏參天。馮軍許小販進入經營，小食攤設鑪灶煮食物供遊客，柏樹或燒死，或半枯，幾數十株。破敗滿目，儼若當前舉國創痍之景象，感慨何極。

學生雇山轎，每人一座。余謂窮一日之力，可抵山頂。余欲驗腰腳，不坐轎。諸生謂山轎亦人生中一新經驗，強余乘之。晨興，惟文珊一人隨余步行。兩空轎隨後。由山麓歷級而上，每遇一遊處，必小憩。及抵棲真觀，余夙慕胡安定孫明復之為人。適馮玉祥駐觀內，遂拒不入，獨徘徊投書澗上。諸生競入，獲馮玉祥接談，出皆欣然。及登南天門，兩山脅立，中一道，極寬闊，石級三四十層，每層一平臺，各四十級左右。仰視豁然。宛如在天空闢此一門。初抵山腳，即可仰見。登山惟此一路。人生境界亦如此，當惟闢一線上達。造其巔，回視全山形勢，儼如一巨人，南面巍然而坐。余觀《五岳真形圖》，正寫出此形態。乃知古帝皇必登泰山，亦有其所以然也。

自南天門抵山頂一寺廟，皆平地。宿廟中一宵，晨起出廟門，東行抵一崖，觀海上日出。雲霧蔽天，迷濛無所見。回念十餘年前，赴廈門集美，在海輪暢觀日出，恍如目前。此晨實亦依然日出，能見不能見，事關於己。俯仰天地，回念史跡，不勝愴然。

返抵南天門，諸生團聚，謂吾師昨已一整天徒步登山，今不以山轎下此天門，群心滋不安。不得已，乃坐轎。下石級僅兩層，覺坐臥不穩，乃以隨帶厚棉被墊身下者緊裹全身，手中堅握一手杖，緊插兩腳中間之椅上。方倉惶中，怪聲忽作，繫縛坐椅之繩索一端朽折，坐椅從轎旁兩竹槓中翻轉，余亦從坐椅上墜落在地。幸身裹厚棉被，輾轉數石級，即停止，未遭創傷。兩轎夫緊張失措，同隊二十餘山轎皆圍集。諸生向余備致慰問。群責轎夫不慎。令重擇最佳山轎，最佳轎夫，讓余乘坐。不由分說，擁余上另一轎。兩轎夫扛之，直飛而下。余連聲叫且慢，兩轎夫言無事，可勿怕，向下直奔益疾。蓋此轎實安穩，兩轎夫亦健者。余連叫，謂余恐慌，乃更飛步。未達上午十時，即安抵市區旅邸。諸生皆逾午始歸。余方期今晨下山，遇昨日愜心處，恣意加賞。不謂如此失去機會，亦良可笑矣。翌日再遊山後諸勝，而山前一路，則惟有在夢想中再遇之。

遊泰山後，再遊濟南大明湖。小舟盪漾，天光亭影，流連迷人，幾疑身在江南。至如湖中泉湧，則惟肄業常州府中學堂時，旅行鎮江揚州，遊舟山天下第一泉有其髣髴。又念劉鶚《老殘遊記》，因思山水勝境，必經前人描述歌詠，人文相續，乃益顯其活處。若如西方人，僅以冒險探幽投跡人類未到處，有天地，無人物。即如踏上月球，亦不如一邱一壑，一溪一池，身履其地，而發思古之幽情者，所能同日語也。

除遊其他近郊外，余又在濟南城中一舊書肆，獲睹人字《儀禮》一部。眉端行間，校注滿紙，硃楷工麗，閱之怡神。檢視知乃王筠手筆，王氏係清代道光時一小學名家，余初不知其於此經乃用功如此之深。因問書肆主人此書售價，主人答此書乃藏家送來整修，非本肆所有。聞之悵然。又念今人率好輕蔑前人，譏其道路之誤，或斥其見解之卑。然論前人對學問之功力，則似有遠超於時賢者。恨不能使此等書之真蹟廣為傳播，亦可使時人多見。姑不論學術路向，亦不論見解識力，要之用功深淺，亦足資人反省也。

遊濟南後，又去曲阜。自火車站至曲阜城，乃乘舊式騾車。車中念顧亭林，即在如此旅途中，默誦精思，以成其絕學。余今乃始一嘗此滋味，媿慚何極。抵曲阜，赴衍聖公府。時孔德成尚年幼，其叔父某攜之接客，並攝影為念。余詳詢孔府經濟情況，及曲阜農民生活。因沿途來，諸生頗疵議孔家非官府，乃享受封建社會之貴族生活。故亦欲彼輩聞其詳，以知其實況也。

轉赴孔林，余囑諸生必行三鞠躬敬禮，諸生亦無違。然諸生遊泰山大明湖，莫不興高采烈，及來曲阜，既無慕古朝聖之心理素養，風氣感染，徒覺疑團滿腹。則此來成照例公事，興趣價值俱減。亦如生為一中國人，不得不一讀中國史，成一負擔，復何其他意味之可言。

孔林碑碣林立，然皆在金元以後，北宋以上則甚少。余告諸生，當時中國人受異族統治，乃不得不更尊孔，使外族人亦知中國有此人物，庶對中國人不敢輕視。今君輩爭言孔子乃自來專制皇帝所尊，以便利其專制。試讀此間碑碣，亦豈當時許多中國人惟恐外族人不易專制，故亦教之尊孔否。諸生默無言。余又言遊歷亦如讀史，尤其是一部活歷史。太史公幼年，即遍遊中國名山大川。諸君此遊歸，再讀《史記》，便可有異樣體會矣。

十五

第二次遊平綏路，大同、綏遠以至包頭。不憶在何年。同遊者皆清華師生。先至大同，賞其雲岡石刻。誠千古所稀見。其非中國文化嫡傳，亦一見可知。又在城中一樓，偕三四人午餐。據云此樓係大明正德皇帝在梅龍鎮遇見李鳳姐之原址，信否無可考。然余屢聽《遊龍戲鳳》平劇，在此一餐，亦若特具佳味。

在綏遠弔漢明妃冢，所歷益遠，所遇中國歷史故事乃益古，亦誠大堪嚼味。參觀綏遠城中一中學校，教員寢室乃一大炕床，可同臥數十人。余不禁回憶起前清時在南京鍾英中學讀書時宿舍景況。余歸後，告北大清華諸生，中國天地大，諸生畢業後，大有去處。即如綏遠，民情敦厚，對學校師長特具敬意。諸生儻願去，大炕床亦足供安臥。而日常接觸，皆一生所難遇。馳馬陰山大草原上，何等痛快。即戀舊遊，寒暑假仍可來北平，何必儘在此慣居之城市間爭一噉飯地。去至塞外，可向國家民族作更大貢獻。人生亦互有得失優劣，非一言可判也。聞此後諸生亦頗有去綏遠任教者，惜不久日軍入侵，則又是一番天地矣。

至包頭，由車窗南望，高梔叢峙，誠所少見。與一友某君言，到此人人去市區喫黃河鯉魚，我兩人何不去漁埠，亦有鯉魚可吃，豈不較赴市區為佳。遂兩人去漁埠。不悟乃一沙灘。少頃，河水上泛，群艇即皆浮水中，何來有店鋪。及返火車，市區喫鯉魚者皆返，津津誇魚味之佳。余兩人心不平，視手錶，往返當可及火車未開。遂亟亟雇人力車去市區，即在市端覓一家，進門即大叫鯉魚。喫得兩味，趕還，距火車離站亦為時無多矣。強不知以為知，必欲異於人以為高。儻趕不上火車，豈不成大笑話。

十六

第三次似在二十五年夏，余一人從平漢路經漢口，轉長江至九江，遊廬山。先在漢口小住，赴武昌，參觀武漢大學。並遊漢陽黃鶴樓。在長江船中識一川人賴君，亦隻身赴廬山，遂約同遊。及抵牯嶺，錫予有一宅在此，其老母已先來，錫予滯平未到。余宿其家，每晨起即偕賴君遍遊各處。尤愛三疊泉瀑布，下有三潭，潭水清潔，余曾裸身臥一潭中大石上半日，及起，懶不能堪。

一日，與賴君由山北下遊西林寺。在嶺上，忘其為暑天。未及半山，已熱不可忍。下抵山腳，尚須行田塍數華里，乃抵寺。炎陽照射水稻，熱氣熏蒸，更不能受。達寺門，衣衫盡濕。寺中休憩半日。及離寺，再行田塍間，夕陽餘威更酷。返抵山腳，疲不能行。然不能不登山，較之來時下山更艱困。未達山腰，夜色已深。賴君謂，當在此露宿。余謂，或遇虎遇盜，更奈何。不得已，仍盡力爬行。林間燈光微露，尋至，乃一警察派出所。喜出望外，得飲水解渴。返寓，已踰午夜。

是為余遊山最感尋常而最遭艱困之一次。

錫予已來牯嶺。一日，偕其同遊嶺上之僧寺，似是開先寺。寺門外一大曠場，佛殿亦寬敞，遊客率一過，鮮停留。余與錫予坐殿西側一長桌飲茶，方丈偃臥佛殿正中大像前右側長沙發上，手搖一大扇，適近余座之背後。余高呼和尚和尚三聲，方丈慢起前來，謂，茶點已具，客高呼和尚何事。余問，和尚何事不上香禮拜，不誦經唸佛，不回房學禪打坐，亦不招接遊客，乃在佛前揮扇高臥。方丈急陪禮，謂，兩客有閒小坐，請移後廳為佳。乃肅錫予及余進入大殿之後軒。軒不廣，可容大圓桌設宴席。而向北長窗垂地，窗外竹蔭蔽天，竹外叢樹，即山野，亦即僧園。方丈呼侍者更茶點，茶味既佳，點心四碟，一一精美。方丈又推窗陪余兩人閒步竹樹中，為余遊廬山來從未到過之另一佳處。佳在其即借廬山之勝以為勝，非賴建築，非賴陳設，只是一尋常後軒屋，而起坐俯仰，其中真若不在人間，已在天上。以前若非有一高僧具絕大聰明，絕大智慧，烏得有此佳構。今此俗僧，坐享其成，則亦無足與語此耳。錫予不能遠步，終日在家侍母。余與同遊廬山，亦僅此一次。

余又愛一人漫步往返牯嶺至五老峰路上。一日歸途，忽遭豪雨，備極狼狽。在屢遊中，獲此稀有之遇，亦甚感興奮。

又一日，偕賴君同下山南訪白鹿洞。沿溪遊山南諸名寺。每坐寺外石橋上，俯聽溪流，深覺樂趣無窮。下午四時許，坐一寺客室中避雨，遊客二十許人。一軍人屢作大聲高語。雨止，客散。一人語，此軍人恐不得善終。余問，君善相否。客對，亦偶知之，但非善相。余因問，君必別有所擅。客答，善手相。是夜，同宿寺中。晚餐後，余語客，願君先作約略陳述，再請遍相諸人。客云，中國本有此術，我乃習自印度。先出其手，逐一紋路作解說。然後相余及賴君手，又相寺中方丈及一侍者，又遍及他人。其相余與賴君手，顯有不同。相方丈及侍者手，更見分別。一一堪與其先言相佐證。余後在成都遇兩善相者，在香港又遇一善手相者，皆有奇驗。因念凡屬流行人間者，亦各有其所以然。尤如中醫中藥，豈得以己所不知，輕以不科學三字斥之。又如國人讀《論語》，兩千餘年，人人讀之，然豈人人盡得《論語》書中之妙理。高下深淺，自在讀者。一語斥盡，亦僅見斥者之無理耳。

余已遍遊廬山諸處。因聞朱子曾駐五乳峰，遂一人往，獨住五六宵。時中大教授胡先驌，在山中闢一生物研究所，余亦往遊。余與先驌素不相識，然聞其名久矣。此去亦未晤面。又念歐陽永叔〈廬山高〉詩，乃昔人登山處，余恨未往。

余之此遊，心慕陶淵明周濂溪，惜皆未至其處。其時朱子書則尚未精讀。故縱遊白鹿五乳，亦惟遊其處，乃虛慕其名，於吾心未留深切之影響，至今為恨。

是夏，余重由長江輪轉回無錫鄉間小住，返北平。曾建議學校，每學年教授休假，率出國深造。以吾國疆土如此之廣大，社會情況如此之深厚，山川古蹟名勝如此之星羅而棋布，苟使諸教授能分別前往考察研究，必對國家民族前途有新貢獻。此事無下文。而七七事變驟起。余由越南赴滇，又屢言越南受吾國文化薰陶，積數千年之久。今聯合大學同仁任課均減少，可派一部分赴越南作聯絡訪問，將來於中越兩邦，或望有新發展。但此議亦鮮應者。太平洋戰事起，亦不復有此希望矣。言念及此，悵悼何極。

十七

第四次遠遊，在民二十六年春，乃自平漢路轉隴海路，遊開封、洛陽、西安。同遊者亦清華師生，而較前遊為盛。在開封曾獲河南大學盛宴，喫黃河鯉魚，乃與包頭、潼關、洛陽、濟南所喫大不同。若不說明，幾不知其為黃河鯉魚。蓋開封是一大都會，自北宋以來已歷千年，烹調日益講究，乃不見其為魚狀矣。

洛陽蕭條，市區惟有古董舖，亦皆小店肆。遊伊闕，愛其江山之美，及石刻之古雅，較之大同、雲門，可謂風格迥殊，典型自別。余尤愛徘徊其西北之飛機場，本西晉石崇之金谷園故址。袁世凱特闢為新兵訓練處，後又轉為空軍基地。蕭條淒涼中，乃留樹木數百株，似乎每一枝上都留有歷史痕跡也。余極欲一遊孟津古渡，乃迫於行程，竟未去。

余等於潼關特下車，一遊函谷關古道。又登潼關，喫黃河鯉魚，魚味之佳，似勝於洛陽、濟南。至開封之精製，則當別論。至於在包頭喫黃河鯉魚，其事常在心頭，其味實未留口齒間。北望龍門，更感鯉魚之未化為龍，乃為余之盤中物。笑謂同餐者，一部《二十五史》中，五千年來之人物，如此盤中所烹，又幾許。則又嗟嘆不已。

赴西安，獲得遍遊郊內外名勝。有一處，傳為王寶釧之窰洞。余等亦特去，在兩峽間，品茗移時。而為余等此遊特所注意者，乃最近蔣委員長為張學良拘禁處。此事距余等之遊不百日，省政府特派員同往。此為委員長臥床，此為委員長跨牆處，一切器物陳列如舊。較之遊故宮慈禧太后寢宮臥室，其動人更何啻千百倍。而余更注意大廳近南窗靠西壁一書架上，置張學良日常所閱書。余告同遊，觀此架上書，可知張學良其人，及近日此事經過之一部分意義矣。惜當時忘未將此一批書名鈔錄，否則當為對近代史知人論世一項大好材料。今亦無可記憶矣。然張學良亦知好讀書，終不失為同時軍人一佼佼者。至如毛澤東在北平接客室中，乃堆有大批古籍，知人論世又豈在此一端上，則難於言之矣。余等遊太清池其他所在，如貴妃入浴處等，則僅一寓目而止。蓋一時興趣俱已為蔣委員長近事吸引以去矣。

遊西安畢，遂於歸途遊華山。先由省政府電話告華陰車站，有北平大批遊客來，囑先雇數十輛人力車在站等候。余等至，已入夜。余坐第一輛車，隨後三四輛皆清華女學生。起程未半小時，路旁暴徒驟集，兩人脅一車，喝停。余隨身僅一小皮篋，肩上掛一照相機，乃此行特購，俾學攝影。兩暴徒盡取之，並摘余臉上眼鏡去。其餘數十輛車，大率盡劫一空。余忽念此遊華山，乃余平生一大事，失去眼鏡，何以成遊。遂急下車追呼，余之眼鏡乃近視！他人不適用，請賜回，無應者。同遊挾余行抵宿處，余終不忘懷。念暴徒或戴上眼鏡不適，棄之路旁，乃又邀一學生陪余重至劫車處覓看，竟無得。廢然歸，一省府隨員來云，聞君失去眼鏡，我隨身帶有另一眼鏡，請一試。余戴上，覺約略無甚大差。乃喜曰，此行仍得識華山矣。再三謝而別。是夜暴徒蓋預聞余等行程，乃約集以待也。

翌晨，登山路。沿途見山石上鐫大字，當思父母，及早回頭等，可二十餘處。亦可想見前面山路之峻險矣。是夜，宿北峰一廟中。翌晨，再上路。出門即一大橋，過橋即摩耳崖。同遊張蔭麟，忽欲止步。余強挾之行，曰，豈有在此止步者。過橋乃重重險境，由蒼龍嶺抵一線天，即隨身手杖亦當拋棄。並不得旁人扶持，必當一人獨行。抵東峰一廟，遙望山下一塔，建築莊嚴。不知當年何從集合人力及材料，在此興造。誠亦人世一奇蹟也。

有一美國學生，新來清華，隨身一照相機，失手墜峰下。失聲大哭，謂其母新從美國寄來，何忍失之。廟中人在峰下種菜蔬，有一路，晨夕上下。諸生遂偕此美國學生同下。沿崖有石級，不數級，即須轉身，在空中翻從另一條石級下，故名鷂子翻身。如是下者，可十許人。余等在崖上，即石級亦不敢窺視。因必俯身，倘兩目一眩，即墜身崖下矣。少頃，果拾得照相機歸。

自此轉南道，旁有一險處，忘其名。旬前兩法國人在此墜崖身死，惟非正路所必經。我隊人多，一人勇往，餘人隨之。乃木製狹閣，懸高崖外，下臨千仞，曲折而前，抵一洞。仍依原道返，幸皆無恙。大隊遊山，心意自壯，較之一兩人往遊，自又不同。再由正路抵落雁峰，欣悅莫名。窮一日之力，盡遊東西北中諸峰。歸途再經蒼龍嶺，乃一狹長峭壁，砌石級鋪成道路。石級兩旁有鐵鍊，高不及膝，不能俯身手扶，亦不能兩人並肩行。惟當各自下顧石級，鼓勇向前。偶一轉眺，兩側皆無地，自會心神震悸，無以自主。余等三四人同行，一生忽大呼兩足麻不能動，余教其坐下，瞑目凝神，數息停念，俟余呼，再起行。余等停其前可廿步許，十分鐘左右，呼其起，此生起立，乃能隨隊過嶺。仍宿北峰。因告諸生，昔韓昌黎遊此不得下山之故事。今歷諸險，已經千數百年來不斷興修，遠非往昔情況矣。

及返抵北平，乃以余近著新出版之《近三百年學術史》一部，郵贈陝西省府某委員，即贈余遊華山之一副眼鏡者。此副眼鏡余每珍藏之，至二十六年冬離平時，仍藏大書箱中。今則不知其何在矣。

拾壹、西南聯大

一

民國二十六年，雙十節過後，余與湯用彤錫予、賀麟自昭三人同行。在天津小住數日，晤吳宓雨生偕兩女學生亦來，陳寅恪夫婦亦來。寅恪告我，彼與余同病胃，每晚亦如余必進米粥為餐。俟到昆明，當邀余在其家同晚餐。吳陳兩隊皆陸行，余與錫予自昭三人則海行，直至香港。小住近旬。

北上至廣州，得晤謝幼偉，乃自昭老友。又數日，直赴長沙。前日適大轟炸，一家正行婚禮，受禍極慘，尚有屍掛樹端，未及檢下者。宿三宵。文學院在南嶽，遂又南下。在長沙車站候車，自午後迄深夜，乃獲登車。至衡州下車午飯，三人皆大餓，而湖南菜辣味過甚，又不能下嚥。

文學院在南嶽山腰聖經書院舊址。宿舍皆兩人同一室。余得一室，聞前蔣委員長來南嶽曾住此，於諸室中為最大。同室某君其家亦來，移住附近，余遂獨占一室，視諸同人為獨優。南嶽山勢綿延，諸峰駢列，而山路皆新闢，平坦寬闊，易於步行。余乃以遊山為首務，或結隊同遊，三四人至數十人不等，或一人獨遊，幾於常日盡在遊山中。足跡所至，同人多未到，祝融峰又屢去不一去。曾結隊遊方廣寺，乃王船山舊隱處，宿一宵，尤流連不忍捨。又一清晨獨自登山，在路上積雪中見虎跡，至今追思，心有餘悸。

除遊山外，每逢星六之晨，必赴山下南嶽市，有一圖書館藏有商務印書館新出版之《四庫珍本初集》。余專借宋明各家集，為余前所未見者，借歸閱讀，皆有筆記。其中有關王荊公新政諸條，後在宜良撰寫《國史大綱》擇要錄入。惜《國史大綱》為求簡要，所鈔材料多不注明出處，後遂無可記憶矣。又讀王龍溪、羅念菴兩集，於王學得失特有啟悟。皆撰寫專文。是為余此下治理學一意歸向於程朱之最先開始。

余每週下山易借新書。一日，忽覺所欲借閱者已盡，遂隨意借一部《日知錄》，返山閱之。忽覺有新悟，追悔所撰《近三百年學術史・顧亭林》一章實未有如此清楚之見解，恐有失誤。而手邊無此書，遂向友人攜此書者借來細讀，幸未見甚大失誤處。然念若今日撰此稿，恐當與前稿有不同處。從知厚積而薄發，急速成書之終非正辦也。

一日傍晚，馮芝生來余室，出其新撰《新理學》一稿，囑余先讀，加以批評，彼再寫定後付印。約兩日後再來。余告以中國理學家論理氣必兼論心性，兩者相輔相成。今君書，獨論理氣，不及心性，一取一捨，恐有未當。又中國無自創之宗教，其對鬼神亦有獨特觀點，朱子論鬼神亦多新創之言，君書宜加入此一節。今君書共分十章，鄙意可將第一章改為序論，於第二章論理氣下附論心性，又加第三章論鬼神，庶新理學與舊理學能一貫相承。芝生云，當再加思。

又其前某一日，有兩學生赴延安，諸生集會歡送。擇露天一場地舉行，邀芝生與余赴會演講，以資鼓勵。芝生先發言，對赴延安兩生倍加獎許。余繼之，力勸在校諸生須安心讀書。不啻語語針對芝生而發。謂青年為國棟樑，乃指此後言，非指當前言。若非諸生努力讀書，能求上進，豈今日諸生便即為國家之棟樑乎。今日國家困難萬狀，中央政府又自武漢退出，國家需才擔任艱鉅，標準當更提高。目前前線有人，不待在學青年去參加。況延安亦仍在後方，非前線。諸生去此取彼，其意何在。散會後，余歸室。芝生即來，謂君勸諸生留校安心讀書，其言則是。但不該對赴延安兩生加以責備。余謂，如君獎許兩生赴延安，又焉得勸諸生留校安心讀書。有此兩條路，擺在前面，此是則彼非，彼是則此非。如君兩可之見，豈不仍待諸生之選擇。余決不以為然。兩人力辯，芝生終於不懽而去。然芝生此後仍攜其新成未刊稿來盼余批評，此亦難得。

一日，余登山獨遊歸來，始知宿舍已遷移，每四人一室。不久即當離去。時諸人皆各擇同室，各已定居。有吳雨生、聞一多、沈有鼎三人，平日皆孤僻寡交遊，不在諸人擇伴中，乃合居一室，而尚留一空床，則以余充之，亦四人合一室。室中一長桌，入夜，一多自燃一燈置其座位前。時一多方勤讀《詩經》、《楚辭》，遇新見解，分撰成篇。一人在燈下默坐撰寫。雨生則為預備明日上課抄筆記寫綱要，逐條書之，又有合併，有增加，寫定則於逐條下加以紅筆鉤勒。雨生在清華教書至少已逾十年，在此流寓中上課，其嚴謹不苟有如此。沈有鼎則喃喃自語，如此良夜，儘可閒談，各自埋頭，所為何來。雨生加以申斥，汝喜閒談，不妨去別室自找談友。否則早自上床，可勿在此妨礙人。有鼎只得默然。雨生又言，限十時息燈，勿得逾時，妨他人之睡眠。翌晨，雨生先起，一人獨自出門，在室外晨曦微露中，出其昨夜所寫各條，反覆循誦。俟諸人盡起，始重返室中。余與雨生相交有年，亦時聞他人道其平日之言行，然至是乃始深識其人，誠有卓絕處。非日常相處，則亦不易知也。

二

時學校已決議諸生結隊偕行，由陸道步行赴昆明。以余健行，推為隊長。其時廣西省政府派車來接諸教授往遊，余慕桂林山水，曾讀葉恭綽所為一遊記，詳記桂林至陽朔一路山水勝景，又附攝影，心嚮往之。乃辭去陸行隊長之職，由聞一多任之。又有另一批學生，自由經香港，海行赴越南入滇。余則加入諸教授赴廣西之一隊。同隊數十人，分乘兩車抵桂林，適逢歲底，乃留桂林過新年，是為民國二十七年。並暢遊桂林城內外諸名勝。又命汽車先由陸路去陽朔，而余等則改雇兩船由漓江水路行。途中宿一宵，兩日抵陽朔。

素聞人言，桂林山水甲天下，陽朔山水甲桂林。其實山水勝處，尤在自桂林至陽朔之一帶水路上。既登船，或打瞌睡，或閒談，或看小說，或下棋。兩船尾各繫一小船，余則一人移坐船尾小船上，俾得縱目四觀，盡情欣賞。待中午停船進餐，余始返大船。餐後，又去小船獨坐。待停船晚餐，再返大船。翌晨，余又一人去小船，人皆以為笑。忽到一處，頃已忘其地名，余覺其兩岸諸山結構奇巧，眾峰林立，或緊或鬆，或矮或高，水路曲折，移步換形，益增其勝。余急回大船告諸人，此處乃此行山水極勝處，一路風景無此之美，此下亦將無以踰此。盼諸君集中精神，一意觀賞，勿失去此機會。或言，汝謂前無此奇，庶或有之，此下尚有過半日之路程，汝謂後無此奇，又從何言之。余答，此乃余據一日又半之經驗，覺山水結構更無如此之奇者。若諸君亦盡情觀察，遇此下山水更有出奇勝此，則更不負吾儕之此行。吾言然否，亦可由此而判爾。眾人遂皆移情縱觀。亦有隨余同赴小船者。及傍晚，抵陽朔。或言君所語誠不差，我等經君一語提醒，亦得恣賞此一境。陽朔山水甲天下，幸未失之交臂也。

此下經廣西南部諸城市，直過鎮南關。馮芝生一臂倚車窗外，為對來車撞傷，至河內始得進醫院。余等漫遊數日去昆明，芝生獨留，未獲同行。

越四十日，芝生來昆明，文學院即擬遷蒙自。臨時集會，請芝生講演。芝生告余，南嶽所言已在河內醫院中細思，加入鬼神一章。即以首章移作序論。惟關心性一部分，屢思無可言，乃不加入。

余常聞人言，芝生治西方哲學，一依其清華同事金岳霖所言。其論中國哲學，亦以岳霖意見為主。特以中國古籍為材料寫出之，則宜其於心性一面無可置辭也。惟在南嶽，金岳霖亦曾聽余作有關宋明理學之講演，而屢來余室。則芝生之出示其《新理學》一稿，乞余批評，或亦出岳霖之意。是日講演，芝生謂，鬼者歸也，事屬過去。神者伸也，事屬未來。指余言曰，錢先生治史，即鬼學也。我治哲學，則神學也。是芝生雖從余言增鬼神一章，而對余餘憾猶在，故當面揶揄如此。

一日，余約自昭兩人同遊大理，已登入汽車中，見車後絡續載上大蔴袋。詢之，乃炸藥，送前路開山者。余與自昭心懼，臨時下車。此後在昆明數年中，乃竟未獲機去大理，是亦大可追惜之事也。余與自昭既下車，遂改計另乘車去安寧，宿旅店中。遊附近一瀑布，積水成潭，四圍叢樹，清幽絕頂，闃無遊人，誠堪為生平未到之一境。余兩人久坐不忍去。明日再來。不意數日行囊已傾，無以付旅館費。乃作書以此間風景告錫予等囑速來。用意實求濟急。一日，自昭坐旅店房中讀書，余則漫步旅店走廊上。忽見一室門敞開，室中一老一幼對奕。余在梅村小學教書時，酷嗜圍棋，一旦戒絕，至是已及二十年，憶在北平中央公園，曾見一童，立椅上，與人對奕。四圍群聚而觀。詢之，乃有名之圍棋天才吳清源，然余亦未動心擠入觀眾中同觀。今日閒極無事，乃不禁往來轉頭向室中窺視。老者見之，招余入，謂余當好奕。彼係一雲南軍人，即此旅館之主人，對奕者，乃其孫。告余姓名，已忘之。邀余同奕。余告以戒此已二十年矣。老人堅邀，不能卻，遂與對奕。老人又言，君可儘留此，暢奕數日，食宿費全不算。不意當晚，此老人得昆明來訊，匆促即去。而余兩人俟錫予諸人來，亦盤桓不兩日而去。余之重開奕戒，則自此行始。

三

不久，西南聯大文學院定在蒙自開課，余等遂結隊往。火車中讀當日報紙，見有一夏令營在宜良，遊瀑布山洞石林諸勝，美不可言。余大聲曰，宜良何地，乃有此奇景。旁坐一友，指窗外告余，此處即宜良，亦雲南一有名勝地。並曰，君即觀兩旁山色可知之矣。實則當日所見報載夏令營旅遊各地乃在路南，係另一地名，而余誤以為在宜良，遂種下余此下獨居宜良一段姻緣。亦誠一奇遇也。

蒙自乃舊日法租界，今已荒廢。有希臘老夫婦一對，在此開設一旅館，不忍離去。曾一度回視故鄉，又重來守此終老。聯大既至，諸教授攜眷來者皆住此旅館中，一切刀叉鍋碗雜物爭購一空。余等單身則住學校，兩人一室。與余同室者，乃清華歷史系主任劉崇竑，治西洋史，亦在北大兼課，故余兩人乃素稔。崇竑每晨起必泡濃茶一壺，余常飲之，茶味極佳。附近有安南人開設一小咖啡店，余等前在河內飲越南咖啡而悅之，遂亦常往其店。河內咖啡店多懸兩畫像，一為關公，一則孫中山先生。此店亦然。店主人有一女，有姿色，一學生悅之，遂棄學入贅。一夕有男女兩學生同臥一教室中桌上，為其他同學發現，報之學校，遂被斥退。一時風氣乃出格如此。

學校附近有一湖，四圍有人行道，又有一茶亭，升出湖中。師生皆環湖閒遊。遠望女學生一隊隊，孰為聯大學生，孰為蒙自學生，衣裝迥異，一望可辨。但不久環湖盡是聯大學生，更不見蒙自學生。蓋衣裝盡成一色矣。聯大女生自北平來，本皆穿襪。但過香港，乃盡露雙腿。蒙自女生亦效之。短裙露腿，赤足納兩履中，風氣之變，其速又如此。

入春來，值雨季，連旬滂沱，不能出戶。城中亦罷市。其時最堪憂懼者，乃時有巨蛇進入室中，驚惶逃避，不可言狀。及雨季過，湖水皆盈，乃成一極佳散步勝地。出學校去湖上，先經一堤，堤上一門，有一橫扁，題「秋至楊生」四字。初不解其意，後乃知入門一路兩旁皆種楊柳，雨季過，即交秋令，楊柳皆發芽，綠條成蔭，更為湖光生色。柳皆春生，惟此獨秋生也。余自此每日必至湖上，常坐茶亭中，移晷不厭。

一日，北大校長蔣夢麟自昆明來。入夜，北大師生集會歡迎，有學生來余室邀余出席。兩邀皆婉拒。嗣念室中枯坐亦無聊，乃姑去。諸教授方連續登臺競言聯大種種不公平。其時南開校長張伯苓及北大校長均留重慶，惟清華校長梅貽琦常川駐昆明。所派各學院院長，各學系主任，皆有偏。如文學院長常由清華馮芝生連任，何不輪及北大，如湯錫予，豈不堪當一上選。其他率如此，列舉不已。一時師生群議分校，爭主獨立。余聞之，不禁起坐求發言。主席請余登臺。余言，此乃何時，他日勝利還歸，豈不各校仍自獨立。今乃在蒙自爭獨立，不知夢麟校長返重慶將從何發言。余言至此，夢麟校長即起立羼言，今夕錢先生一番話已成定論，可弗再在此題上起爭議，當另商他事。群無言。不久會亦散。隔日下午，校長夫人親治茶點，招余及其他數位教授小敘。夢麟校長在北平新婚，曾有茶會，余未參加，其夫人至是乃新識也。

有同事陳夢家，先以新文學名。余在北平燕大兼課，夢家亦來選課，遂好上古先秦史，又治龜甲文。其夫人乃燕大有名校花，追逐有人，而獨賞夢家長衫落拓有中國文學家氣味，遂賦歸與。及是夫婦同來聯大。其夫人長英國文學，勤讀而多病。聯大圖書館所藏英文文學各書，幾於無不披覽。師生群推之。夢家在流亡中第一任務，所至必先覓屋安家。諸教授群慕與其夫婦遊，而彼夫婦亦特喜與余遊。常相過從。夢家尤時時與余有所討論。一夕，在余臥室近旁一曠地上，夢家勸余為中國通史寫一教科書。余言材料太多，所知有限，當俟他日仿趙甌北《二十二史劄記》體裁，就所知各造長篇暢論之。所知不詳者，則付缺如。夢家言，此乃先生為一己學術地位計。有志治史學者，當受益不淺。但先生未為全國大學青年計，亦未為時代急迫需要計。先成一教科書，國內受益者其數豈可衡量。余言，君言亦有理，容余思之。又一夕，又兩人會一地，夢家續申前議，謂前夜所陳，先生意竟如何。余謂，玆事體大，流亡中，恐不易覓得一機會，當俟他日平安返故都乃試為之。夢家曰，不然，如平安返故都，先生興趣廣，門路多，不知又有幾許題材湧上心來，那肯盡拋卻來寫一教科書。不如今日生活不安，書籍不富，先生只就平日課堂所講，隨筆書之，豈不駕輕就熟，而讀者亦易受益。余言，汝言甚有理，余當改變初衷，先試成一體例。體例定，如君言，在此再留兩年，亦或可倉促成書。夢家言，如此當為全國大學青年先祝賀，其他受益人亦復不可計，幸先生勿變今夕所允。余之有意撰寫《國史大綱》一書，實自夢家此兩夕話促成之。而在余之〈國史大綱引論〉中，乃竟未提及。及今聞夢家已作古人，握筆追思，豈勝悵惘。

不久，忽傳文學院決於暑假遷返昆明。余聞之，大懊喪。方期撰寫《史綱》，昆明交接頻繁，何得閒暇落筆。因念宜良山水勝地，距昆明不遠，倘獲卜居宜良，以半星期去昆明任課，尚得半星期清閒，庶得山水之助，可以閉門撰述。一友知余意，謂識宜良縣長，有一別墅在西郊山中，或可暫借。余立促其通函商請，得覆函允可。余大喜，遂決一人去宜良。

時錫予自昭皆惜蒙自環境佳，學校既遷，留此小住，待秋季開學始去昆明，可獲數月流連清靜。乃更約吳雨生沈有鼎及其他兩人，共余七人，借居舊時法國醫院。聞者謂，傳聞法國醫院有鬼，君等乃不惜與鬼為鄰，七人亦意不為動，遂遷去。不久，又聞空軍中漏出音訊，當有空襲。法國醫院距空軍基地不遠，果有空襲，乃成危險地帶。沈有鼎自言能占《易》。某夜，眾請有鼎試占，得節之九二，繙書檢之，竟是「不出門庭兇」五字。眾大驚。遂定每晨起，早餐後即出門，擇野外林石勝處，或坐或臥，各出所攜書閱之。隨帶麵包火腿牛肉作午餐，熱水瓶中裝茶解渴，下午四時後始歸。醫院地甚大，曠無人居，余等七人各分占一室，三餐始集合，群推雨生為總指揮。三餐前，雨生挨室叩門叫喚，不得遲到。及結隊避空襲，連續經旬，一切由雨生發號施令，儼如在軍遇敵，眾莫敢違。然亦感健身怡情，得未曾有。余每出則攜《通史》隨筆數厚冊。自在北平始授此課，先一日必作準備，寫錄所需史料，逐月逐年逐項加以添寫，積五六厚本，及離北平藏衣箱底層夾縫中攜出，至南嶽蒙自又續有添寫。此乃余日後擬寫《史綱》所憑之惟一祖本，不得不倍加珍惜。數日後，敵機果來，乃誤炸城中市區，多處被轟燬，受禍慘烈。而城外僅受虛驚，空軍基地無恙，法國醫院亦無恙。此下遂漸安。開學期近，各自治裝，錫予自昭兩人乃送余去宜良。

四

縣長別墅在宜良北山岩泉下寺中。方丈先得命，出寺門迎候。寺南向，大殿左側為寺僧宿舍。向北盡頭為廚房。左側有一門，過門乃別墅所在。小樓上下各三楹，樓前一小院，有一池，上有圓拱形小石橋，四圍雜蒔花果。院左側又一門，門外乃寺僧菜圃，有山泉灌溉，泉從牆下流經樓前石階下，淙淙有聲，匯為池水，由南牆一洞漏出寺外，故池水終年淨潔可喜。樓下空無一物。樓梯倚北牆。樓上分兩室，內室東南兩面有窗，西北角一床有帳，臨南窗一木板長桌上覆一綠布。此為余之書房兼臥室。外室兩楹，臨南窗一小方桌一椅，供余三餐用。西側一大長方桌，亦由木板拼成，上覆以布，備余放置雜物。是夜錫予自昭與余同臥外室地舖上。兩人言，此樓真靜僻，遊人所不到。明晨我兩人即去，君一人獨居，能耐此寂寞否。余言，居此正好一心寫吾書。寂寞不耐亦得耐。竊願儘一年，此書寫成，無他慮矣。

翌晨，兩人去。方丈即來談余膳食事。謂寺中皆蔬食，恐於先生不宜。余言無妨，只分一份送上樓來即可。不意所送極粗劣，幾不能下口。勉強兩日，覺腹餓，又不消化。乃招方丈來重商。彼言，寺中膳食只如此，先生必改葷食乃可。余言，在樓下安一小灶極不方便。彼言，即寺廚做葷食儘可。因請物色一女傭。彼言，適有張媽在此，可召來。余見張媽衣履整潔，言辭有禮，大慰。詢以膳食事，張媽言自信擅烹飪。問以余伙食每月需價幾何。答，國幣六元合新滇幣六十元，中晚兩餐可供一葷一素一湯，斷可果腹。遂定議。後乃知張媽乃方丈早招來寺，備為余供膳食也。

張媽烹煮既佳，又中晚兩餐蔬菜必分兩次在近寺農田購之，極新鮮。一日，張媽煮一雞，余不憶何故，忽於午餐後須出寺，過廚房門，乃見方丈坐門側，手持一雞腿，方得意大嚼。余不禁問，和尚亦食雞腿。彼答，和尚不食雞腿將何食。又見灶陘上雞湯一碗。始知余之葷食乃與此僧共之，皆由其事前安排佈置。嗣又聞此僧在近寺村中有一家，不時往返，事屬公開，則此僧其他一切亦不問可知矣。

余伙食既安，每晨餐後必出寺，赴一山嘴，遠望宜良南山諸峰。待其雲氣轉淡，乃返。晚餐後，必去山下散步。由山之東側轉進一路，兩旁高山叢樹，夾道直前，濃蔭密布，絕不見行人。余深愛之。必待天臨黑前始歸。後遇日短，則在晚飯前去。除晨晚散步外，盡日在樓上寫《史綱》，入夜則看《清史稿》數卷，乃入睡。樓下泉聲深夜愈響，每夢在蘇錫鄉下之水船中。星四上午應昆明各報館約，必草星期論文一篇，輪流分交各報。是日提早午餐後，赴距山八華里之火車站，轉赴昆明。星期日一早返。

距寺向東八華里有一溫泉，余每於星期日返寺後，攜陶淵明詩一冊，一路吟誦去溫泉。乃一大池，池旁建屋，隔為數室，從池上有石級，亦有矮牆分隔，牆直下池中，可使各室浴者互不相睹。浴後可坐石級上，裸身作日光浴。濃茶一壺，陶詩一冊，反覆朗誦，盡興始去。或於星期日下午不能去，即改星期一上午去，向午方離。轉到宜良縣城中進午飯。溫泉距城約亦八華里。宜良產鴨有名，一酒樓作北方烤鴨，外加燒餅，價滇幣六元，即國幣六角。余一人不能盡一鴨，飽啖而去。至縣立中學訪其校長，得向其學校圖書館借書。有二十五史，有十通，所需已足。每週來更換。校園中多盆景，有百年以上之栽品，亦如在蘇州所見。盤桓小憩。又從城北行八華里返山寺，如是每週以為常。

有北大同事一人，夫婦同留學德國，乃錫予老學生，歸來亦在北大哲學系任教。與余往來甚稔，在南嶽又每日同桌共餐。有一姨妹，在北大讀書，亦偕余等同餐。能唱平劇，效程豔秋。同出遊，則必命唱。及來昆明，其夫人亦來，不樂交際應酬，一人移居宜良城中。其夫其妹兩地往返。今惜忘其夫之名，姑稱其妻曰某夫人。一日清晨，某夫人忽來寺，適樓前一櫻桃樹花開甚豔。余曰，夫人適來，可賞此花。某夫人言，今晨特來邀先生作山遊，不知能有雅興，肯犧牲此半日之寫作否。余連呼同意，遂同出登山。山不高亦不峻，並無峰，乃隨坡陀在山脊上行，至午始返。某夫人言，先生健步，我亦自負能山行，半日追隨覺有倦意，先生神色談笑一如常態，始知名不虛傳。乃知某夫人實特來試余腳力也。

後余又為姚從吾夫婦在宜良城中覓一屋，介紹其遷來。於是余赴宜良，常往訪此兩家。又曾登宜良城樓，繞一週費時僅一刻鐘。又曾遊宜良南城外，一路節孝碑坊林立，可四十數。中國傳統風教遠被偏遠地如此。余又遊宜良南山下一溪，此山即余每晨在宜良寺外山嘴之所望，山聳溪激，徘徊橋上不忍去。

一日，某夫人又來。告余距此二十華里有一山，產茶有名，前清時為貢品。惟產量不多，一散入城市，即覓購不易。今適初採，可同往山中購取少許供日常品嘗否。余又隨之往。某夫人好遊，余常往山後散步，某夫人亦每至其地，謂極似德國黑森林。惟彼知余盡日撰寫，乃不常來。不兩日，方丈來告，附近一山產名茶，今日彼擬往，先生亦欲購取品嘗否。彼不知余已先往山中購得。惟彼既來，姑付以錢若干，囑購茶三斤。和尚言茶價甚貴，若許錢焉得購三斤。實則余付款已較前日購價略增。乃告之僅以此款購之，斤兩可勿計。晚歸，和尚以原款交回，曰：「我已言茶價貴，不敢自作主張，謹退回原款。」此僧之狡狠有如此。余平居亦絕不與其他諸僧交言。如需洗衣服，夜間置外室長桌上，翌晨張媽上樓送茶水，既自取去。三餐僅呼請用飯，亦可不與交談。乃有每星期四日半不發一言之機會，此亦一生中所未有。

某日，有三四女學生突自廚房破門而入，殆覺院中極靜，亦不敢作聲。樓下既無人，彼等乃輕步上樓。見樓上又無人，乃漫步向南窗前。忽見左側門內有人，大驚狂呼，踉蹌奪步下樓而去。余亦未覺有人來，聞其呼聲及腳步聲，亦一驚。乃知是少女聲，又知必是三四人齊來也。山樓寂靜，即此一事可知。

及寒假錫予偕寅恪同來，在樓宿一宵，曾在院中石橋上臨池而坐。寅恪言，如此寂靜之境，誠所難遇，兄在此寫作真大佳事。然使我一人住此，非得神經病不可。亦有聯大學生來山邀余赴昆明講演。余曰，汝等已來此，親見此環境，尚開口作此請，豈不無聊。諸生亦無言。

又有岩泉上寺。余居下寺，赴上寺一路石級，兩旁密樹，濃陰蔽天。即當正午，亦日光微露而已。常有松鼠一群，在樹葉上跳躍上下，一路抬頭皆可見，亦一奇景。上寺已成一道士院，有池石之勝。院旁一亭，備遊人品茶之所。亭四圍矮牆有靠背可坐。更適眺矚。余常喜坐亭中，遊人絕少，每在此寫稿，半日始返。院中一道一僕，道士號靜菴，極清雅。余至，必命僕泡佳茗。余告其與北平大儒王國維同名，道士謂知之，並云亦愛讀其詩詞。隨口誦一兩首，其不俗如是。告余彼乃廣西人，八歲隨其家逃荒來此，及家人歸，留之道院中，至今未離。靜菴道士嗜鴉片煙，必選精品自熬煮，屢強余一嘗。余十七歲暑，犯傷寒病，幾不起。病愈臥床，余一叔父每夜必攜鴉片來，自燒煙泡，命吸。謂，可長精力。此事相距已二十八年，猶能回憶。然終婉拒不敢嘗。道士又言，歲春新穀初收，又有黃豆，彼必赴附近一市區收購若干，放置樓上頂屋中。入夏價漲，商人來購去，一年生計盡賴此。先生出款少許，當代買代賣，不費一些心力。在我亦不加勞累，而先生坐增收入，曷不一試。余亦婉拒。道士又言，此間習俗收養女，只在農村中擇少女年十三四聰慧者，價不貴，可供灑掃滌烹飪一切家務。及其長，可納為妾室，否則備小款代為出嫁。先生儻全家來，能在此山長住，當一切為先生代謀。其僕亦親切近人。余遂於後半年遷居上泉寺。道士特闢出樓上為余居，自寢樓下。張媽亦隨來照顧，但仍留居下泉寺，晨來夕去。

院中有一白蘭花樹，極高大，春季花開清香四溢。道士採摘赴火車站，有人販賣去昆明。張媽以瓶插花置余書桌上，其味濃郁醉人。樓下階前流泉，圍砌兩小潭蓄之。潭徑皆兩尺許，清泉映白瓷，瑩潔可愛。張媽以中晚兩餐蔬菜浸其中，臨時取用，味更鮮美。張媽言，先生長住山上，彼必奉侍不輟。若先生他去，彼願在山上覓一地，築一小菴，為尼姑終身。余在上寺心情較下寺更愉快。盡日操筆，《史綱》一稿，乃幸終於一年內完成。回思當年生活亦真如在仙境也。抗戰勝利後，余重來昆明，每念岩泉上寺，乃偕友特訪之。知曾駐軍隊，情形大非舊況。聞張媽已去昆明，詢得其主人家地址，返昆明後求未獲。靜菴道士亦窮苦，聞僅賴白蘭花度日。余去，適彼離寺，亦未遇及。人生乍變，良可嗟嘆。最近余在香港晤偉長姪，告余彼夫婦近赴昆明，特去宜良訪上下寺。均已被鄉民撤除。僅道旁尚留有石碑數處，約略可想見其遺址。余聞之，不勝悵然。

五

余住宜良，即探問石林瀑布山洞諸勝。乃知當年確有夏令營在此，而所遊諸勝皆在路南縣，距此尚遠。須乘火車赴路南站，改乘山轎，數十里乃達。而途中又時有意外。後知雲南大學教授李埏，前在北平師範大學曾聽余秦漢史一課，家在路南。乃約余以年假往。又另約一人，今已忘其是何人，先一日來宜良下寺。翌日，李埏來，同赴路南，當晚借宿城外一學校中，寒假無人，極為清靜。首日遊石林，遍山皆石筍嶙峋，或大或小，簇立無可計數。洵平生所未見。尤奇者，在山前一大草坪，草皮平舖，青蔥可愛，大石筍皆平地拔起，高聳雲霄。每一筍皆作扁圓形，寬盈丈，愈上愈狹，成尖形。一排七八筍，排列作圓拱狀，極整齊。有長文篆刻諸石筍下部。又數十筍錯縱圓拱於外，儼然若經天工設計，成此巨製。余等徘徊流連其下，俯仰欣賞，真若置身另一天地中。宇宙非此宇宙，人生亦非此人生矣。李埏告余兩人，經地質學家研究，由何因緣，成此奇構。全世界惟西歐瑞士有一處與此略近似，此外更無他處可覓。因念在桂林城內外有山，亦平地拔起，惟此處乃群石拔起為異耳。地質學家僅言自然形成之經過，恨無大詩人來此吟詠，亦無大畫家來此描繪。余不能詩，亦不能畫，及今又逾四十年，追憶模糊，不僅失真，即當時影像亦復捉摸不到。惟恍惚猶知其為生平一奇遇而已。言之良可嘆也。

第二日另一路去遊山洞。洞中石乳下滴，凝成諸石筍倒懸。猶憶前在無錫第三師範時，曾遊宜興張公善權兩洞，有一洞與此略類，已忘是何洞。而此洞尤大，非宜興兩洞可比。出洞遊大瀑布。李埏云，比貴州某大瀑布更大。余前遊廬山及他處，凡遇瀑布，必迎面仰觀。此次則因路便，從山上直赴瀑布源頭處，漸逼近，乃聞路旁泉聲轟豗，愈前愈厲，三人語不相聞。至瀑布頂上，向下俯視，恨不識瀑布真面目，惟聞澎湃巨響，又怕失足下墜，神魂惶恐，亦忘其置身何處矣。因憶又二十年遊美加兩國交界處尼加拉瀑布，亦登其上源，但已經人工製造，遊人倚石欄上下瞰，乃如在庭院中城市中。惟上有天，下有水，大自然景象轉換成兒童玩具，更何奇麗可言。乃回頭尋其源頭所在，亦如遊一園林，更無奇處。直到一大湖邊，乃知此是瀑布上源而已。較之當時余三人在路南所歷，天地已失原形，人生亦無多趣味矣。

余等為時間所限，不能再到山下瀑布正面觀賞，只循瀑布下流，遵水而行。一路水勢奔騰，聲勢猶壯。途中遇得一堆巨石在急流中，余等設法攀登其上，各擇一石，仰臥默聽，天地人生又盡沒在一片轟豗中。亦可謂無天地，無人生，惟此一片轟豗而已。乃不謂今日於山洞瀑布以外，又得此一奇。洵知天地誠多奇，人生亦儘可多得之。惟在無意中偶得之，乃更佳耳。

兩日遊畢，乃作歸計。李埏云，路南羊乳乃全省所產之最佳者，必當一嘗。因憶，一日在昆明，偕錫予兩人在城外某一酒肆午餐，主人特贈羊乳一碟。余與錫予初未嘗過，乃婉謝再四而去。今日當試一嘗，真大可口。乃歸告錫予，同赴酒家再試嘗之，錫予亦甚贊不絕。飲食小節，亦多交臂失之，誠可笑也。

余每星四上午赴昆明，必赴車站旁一小咖啡店小坐。店主候火車到，為余代攜書包，送余上車。火車在中午十二時左右抵站，途經數十山洞，於下午五時後抵昆明。余課排在晚七時，及到，時間匆促，出火車站逕乘人力車直奔課室。途中買蛋糕，即在人力車上食之充飢。課室中多校外旁聽生，爭坐滿室。余需登學生課桌上踏桌而過，始得上講臺。課畢，已夜九時。乃由學生陪赴市中餐館進餐，待返宿舍，已深夜。星五星六兩天有課，亦盡排在夜間。星五晨起，即瀏覽在宜良山中所未能寓目之報紙。除此外，兩日日間均無事，常有學生來邀出遊，昆明附近諸勝地幾於足跡無不到。

在宜良昆明往返途中過一山，每見山南下一大池，固不能與昆明湖相比，然每念必有可遊。一日，約錫予自昭諸人前往，知其有溫泉，遂赴某旅館作溫泉浴。溫泉熱度甚高，可熟生雞。須先放水，隔幾小時後始可浴。遂至鎮上閒遊，見湖水平漾，乃無遊艇。詢之，知湖中心有一大旋渦，曾有兩法國人駕舟探之，誤近旋渦邊緣，即為旋渦捲去，人舟俱沒。自此即沿岸亦無行舟。環湖勝地乃不開發。余等廢然返旅館，午餐後，浴溫泉即歸。

六

《國史大綱》稿既成，寫一〈引論〉載之報端，一時議者鬨然。聞毛子水將作一文批駁。子水北大同事，為適之密友，在北平時，常在適之家陪適之夫人出街購物，或留家打麻雀。及見余文，憤慨不已，但迄今未見其一字。或傳者之訛，抑亦事久而後定耶。張其昀曉峰來昆明出席中央研究院評議會，晤及陳寅恪。寅恪告彼近日此間報端有一篇大文章，君必一讀。曉峰問，何題。乃曰，錢某〈國史大綱引論〉。曉峰遂於會後來宜良，宿山中一宵，告余寅恪所言。後此書印出，余特函寅恪，恐書中多誤，幸直告。寅恪答書，惟恨書中所引未詳出處，難以徧檢。余意作一教科書，宜力求簡淨，惜篇幅，所引材料多略去出處，今乃無可補矣，亦一憾也。

越有年，《史綱》出版，曉峰一日又告余，彼在重慶晤傅孟真，詢以對此書之意見。孟真言：向不讀錢某書文一字。彼亦屢言及西方歐美，其知識盡從讀《東方雜誌》得來。曉峰言，君既不讀彼書文一字，又從何知此之詳。孟真亦無言。曉峰南高同學繆鳳林贊虞，獨舉余書誤引出處十餘事。《史綱》重慶再版時，余特以繆文附載書末。後屢印新版，乃始一一改定，繆文遂不再附載。又北大學生張君，已忘其名，在上海得余《史綱》商務所印第一版，攜返北平，聞有整書傳鈔者。其時尚在對日抗戰中，滯留北平學人，讀此書，倍增國家民族之感。聞錢玄同臨亡，在病床亦有治學迷途之歎云。

余在昆明時，有聯大學生赴湖南江西前線者，臨行前來求贈言。余告以諸生赴前線，首當略知軍事地理，隨身盼攜帶顧祖禹《讀史方輿紀要》一書，即就〈湖南〉、〈江西〉兩章細加閱讀。余觀日軍來犯，軍中必有熟此書者。如其在天津，不沿京津鐵路進軍，而改道破涿州，切斷平漢鐵路，則北平乃在包圍中。又其在上海不逕沿京滬鐵路西侵，而廣備船筏，直渡太湖逕犯廣德，則已至南京之肘腋間。此皆攻我軍之不備，而實為歷史上軍事相爭一必攻必備之地。能讀顧氏《方輿紀要》，則可知相爭要害之所在矣。聞者赴市肆購此書，乃不易得。告之校方，設法從重慶成都覓之。校方因此盼余能在下學年開軍事地理一課，為後方諸生講授大要，余亦允之。後余決意去成都齊魯大學國學研究所，此事遂已。余去成都後，亦從未為學生講授此課，亦以主學校行政者，皆知常，不知變，故不知有講此新課之必要也。

余之知日軍中知重顧氏此書，乃自抗戰前在北平讀日人瀧川氏之《史記會注考證》一書而知之。此書考證實疏，而凡遇一地名必詳引顧氏書。既於古今地名沿革未能詳加考證，而獨引顧氏書不厭其詳，故知日人於此書必有特加重視者。瀧川未能免俗，乃備引不厭。而日人之重視此書，則必為其入侵吾國之野心者所發起。余在北平時亦嘗以告人，而不謂余語之竟驗也。後余又讀日人有為顧氏此書作索引者，乃益信余初料之不誤。

拾貳、成都齊魯大學國學研究所

一

余草《國史大綱》既畢，適昆明方屢遭空襲，乃於民國二十八年暑假攜稿去香港交商務印書館付印。乘便赴上海，歸蘇州探母。錫予同行，在上海接其眷屬從北平南下，同返昆明。余家亦同自北平來滬，返蘇州。余在昆明，臨行前，頡剛來訪，彼獲流亡成都之山東齊魯大學聘，任其新設國學研究所主任職。實則此事由頡剛向美國哈佛大學燕京學社協商得款，乃始成立。頡剛來邀余同往。適北大歷史系同學同來聯大者，至是已全部畢業。余允頡剛之約。惟既擬歸蘇州，須秋後始去成都。頡剛亦允之。

余與錫予先同至河內，乘海輪赴香港。時商務印書館已由滬遷港，余將稿交王雲五，商請儘速付印。雲五允之。遂抵滬，知余眷已先返蘇州，錫予乃偕余同赴蘇州。自離昆明途中，錫予詢余，《史綱》已成，此下將何從事。余詢錫予意見。錫予謂，儒史之學君已全體窺涉，此下可旁治佛學，當可更資開拓。余言，讀佛藏如入大海，兄之兩漢三國魏晉南北朝佛教史，提要鉤玄，闡幽發微，讀之可稍窺涯矣，省多少精力。盼兄賡續此下隋唐天台、禪、華嚴中國人所自創之佛學三大宗，則佛學精要大體已盡，余惟待君成稿耳。錫予謂，獲成前稿，精力已瘁，此下艱鉅，無力再任。兄如不喜向此途鑽研，改讀英文，多窺西籍，或可為兄學更闢一新途境。余言，自十八歲離開學校，此途已蕪，未治久矣，恐重新自ＡＢＣ開始，無此力量。及返蘇州，獲見老母，決心侍養一載，不遽離膝下。與錫予遊街市，見公私書籍流散滿街，有一書攤，盡是西書，皆自東吳大學散出。余忽動念，囑錫予為余挑選，此一年當閉門勤讀。錫予為余擇購三書，余嫌少，囑更多購。錫予謂，兄在北平前後購書五萬冊，節衣縮食，教薪盡化在書架上。今已一冊不在手邊。生活日窘，又欲多購西書何為。且以一年精力，讀此三書足矣。竟不許余多購。越兩日，錫予即返滬。

二

余之《國史大綱》稿，既交商務印書館，仍由上海舊印刷廠付印。當時規定，書籍著作須經中央某處審查，始可出版。審查凡分三例。一，審查通過即出版。二，依照指示改定後始出版。三，遵照指示改定後，須呈請再審。上海商務舊廠將余之《史綱》稿送重慶審查，批回屬第三類。批云，此書出版當獲國人重視，故尤當鄭重。商務得此批示，即函昆明西南聯大告余，久不得覆。不知余在何處，付印事遂擱置。

余在蘇州，久不聞此書出版，親往上海商務舊廠探詢。乃得讀審查處批示。所命改定者，盡屬〈洪楊之亂〉一章。批示需改〈洪楊之亂〉為〈太平天國〉。章中多條亦須重加改定。余作答云，孫中山先生以得聞洪楊故事，遂有志革命，此由中山先生親言之。但中山先生排除滿清政府，創建中華民國，始是一項正式的民族革命。至於洪楊起事，尊耶穌為天兄，洪秀全自居為天弟，創建政府稱為太平天國，又所至焚燬孔子廟，此斷與民族革命不同。前後兩事絕不當相提並論。凡本書指示需改定語，可由審查處逕加改定。原著作人當保存原稿，俟抗戰事定，再公之國人，以待國人之公評。審查處得余函，乃批示可一照原稿印行。然已為此延遲近半年。

《史綱》出版後，僅最先一批書數百本得海運送河內，運銷後方。此後海運即斷，不得再送，乃改在重慶以國難版發行。余此後在重慶成都各地，見各處室內懸掛中山先生畫像，始注意到畫像下附中山先生年曆，第一項即為洪楊起事年月，第二項始為中山先生之生年。則無怪審查處之鄭重將事也。以後此項畫像遂少見。則一事之論定，宜非可率爾期之矣。

三

余通函頡剛，請假一年。頡剛覆函，允薪水可照發，囑余開始編《齊魯學報》，首期在上海接洽出版。余念，獲一年薪水當另有撰述以報。余撰《先秦諸子繫年》畢，即有意續為「戰國地理考」，及是乃決意擴大範圍通考《史記》地名。獲遷居一廢園中，名耦園。不出租金，代治荒蕪即可。園地絕大，三面環水，大門外惟一路通市區，人跡往來絕少。園中樓屋甚偉，一屋題還讀我書樓。樓窗面對池林之勝，幽靜怡神，幾可駕宜良上下寺數倍有餘。余以侍母之暇，晨夕在樓上，以半日讀英文，餘半日至夜半專意撰《史記地名考》一書。該書體裁別出，辭簡義盡，篇幅不甚大，而《史記》全書逐一地名已考訂無遺。儘取材於《三家注》。如〈韓世家〉一地名，其地實在魏，則移之入〈魏地名考〉中。盡錄三家原注，再以今地名附之，略道其所以即止。或一家注得之，餘兩家失之。或兩家注得之，其餘一家失之。皆不繁論。只讀余書先後之排列即可知。從來為春秋地名考戰國地名考者，書已多有，未有如余此書之簡淨者。余乃得以一年之力完成此書。

余先一年完成《國史大綱》，此一年又完成此書，兩年內得成兩書，皆得擇地之助。可以終年閉門，絕不與外界人事交接。而所居林池花木之勝，增我情趣，又可樂此而不疲。宜良有山水，蘇州則有園林之勝，又得家人相聚，老母弱子，其怡樂我情，更非宜良可比，洵余生平最難獲得之兩年也。

余以半日力讀英文，先讀《大人國與小人國》一書。有中文譯注，中英對列。每一生字不煩查字典。每一句皆有注，讀注文，即可通，約一週，此書即讀完。另一書亦與此同，亦一中英對照之小說。然余當時忽不耐煩，不願再讀。又一書全屬英文，乃當時最通行之世界史，由美國兩學者合作。余以《史綱》方成，亟喜讀之。始苦其難，每一行必遇生字，逐一須繙字典，苦不堪言。如是者有日，乃竟不繙字典即可知其大義。即忽略生字不問，遇歷史上特有名字，初不解其義，但續讀屢見，亦復心知其意，乃大喜悅。不識之字漸成熟識，口雖不能言，心中已領略，所謂心知其意者，余在此始悟。乃念讀中國書，如讀《論語》、《孟子》，仁、義、禮、智、性、命、情、氣，屢讀多讀，纔能心知其意，豈讀字典而可知，亦豈訓詁所能為功。所謂英文歷史書中之特有名字，較之此等，豈不易知易曉，難相比論。余讀此《西洋通史》原文僅到三分一，即感大愉快。竟在一年內，此書通讀無遺。此乃余中年以後讀書一新境界。使余如獲少年時代。亦當年一大快事也。

余去上海又新識光華大學校長浙江張壽鏞。在其租界之寓所，贈余以其新刻之《四明叢書》。其中黃梓材馮雲濠兩人之《宋元學案補編》，尤為余所喜讀。然攜歸亦未寓目。此一年之心力，則全在《史記地名考》及讀英文之兩事上。《史記地名考》成書，乃交上海開明書店，以齊魯大學國學研究所名義出版。又編成《齊魯學報》首期，交開明付印。而《史記地名考》一書，開明始終未印出。及余避赤氛來香港，乃有別一書店用開明版出書。余另加序文，更交香港龍門書店出版。其中又費幾許曲折，此不詳述。然此稿終未散失，仍得流傳，則亦一大幸事矣。

四

余侍奉老母一年，終辭慈顏，於民國二十九年夏重返後方。時自海上赴南越諸路已斷，以張壽鏞種種相助，獲在香港逕乘飛機抵重慶。適逢大轟炸，重慶街道一片破瓦殘垣。余傍晚抵埠，宿旅店一宵。明日清晨，即赴郊外暫避。借宿偉長姪岳家，本山東滕縣孔氏，名繁霨，留學日本士官學校，回國後在太原佐閻錫山治軍，熱心愛國家，好儒家言。每晨烹濃茶，對飲清談。下午余出遊山中，其外姪姚某陪行。姚君性愛中國古籍，在中學時，已能熟誦《左傳》。家中強之學科學，畢業清華大學土木系，在重慶某校任課。至是，山中相隨一月，乃欲盡棄其學而學。臨別，囑余開一書單，當試讀之。俟有入門，再謀從學。余居山中逾月，得有飛機，再去重慶宿一宵，即乘飛機去成都。

齊魯大學在成都南郊華西壩，借用華西大學校舍。國學研究所則在北郊賴家園，距城廿里許。有研究生十許人。有一藏書家，避空襲，移書賴家園，借研究所用。園中有一亭，池水環之，一橋外通。池中遍植荷，池外遍樹柳。余尤愛之。風日晴和，必一人坐亭中讀書。余又兼齊魯大學課，由賴家園赴城，坐雞公車，平生所未見也。每週必南北穿成都全城，在學校宿一宵，如是以為常。

五

居不半歲，嘉定武漢大學邀余去講學，函電頻促。余得家訊，老母病亡，心中日夜傷悼，遂決應之。嘉定適遭大轟炸，全城幾燬其半，校長王星拱撫五移家城外。余一人住其城中寓邸。隔鄰為文學院長朱光潛孟實寓。時孟實一人獨處，余中晚兩餐，皆去其寓與孟實同餐。暢談甚相得。

馬一浮復性書院設在岷江對岸山上。一日，渡江來訪，邀余去書院講演。熊十力住西湖，與一浮同居有年。及來北平，與余同居。余之知一浮，亦已有年矣。及一浮來此創辦書院，十力亦同來。不知何故，齟齬離去。一浮自處甚高，與武漢大學諸教授絕少來往。武漢大學學生邀其講演，亦見拒。又不允武大學生去書院聽講。及是，聞一浮來邀余，皆大詫怪。余告一浮，聞復性書院講學，禁不談政治。儻余去，擬擇政治為題，不知能蒙見許否。一浮問，先生講政治大義云何，願先聞一二。余告以國人競詬中國傳統政治，自秦以來二千年，皆帝皇專制。余竊欲辨其誣。一浮大喜曰，自梁任公以來，未聞此論。敬願破例，參末座，恭聆鴻議。遂約定。

及講演之日，一浮盡邀書院聽講者，全部出席。武漢大學有數學生請旁聽，亦不拒。一浮先發言，今日乃書院講學以來開未有之先例，錢先生所談乃關歷史上政治問題，諸生聞所未聞，惟當靜默恭聽，不許於講完後發問。蓋向例，講畢必有一番討論也。余講演既畢，一浮遂留午餐。

一浮早鰥居，不續娶。聞有一姨妹，治膳絕精，常隨侍左右。一浮美風姿，長髯垂腹，健談不倦。余語一浮，君治經學，用心在《通志堂經解》，不理會《清經解》。然耶否耶。一浮許余為知言。席間縱談，無所不及。余盛讚嘉定江山之勝。一浮告余，君偶來小住，乃覺如此。久住必思鄉。即以江水論，晨起盥洗，終覺刺面。江浙水性柔和，故蘇杭女性面皮皆細膩，為他處所不及。風吹亦剛柔不同。風水既差，其他皆殊。在此終是羈旅，不堪作久居計。

一浮衣冠整肅，望之儼然。而言談間，則名士風流，有六朝人氣息。十力則起居無尺度，言談無繩檢。一飲一膳，亦惟己所嗜以獨進為快。同席感不適亦不顧。然言談議論，則必以聖賢為歸。就其成就論，一浮擅書法，能詩，十力絕不近此。十力晚年論儒，論《六經》，縱恣其意之所至。一浮視之，轉為拘謹矣。但兩人居西湖，相得甚深。殆以當年，兩人內心同感寂寞，故若所語無不合。及在復性書院，相從講學者逾百人，於是各抒己見，乃若所同不勝其所異，暌違終不能免。因念古人書院講學，惟東林最為特殊，群龍無首，濟濟一堂。有其異，而益顯其所同。惜乎一浮十力未能達此境界也。

余與一浮縱談過晡，乃送余至江邊而別。自此不復再面。及今追憶當年一餐之敘，殆猶在目前也。

六

武漢大學歷史系主任吳其昌，乃北平舊識。有兩學生，一南通錢某，一桐城嚴耕望。其時上課皆在上午十時以前。余課在六時至八時。天未亮，即起身，盥洗進早餐，在路燈下步行至講堂。晨光初露，聽者已滿座。十時後，備避警報，暫無課。晚無電，兩生常來伴余，問學甚勤。錢生學業為全班第一人，其昌預定其為下學年之助教。嚴生居第二名，預請畢業後來成都進齊魯國學研究所，余亦許之。又後一年，錢生亦來成都。錢生博覽多通，並能論斷。嚴生專精一兩途，遇所疑必商之錢生，得其一言而定。然錢生終不自知其性向所好，屢變其學，無所止。後余在無錫江南大學，錢生又來問學，仍無定向。及余來臺，再見嚴生，已學有專精。而錢生留大陸三十年來音訊未得，亦每念之。

嘉定距峨嵋僅一日程，余擬乘便往遊，適得教育部電召，須赴重慶開會，遂臨時決定離嘉定東歸。意抗戰未遽終了，留蜀尚有年，他日可再來，遂未去。余之來蜀及離去，皆乘飛機。水程未經三峽，陸路未上棧道，又以病胃畏寒，此下遂終未去峨嵋。乃余居蜀之三大憾事。

余之讀英文書，僅在蘇州一年，獲得讀《西洋通史》一部。此後遂輟。及去嘉定，重讀英文之念猶存懷中，臨行只攜中英對照本耶穌《新約聖經》一冊，朝夕得暇，時加披覽，逐條細誦，一字不遺。及離嘉定，此冊幸得完卷。轉青木關教育部後，此業又輟。然猶幸此《西洋通史》與《聖經》之兩部，對余影響實深，精力未為白費耳。

七

教育部為避空襲，遷青木關。此次開會，討論有關歷史教學問題。徐炳昶旭生亦自昆明來預會。旭生曾從法國漢學家斯本赫定考查新疆後，為中法研究所所長。余在北平屢與謀面，但未深交。會既畢，余因出席中學教師暑期講習會，仍留青木關。旭生方讀余《國史大綱》，欲相討論，亦不離去，遷來與余同室。上午余去上課，旭生留室中讀余《史綱》。午後，因夏日西曬，室中不能留。小睡起，即離室去至郊外，擇村間一茶座，坐樹蔭下對談，至晚方歸。如是以為常。余在講習會有課一星期，余與旭生作半日討論者，亦一星期。旭生讀余書既完，討論亦粗完。

一日，旭生忽背誦王船山《讀通鑑論》一段，首尾逾百字，琅琅上口。余大驚訝，曰，此來，君未攜一書，何從借閱，又背誦如滾瓜之爛熟乎。旭生笑曰，此乃我在出國留學前，幼年熟誦，今追憶及之耳。旭生年長於余，早年留學。至是，不禁大加佩服。曰，不意君於數十年前所讀書，猶能隨口背誦。今日一大學生，能繙閱及此等書，已是一大異事。則無怪吾輩兩人，此番所討論，已成為畢生難遇之奇緣矣。

勝利後，余自成都東歸，旭生方自昆明回北平，又遇於重慶。旭生健談，每達深夜不能休。猶憶一夕，余在旭生寓所暢談，旭生忽視手錶曰，夜深矣，我當送君歸，留待明日再談。余笑曰，今夜君乃輸了。余每與君談，余必先乞停。今夜存心要君先乞停，然亦恐此夕之難再矣。兩人皆大笑而別。自重慶分手，余與旭生遂未再謀面。今聞其已作古人，余每回念此夕，則猶如昨夕也。

八

余返成都賴家園國學研究所不久，頡剛又去職，赴重慶。頡剛人極謙和，嘗告余，得名之快速，實因年代早，學術新風氣初開，乃以枵腹，驟享盛名。乃歷舉其及門弟子數人，曰，如某如某，其所造已遠超於我，然終不能如我當年之受人重視。我心內怍，何可言宣。其誠摯懇切有如此。而對其早負盛譽之《古史辨》書中所提問題，則絕未聞其再一提及。余窺其晨夕劬勤，實有另闢蹊徑，重起爐灶之用心。惟亦因其秉性謙和，又樂於汲引之虛心，遂使其交際日廣，應接日繁，有日不暇給之苦。又其時生活日清苦，頡剛氣體不壯，力不從心，更感不安。其一妻兩女，同居園中。夫人賢德，尤所少見。頡剛患失眠症，每夜必為頡剛捶背摩腿，良久乃能入睡。其兩女乃前妻所出，而母女相處，慈孝之情，亦逾尋常。其長女幼年患病，口啞不能言，入盲啞學校。歸來侍奉雙親，勤勞異乎常人。園中師生對頡剛一家之親切，亦難以言辭形容。

頡剛留所日少，離所日多，又常去重慶。余告頡剛，處此非常之時，人事忙迫，亦實無可奈何。此後兄任外，余任內，賴家園環境良好，假以年月，庶可為國家培植少許學術後起人才，盼勿焦慮。而頡剛終以久滯重慶不歸，乃正式提出辭去研究所職務，由余接替。其家暫留園中，隨亦接去。余與頡剛之長日相處，亦計無多日。其夫人後因病在重慶逝世。頡剛又續娶，其新夫人余所未見。

抗戰勝利後，余歸蘇州，在其家中又獲一面。不久，頡剛即去北平。後余在香港，有人來言，頡剛面告，其在北平重獲舊時學業生涯。盼余能設法早歸。則其不忘情於余者，實始終如一。又聞其新夫人已為頡剛生得一子，此事迄今則又踰三十年矣。人生聚散有如此，他又何言。最近又聞頡剛已在北平逝世，則從此更無再見之緣矣。

九

余離青木關返成都賴家園，不久，即得教育部來函。告余，余在教育部召開會議中之最後一篇講辭，刊載報紙，蔣委員長見之，疑余尚在青木關，電話召見。函中囑余再去。余去函婉辭。

翌年民國三十一年秋，蔣委員長親來成都，獲兩次召見。嗣陳布雷來成都療病，余見之於其寓廬，偕其夫婦三人同進晚餐。布雷告余，聞委員長有意明年召君去重慶復興關中央訓練團講演，君其早作準備。翌年，果來召。時成都重慶交通已日感不便，余搭郵政局車去。黎明前即赴乘車處守候，黑暗中有一人續來，乃同車赴重慶者。互通姓名。其人忽曰，君乃錢先生耶。我讀先生之《先秦諸子繫年》，仰慕久矣。今乃在此見面，非天意安排，不得有此機緣。兩人乃暢談無休。知彼乃在郵政局任職，一路有所查詢。車上司機極盡敬禮。中晚兩餐，沿途郵政局皆盛宴招待。而余遂見推為上賓。入夜睡眠，床被舒適得未曾有，為余國難期中旅行最所未有之一次。直至重慶始別。惜已忘其姓名，無復向人詢問矣。

十

是年春，又折赴遵義浙江大學，作一月之講學，乃由張曉峰力邀成行。先在北平時，曉峰已邀余去浙大，余未去。又邀張蔭麟，亦未去。嗣在昆明，蔭麟屢責其妻治膳食不佳。其妻謂，君所交膳食費請各分一半，各自治膳。蔭麟無以答，勉允之。夫妻對食，蔭麟膳食乃大不如其妻之佳。其妻曰，果何如。蔭麟遂憤欲離婚，經友人勸，先分居，蔭麟乃一人去遵義。患肺病。余之去，蔭麟已先在前年之冬逝世矣。

余來浙大，曉峰外，謝幼偉已先識，郭秉龢繆彥威乃新交。余常與彼等四人往來，相談甚懽。余於清代詩人尤好遵義鄭子尹，常誦其詩不輟。此來惜不能一遊其母之墓。余在果育小學時，即知有蔣百里。百里病歿於遵義，余來已不及見。

余尤愛遵義之山水。李埏適自昆明轉來浙大任教，每日必來余室，陪余出遊。每出必半日，亦有盡日始返者。時方春季，遍山皆花，花已落地成茵，而樹上群花仍蔽天日。余與李埏臥山中草地花茵之上，仰望仍在群花之下。如是每移時。余尤愛燕子，幼時讀《論語》朱注學而時習之，習，鳥數飛也。每觀雛燕飛庭中，以為雛燕之數飛，即可為吾師。自去北平，燕子少見。遵義近郊一山，一溪繞其下，一橋臨其上。環溪多樹，群燕飛翔天空可百數。盤旋不去。余尤流連不忍去。

一日，李埏語余，初在北平聽師課，驚其淵博。諸同學皆謂，先生必長日埋頭書齋，不然烏得有此。及在昆明，赴宜良山中，益信向所想像果不虛。及今在此，先生乃長日出遊。回想往年在學校讀書，常恨不能勤學，諸同學皆如是。不意先生之好遊，乃更為我輩所不及。今日始識先生生活之又一面。余告之曰，讀書當一意在書，遊山水當一意在山水。乘興所至，心無旁及。故《論語》首云：「學而時習之，不亦悅乎也。」讀書遊山，用功皆在一心。能知讀書之亦如遊山，則讀書自有大樂趣，亦自有大進步。否則認讀書是喫苦，遊山是享樂，則兩失之矣。李埏又言，向不聞先生言及此。即如今日，我陪先生遊，已近一月。但山中水邊，亦僅先生與我兩人，頗不見浙大師生亦來同遊。如此好風光，先生何不為同學一言之。余曰，向來只聞勸人讀書，不聞勸人遊山。但書中亦已勸人遊山。孔子《論語》云：「仁者樂山，知者樂水。」即已教人親近山水。讀朱子書，亦復勸人遊山。君試以此意再讀孔子、朱子書，可自得之。太史公著《史記》，豈不告人彼早年已遍遊山水。從讀書中懂得遊山，始是真遊山，乃可有真樂。《論語》曰：「有朋自遠方來，不亦樂乎。」如君今日，能從吾讀書，又能從吾遊山，此真吾友矣。從師交友，亦當如讀書遊山般，乃真樂也。李埏又曰，生今日從師遊山讀書，真是生平第一大樂事。當慎記吾師今日之言。

余在浙大上課，常有農人肩挑路過，即在課室窗外坐地小休，側耳聽課室中作何語。余每憶及王心齋泰州講學時景象。自思，余今在此，固不如王心齋為農村人講學，窗外人亦非真來聽講，然果使有王心齋來此，講堂情形當大不同。天地仍此天地，古今人不相及，乃人自造，非天地強作此限制也。念此慨然。

十一

余在遵義僅一月，即離去。前在重慶，蔣委員長有意提倡宋明理學家言，命國立編譯館主編宋元明清四朝學案之簡編。宋元明三朝即就黃全兩學案刪節，惟有清一代唐鑑所編未及其全，勢當另有編造。乃以此事囑余。余返成都，因此書有時限，篇幅字數亦有限，又不願草率從事，日夜盡力專為此一書撰稿。立意先讀諸家集。讀一集，始撰一稿，絕不隨便鈔摘。即前撰《近三百年學術史》凡所述及，如亭林梨洲諸人，亦必重閱其集，另加編撰，以求全書體裁之一致。適新識友人彭雲生，川人中治理學有名，方有西安之行。余特懇其代為搜購清代關學諸家遺書。彭君訪求特勤，待其一月歸，共得二十種左右。清代關學首尾，網羅略盡。並多外間頗少流布者。故余書對關學一部分最所詳備。尤於《李二曲》一集，精讀勤思，采其言行，為撰一新年譜，而二曲一生精神為之活躍紙上。自謂為諸學案開一未有先例，亦余此書中最所愜心之一篇。又江西寧都七子，成都四川省立圖書館皆藏有其書。余遍加閱覽，擇其相互討論有關〈中庸〉未發已發一問題者，條貫敘述，亦為余此書中愜意之一部分。全書共約四五十萬字，字字皆親手鈔寫。以當時生活清苦，未能覓人另謄一副本，逕以原稿寄國立編譯館。明年又去重慶復興崗，蔣委員長面問此書已完成否，乃知編譯館於宋元明三稿皆未收得，擬俟全稿齊，始依次排印。委員長又親加催促。但至抗戰末期，此稿始在排印中，則已勝利還都矣。余之《清儒學案》一編，尚未付排，全稿裝箱，由江輪運返南京。不期裝船頭諸箱，有墮落江中者，余稿適亦在內，竟未及撈取。余之此稿遂藏之長江水底，終飽江魚之腹矣。所幸有〈序目〉一篇，已在該稿寄編譯館前，由四川省立圖書館之該館所編《圖書季刊》中，猶可知此稿各分目之大概耳。余後始讀徐世昌所編之《清儒學案》一書，意欲重自撰寫，則已無此精力與興趣矣。

《清儒學案》完成後，又續寫《中國文化史導論》一書。得曉峰來信，為其所辦之雜誌《思想與時代》徵稿，囑余按月投寄。余應其請，遂將《文化史導論》各篇，及續寫有關中國文化與宋明理學方面論文數篇，絡續寄去。此為余自入蜀以來在思想與撰述上一新轉變。

亦因賴家園處境靜僻，不僅離城遠，即離附近一小市，亦在五六華里之外。孤立在鄉野中，四鄰皆農村，賓客稀少。研究所諸生，除臨時偶有增添外，既無畢業年限，又不逐年招收新生，彼輩在所有年，亦能各有研討，各自進修，不啻是一研究集團，各安所業。並無規定之課程，只在每週星六下午有一討論會，每由余主講一題，約一小時，餘乃由諸生各別發問，各別討論，直到晚餐前始散會。又討論會每擇研究所附近茶店中舉行。圍坐小園叢樹中，藉作郊遊，備極舒暢。又於星期日赴成都附近諸縣邑諸名勝作竟日長途之旅行，以此較之在宜良山寺中一人孤寂獨處之環境，又自不同。至余赴齊魯上課，則每週僅有兩日之往返而已，故得精力集中，光陰悠閒，絕少作無聊之浪擲也。

十二

時南京金陵女子文理學院亦借華西大學校舍上課，其教授羅倬漢，每逢余到齊魯上課，彼必在圖書館相候。余課畢，即相偕赴江邊茶館品茗閒談。彼告余，君近治兩宋理學家言，但時代不同，生活相異，惟當變通，不能墨守。雖兩宋理學家不求富貴利達，但吾儕今日生活之清苦則已遠超彼輩當年之上，而工作勤勞又遠倍之。姑不論其他，即每日閱報章一份，字數之多，已為從來讀書人日常勤讀所未有。論理學家之勤讀生涯，已遠遜清代乾嘉諸儒。而君今日讀書，又勤奮逾清儒。生活清苦，營養短缺，此何可久。今日吾儕得此江邊閒坐，亦正是一小休息。華西壩近在成都西門外，西門內有八號花生最所著名。倬漢必購取兩包，告余，花生富營養，惟恐消化不易，以濃茶輔之，俾可相濟。吾儕此刻一壺濃茶，一包花生，庶於營養有小助。

倬漢方治《左傳》，成《史記十二諸侯年表考證》一書，余為之〈序〉。其論清代今古文經學，時有所見。亦為余在蜀所交益友之一。後余避赤禍過廣州至香港，聞倬漢亦在廣州，而未獲晤面。及創辦新亞，曾貽書邀其來港，惜未獲同意，後遂不復得其消息矣。

又湖北人嚴重立三，在黃埔軍校任教，北伐為東路統帥。勝利抵杭州，遽告退休，居西湖僧寺中。熊十力亦鄂人，亦同在西湖，常與往來。十力來北平，常告余立三之為人。抗戰軍興，立三乃復出任湖北省主席。某年來成都，余特自賴家園進城訪之。立三為人嚴毅清苦，迥異恆常，對政事教育亦具特見。余與談中山先生《三民主義》，深蒙讚許。立三借居一空樓中，對坐暢談，旁無第三人，盡半日方散。如是不只一次。翌年，立三又來，又與相晤暢談。惟已不憶及當時晤談之詳情矣。後又聞立三在鄉間遭虎噬逝世。斯人誠亦近世一難遇之人物也。

拾參、華西大學四川大學

一

齊魯大學之南遷，本借華西大學校舍之一部分。故余在齊魯授課，華西大學生亦同班聽受。民國三十二年秋，齊魯國學研究所停辦，華西大學文學院長羅忠恕，邀余轉去華西大學任教。忠恕留學英國，聞即終年御長袍不穿西裝。漫遊歐美歸後，仍穿長袍。設立一東西文化協會，提倡中國文化。英人李約瑟亦常預會。他年李約瑟之撰寫《中國科學史》，亦不得不謂其受有當時之影響。

忠恕來邀余，余提唯一條件，余謂聞華西各教授宿舍均在華西壩四圍附近，惟校長住宅乃在華西壩校園內。華西壩內南端有洋樓四五宅，乃西籍教授所住，中西教授宿舍顯有高下不同。儻適壩內南端洋樓有空，余願住去，俾開中西教授平等待遇之先例。忠恕商之校長，竟允所請。亦適華西壩內南端最左一所洋樓空出，此樓乃各樓中之最大者，而余則惟一身，遂召齊魯研究所研究員五六人隨余同居。時老友蒙文通任四川省立圖書館館長，兼華西教授，由其移借一部分圖書寄放壩南余宅，供余及同居五六人研讀之用。

是年冬，又應召赴重慶復興關，為高級訓練班講學，同赴講學者凡四人，一馮芝生，一蕭公權，一蕭叔玉，同居一屋中。余居復興關凡一月。膳食極佳。一日，蔣委員長來，適中午桌上菜餚均已送上，委員長揭其蓋視之，連稱尚好尚好而去。余等住過陰曆元旦，適是時重慶連月大霧，陰雲不散，得見日光者僅一二日。余素病胃，在成都已久不葷食，來復興關屢進盛饌，初亦不覺，及返成都，胃病遂大發。醫言無大恙，惟須久養，如是臥床凡數月。

及稍痊，已春盡夏來，尚不能下樓，遂於樓廊置一沙發，日間臥其上，聊事閱讀。向樓下索取《朱子語類》最後有關討論宋代政治者各卷，逐條翻閱。倦則閉目小休，如是有日，精神漸佳，遂依次讀至最後，再向前翻讀。《朱子語類》全書一百三十卷，獲在樓廊上全部讀完，是為余通覽《語類》全部之第一次。及讀《語類》既畢，余病亦良已。暑假移居灌縣靈巖山寺。又向寺中方丈某僧借讀《指月錄》全部。此數月內，由於一氣連讀了《朱子語類》及《指月錄》兩書，對唐代禪宗終於轉歸宋明理學一演變，獲有稍深之認識。

有西南聯大一學生，今已忘其姓名，其家在老人村，距灌縣西約二十華里，適來寺中，遇余，勸余往遊。余聞老人村之名已久，欣然偕往。村沿一溪，溪之上源盛產枸杞，果熟多落水中。據云，村人因飲此溪水，故均得長壽。村中數百家，壽逾百歲者，常數十人。此村為自成都通西康雅安之要道，有一小市，常有人私攜槍械過市，暫宿一兩宵，遂赴西康販賣，獲大量鴉片返，復過此市，不法鉅利，往返如織。村人除種田外，亦賴此生活優裕。村中山水風景極寬極幽，村民遂亦不喜外出，風俗純樸。如某生遠赴西南聯大讀書，乃為村中向外求學之第一人。余在老人村，借宿村邊一小學內。暑假無人，獨余一人居之。余偕某生盡日暢遊，大為欣悅。越四五日，遊覽略盡，欲返灌縣，生言不可。因村俗，一家設席款待，同席者必挨次設席。余初來即由某生一親戚家招宴，因不知余即欲離去，遂於各家輪番招宴中，遞有新人加入，迄今尚未逐一輪到。若遽言離去，則違背村俗，某生將負不敬之罪。懇余再留，囑招宴者不再添請新人，俟同席者逐一輪到作一次主人，乃可離去。於是遂又留數日。臨去之清晨，乃在某生家進早餐。某生之父言，先生來，即由某戚家設宴，吾兒未將村俗相告，遂致多留了先生幾天，獨我家未曾正式設宴，不勝歉疚之至。今此晨餐乃特為先生餞行。此餐採田中玉蜀黍作窩窩頭，全摘新生未成熟之顆粒。故此窩窩頭乃特別鮮嫩可口。尚憶余在北平時，頗愛此品，但從未喫過如此美味者。這一餐可算是主人家的大化費，惟有感其情厚，他無可言。歸後詢之他人，老人村之名幾無不知，而實到老人村者，余以外幾無他人。自村余之遊老人村，實如武陵漁人之遊桃花源，雖千載相隔，而情景無異也。

二

秋後又遷居，自華西壩南端左邊第一家，遷至偏右之第二家。前居一幢三樓，由余一人獨占。後居一幢只二樓，樓下一家亦華籍教授，僅夫婦兩人，與余同遷入。前居則讓新來一西籍教授之有多人眷屬者。舊隨齊魯研究生諸人皆散去，獨華西大學畢業一女學生黃淑蘭相伴。淑蘭有夫不在川，有一女在近縣讀中學。淑蘭前在天津女師與余姨妹張一飛同學，極相善。來華西大學讀教育系，兼學繪畫，山水翎毛皆工，又善二胡，能拉劉天華諸曲。余來華西壩，遂來從學。余病惟彼乃一女生，常侍在側。

及遷後居，屢逢空襲，每在傍晚。晚餐後，離壩至荒郊，躲一兩時始歸。入冬一晨遇驟寒，胃疾又作，較春初更厲。入華西醫院，診為十二指腸潰瘍。臥院旬日始歸。時適日軍破長沙入廣西，後方惶恐，多謀逃避。相識者皆來醫院訪問，欲偕余同逃。余告以軍情不如此之急，可且觀望。米價驟跌，不妨暫趁廉價收購。或信余言，皆得薄利。

余出醫院後，遵醫囑，日進流質，薄米粥、雞蛋湯、羊奶、豆漿、麥片、藕粉如是之類，每兩小時進一餐，每日六餐或七餐。初則長日臥床，稍後可室內小坐，又稍後在室外東廊下躺籐椅上曬日光，又稍後可在園中菜畦間散步，如是亦幾半年。遇精神佳，閱書消遣。

偶讀胡適之論神會諸作，不禁操筆為文，寫〈神會與壇經〉一長篇，投寄《東方雜誌》。抗戰勝利後，又去昆明續讀智圓書。及在香港，又續讀寶誌書及《少室逸書》等。及遷居臺北，又讀宗密《原人論》諸書，更讀鈴木大拙書。絡續為文，皆一意相承，收在《學術思想史論叢》之第四集。此實為治禪史及理學史思想傳遞一大公案。而天台華嚴兩宗，亦時於言外旁及。余昔曾屢促錫予為初唐此三大宗作史考，錫予未遑執筆。余此諸文，前後亦歷三十年之久，惜未獲如錫予者在旁，日上下其議論也。余初撰〈神會〉一文時，陳寅恪亦因目疾偕其夫人遷來成都修養，余雖常與晤面，但因兩人俱在病中，亦未克與之討論及此。迄今以為憾。

三

余撰〈神會〉一文外，又旁論及於當時政治問題，投寄重慶《大公報》，得六七篇。又兼收在賴家園舊作八篇，輯為一編，名《政學私言》，付商務出版。一日晨，方出門去上課，梁漱溟忽來訪。余告以正值有課，漱溟曰，無妨，我來成都小住有日，並暫居君之隔鄰。遂約隔一日晨再面。余又返室，取《政學私言》一冊與之，曰，君儻夜間得暇，可試先讀此書。隔一日晨，余遂訪之於其寓。漱溟告余，此來有一事相商。彼擬創辦一文化研究所，邀余兩人合作。余即允之，問此事將於何時開始。漱溟曰，頃政府方召開政治協商會議，俟此事獲有結果，當即進行。又曰，君之《政學私言》已讀過，似為政治協商會議進言也。余曰，不然，書生論政，僅負言責。若求必從，則捨己田芸人田，必兩失之。君欲作文化研究，以唱導後學，茲事體大，請從今日始。若俟政治協商會議有成果，則河清難俟，恐僅幻想耳。漱溟聞余言，大不悅，起座而言曰，我甚不以君言為然。男大當婚，女大當嫁，今日國民黨與共產黨兩黨對峙，非為結合，他日國事復何可望。余曰，君言固是，亦須有緣。君其為父母之命乎，抑僅媒妁之言乎。今方盛唱戀愛自由，君何不知。漱溟怫然曰，知其不可而為之，今日大任所在，我亦何辭。余兩人遂語不終了而散。

抗戰勝利後，余返蘇州，任教無錫江南大學，曾於京滬車上兩晤漱溟。時漱溟居滬，常往返京滬間，出席政治協商會議。先一次告余，每憶君在成都所言，此事誠大不易，茲當勉姑試之，不久或知難而退矣。第二次，車廂中乘客擠滿，無坐位。行過兩廂，忽睹一空位，余即赴坐，乃旁坐即漱溟也。瞑目若有思，余呼之，漱溟驚視，曰，君來正佳，我此去堅求辭職矣。語不多時，余即下車。不久乃聞漱溟又去重慶。後余至廣州，不憶遇何人告余，已去函重慶促漱溟亦來，乃不意其後漱溟竟去北平。京滬車上之最後一面，則猶時時在余之心目中也。

又一日，馮芝生忽亦自重慶來成都，華西壩諸教授作一茶會歡迎，余亦在座。不知語由何起，余言吾儕今日當勉做一中國人。芝生正色曰，今日當做一世界人，何拘拘於中國人為。余曰，欲為世界人，仍當先作一中國人，否則或為日本人美國人均可，奈今日恨尚無一無國籍之世界人，君奈之何。芝生無言。漱溟語不忘國。芝生自負其學，若每語必為世界人類而發。但余終未聞其有一語涉及於當前之國事。則無怪此後兩人同居北平之意態相異矣。

四

時四川大學遷回成都，校長黃季陸屢來邀余，不得已，勉允之。遂每週於華西壩從田間步行至望江亭，往返作散步。又好於望江亭品茗小坐，較之華西壩江邊若更為清閒。城中公園亦有茶座。余之在成都其時間之消費於茶座上者，乃不知其幾何矣。遇假期，則赴灌縣靈巖山寺，或至青城山道院，每去必盈月乃返。青城山道院中有一道士，屢與余談靜坐，頗愛其有見解有心得。

重慶中央大學又邀余去主持歷史研究所，余以氣候關係，不欲往。讀其畢業生所編刊物，有黃少荃一名，能讀余《先秦諸子繫年》，並有補余闕者。余告來邀者，如黃生有意，余願任其指導。一日，黃生特來成都，時余猶在賴家園，始知黃生乃一女學生。以一女性而擅於考據，益喜其難得。又踰年，少荃乃辭去中央大學研究生之職，特來成都專從余學。並寄寓其寡姊家。其姊乃一詩人，姊妹兩人性格各異，所學亦絕不同。而少荃亦時流露其名士派之一面，時來華西壩，余時已遷華西壩之後居。少荃常攜帶其親自烹調之數肴，留余寓所晚餐。少荃能飲，余每以成都大麴浸枸杞等諸藥物，酒性極烈，少荃可獨自盡一瓶，余則僅飲數口而已。少荃有意專治戰國史，余告以北平寓所留有《竹書紀年》各種版本一大書櫃，他年君去北平，當舉櫃相贈。及余離成都，少荃尚住其姊家。後余在江南大學，少荃寄其所為《戰國編年》之〈楚國〉一編來，凡八卷，斐然有述作之意。余至廣州，又得少荃書，知其方應武漢大學之聘。余赴香港，而音訊遂斷，至今不曉其成就之如何也。香港大學為余重刊《先秦諸子繫年》，余則增入少荃語數條，乃為余讀其文未識其人以前之所為。

又一日，政府一要人來，在華西壩講演，號召青年從軍。余特為〈中國歷史上青年從軍先例〉一文，文長及萬言。歷舉史實，雖亦尚有疏漏，然在當時刊之報端，亦不無影響也。

五

回憶在華西壩之數年，幾乎長在病中。某年，聞有張醫生擅針灸，余先電話約定，自城南赴城北就針。兩針自肩上刺入，覺有一股熱力直達腹部，離醫所乘車返，猶覺微熱未已。如是每週一往。數週後，覺屢次先約感不便，遂不約逕去。到門稍遲，就醫者已盈座。久待必踰時。如是又數次，遂未往。然不久病又復發。不知儻屢針不輟，此病能治癒否。

又憶一日下午，赴軍官學校作講演，校長留宴，踰九時始歸。自城北抵城南，一路寂靜，過華西壩西側一小溪上有一橋，極平坦，車忽翻，身落溪中，水沒頂，幸未受傷。爬上岸，不百步即寓所。叩門入，即脫衣上床，長臥竟夜，亦未受病。乃於翌日午後，又至溪旁，撈起昨夜所遺失之眼鏡及手錶等。亦意外一險也。及抗戰勝利，余因病體弱，仍留華西壩一年，又不敢乘長途汽車，經劍閣由陸路歸，遂於民國三十五年夏乘飛機赴重慶，再乘飛機直達南京轉蘇州。

拾肆、昆明五華書院及無錫江南大學

一

抗戰勝利後，昆明盛呼北大復校，聘胡適之為校長，時適之尚留美，由傅斯年暫代，舊北大同仁不在昆明者，皆函邀赴北平，但余並未得來函邀請。又念國共分裂日顯。自《雅爾達協定》後，美國急求撤退，而蘇聯則急求東進，國事蜩螗，方興未艾。余昔在北平，日常杜門，除講堂外，師生甚少接觸。除西安事變一次以外，凡屬時局國事之種種集會與講演，余皆謝不往。每念書生報國，當不負一己之才性與能力，應自定取捨，力避紛擾。但自抗戰軍興，余對時局國事亦屢有論評，刊載於報章雜誌。學生亦遂不以世外人視余。幸余離昆明赴成都，得少人事糾紛。倘再返北平，遇國共雙方有爭議，學校師生有風潮，余既不能逃避一旁，則必盡日陷入於人事中。

於時局國事固絲毫無補，而於一己志業則虧損實大。因此自戒，此下暫時絕不赴京滬平津四處各學校，而擇一偏遠地，猶得閉門埋首溫其素習，以靜待國事之漸定。

曾被邀赴常熟作講演，錢子泉鍾書父子亦被邀，同住一旅館中，討論及此。適滬上各學校爭欲招聘，子泉力贊余意，鍾書則深盼余留滬。即彼父子兩人，子泉仍返湖北，而鍾書則終留上海。而余則適有滇人于忠仁來訪。其弟忠義方長昆明雲南省立圖書館，有志中國學術思想之研究。彼則在抗戰時從事滇緬公路之運輸，獲有盈裕，擬由其弟辦一五華書院，邀余往。余於雲南氣候山水既所欣賞，又以其偏在邊區，西南聯大已離去，余再前往，正可謝絕人事，重回余書生苦學之夙願。遂欣然允諾，於民國三十五年秋，隻身前往。然其時余胃病仍未痊復，不啻扶病而行。

及晤忠義，其人純謹退讓，溫和可親，頗自欣慰。而忠義見余有病，亦絕不以五華一切雜務相擾，僅求余每週作講演一次或兩次。為余覓一住處，即在翠湖公園中，前後五六進，皆空屋無人，余單身住其最後一進。一女僕隨侍作膳食。翠湖既少遊人，此屋則絕無人到。

余此去，乃知昆明氣候不宜早起，最好應於日出後起床。午後必有風，最好能作午睡，至四時始起，則風已退。入夜，氣候更佳。省立圖書館即在翠湖公園中，余每日晨起，必往閱讀半日。下午四時或再往，閱讀一小時左右。晚飯後，則散步湖上，靜寂無人，非深夜不歸。月圓當可有三夜，則非過十二時決不返。

又雲南教育廳長張君，忘其名，乃留法學人，為余介紹一中醫，一週旬日必易一方，余之再來昆明，養病之事乃更過於講學。

二

時西南聯大舊同事留昆明者僅二人，一為劉文典叔雅，余在北平時為清華同事。住北平城中，乘清華校車赴校上課。有一年，余適與同車。其人有版本癖，在車中常手挾一書閱覽，其書必屬好版本。而又一手持煙捲，煙屑隨吸隨長，車行搖動，手中煙屑能不墜。萬一墜落書上，煙燼未熄，豈不可戒。然叔雅似漫不在意。後因晚年喪子，神志消沉，不能自解放，家人遂勸以吸鴉片。其後體力稍佳，情意漸平，方力戒不再吸。及南下，又與晤於蒙自。叔雅鴉片舊癮復發，卒破戒。及至昆明，鴉片癮日增，又曾去某地土司家處蒙館，得吸鴉片之最佳品種。又為各地土司撰神道碑墓誌銘等，皆以最佳鴉片為酬。雲南各地軍人舊官僚皆爭聘為諛墓文，皆餽鴉片，叔雅遂不能返北平，留教雲南大學，日夕臥煙榻上，除上課外絕不出戶。聞余去，乃隻身徒步來訪，聞者皆詫，為積年未有之奇事。時則余尚未到。及余居既定，乃屢訪之。窗前一榻，余坐其榻之另一邊。每語，必移晷而別。又一人羅膺中，乃北大中文系教授，亦留雲大。

有一退休軍人，約叔雅膺中及余三人赴其家度舊歲。其家在昆明湖之南邊，已忘其地名。汽車去，共三日，沿途風景佳勝，所至必先為叔雅安排一吸煙處所，余與膺中則得暢所遊覽。有一夕，停宿某縣城，其城中有一老伶人，唱旦角，負盛名。已年老，不復登臺。是夕，特在縣署堂上邀其演唱，聽者除叔雅膺中與余三人外，縣中士紳約不過三十人。滇戲在全國各地方戲中，與京戲最相近。余等因在座上批評稱道，並盛論京戲與滇戲之異同得失。演唱已畢，余等談論猶不已。主人乃曰，不意三教授皆深通此道，滇中有老伶工栗成之，有雲南譚鑫培之譽，彼亦年老退休。待返昆明，當告以三教授乃難得之知音，必強其登臺，以供三教授解悶。

及返昆明，果成議。栗成之每逢星六之晚必登臺，余等三人亦必往。余前在昆明，亦曾看過滇戲一兩次，惟未見栗成之。但在茶肆品茗，則必有栗之唱片，常加聽賞，及是，始親睹其登臺。猶憶栗之登臺第一場，乃為《審頭刺湯》。此後每星六，栗出場必擇唱辭少，工架多之戲。然栗之一步一坐一顰一歎，實莫不具有甚深工夫，妙得神情，有絕非言語筆墨之所能形容者。每逢其一次登臺，余必得一次領悟。實為余再次赴滇一莫大之收穫。亦為余生平一番莫大之欣悅也。

後余在香港遇滇人繆雲台，閒談及栗成之。雲台大喜曰，栗成之乃我老師，我從之學唱有年，今君亦知愛成之，請為君一唱，亦有成之風味否。乃屢唱不輟。後在紐約，又與重見於其寓所，情親如老友。亦為栗成之乃締此一段因緣。亦交遊中一奇遇也。

三

余之在五華講學，又兼任雲南大學課務。其時雲大校風，乃與余初至昆明時大不同。反動風潮時有掀起，蓋受西南聯大之影響。自余離聯大後，左傾思想日益囂張，師生互為唱和。聞一多尤跋扈，公開在報紙罵余為冥頑不靈。時陳寅恪尚在昆明，親見其文。後寅恪來成都，詳告余。又謂，君儻在滇，當可以誹謗罪訟之法庭。余謂，此乃一時思想問題。凡聯大左傾諸教授，幾無不視余為公敵。一多直率，遂以形之筆墨而已。此等事又豈法堂所能判。因相與欷噓。後一多竟遇刺身亡。余再往昆明，親赴其身亡處憑弔。隨往者繪聲繪形，將當日情況描述詳盡。余因念在北平清華時，一多屢以《詩經》、《楚辭》中問題來相討論。及在南嶽，曾同寢室，又親見其勤學不倦之生活。及在昆明，又屢聞其一家攻苦食淡之情，余雖與一多學問途徑不同，然念彼亦不失為一書生。果使生清代乾嘉盛時，訓詁考據，惟日孜孜，亦當成一以著述自見之學人。今遭亂世，思想錯雜，一多不知抉擇，而又自視過高，心懷不平，遂激而出此，罹此兇災，亦可憫憐。抑同時知識分子迷途失身者何限，浪擲一生，而又遺禍他人，斯誠當前一大悲劇也。

聯大既散歸北方，而雲大踵起。每去上課，校門外大牆上遍貼大字報，余必駐足巡視，議論恣縱，意見橫決，殊堪嗟嘆。一日，為西北邊境一軍事衝突，大字報根據塔斯社駁斥中央通訊社報導，辭氣嚴厲，令人不堪卒讀。余因招雲大年輕教授常往來者數人，至翠湖寓所，告以屢讀大學校門外大字報，每怪何以無人聞問。諸君言，亦有黨方注意。但既唱民主自由，則言論龐雜，難加干涉。余以國共對抗，固可謂其左右立場有不同，然民族國家之大防線，則終不能破。若非有其他證據，豈得以塔斯社訊反駁中央通訊社。身為一個中國人，豈得遇中蘇衝突必偏袒蘇方，諸君多識此間黨方負責人，當以此意告之，盼能專就此一端即去撕碎牆上大字報，並查究主事者何人，執筆者何人，加以懲處，俾可稍戢頹風。乃亦竟未聞黨方有何作為。

學校又常停課。只由學生發一通知，校方不加聞問。某一日，罷課既久，學生數人來翠湖寓所請去上課。余告諸生，余之來校授課，乃受學校之聘。今罷課復課，皆由諸君主動，諸君在學校中究是何等地位。余前日非遵諸君罷課令不到學校上課，乃因去至講堂空無聽者，不能對壁授課，因此不往。今日余亦不願遵諸君復課令即去上課。諸君既不像一學生，余亦竟不能做像一教師。甚愧甚愧。來者乃親自譴責認罪，卑辭堅懇，又續有來者，戶為之滿，余亦終隨之去。報章上亦不對此等事登載一字。昆明地處偏遠，學風如此。則余幸不去京滬平津，否則真不知何以為教也。

四

余在五華所授，以中國思想史為主。在省立圖書館所閱書，以宋元明三朝諸禪師撰述，及金元兩代之新道教為主。尤以後者翻覽最詳，惜僅偶撰小文，未能萃精著作。

李埏在雲大任教，三十六年春，自路南接眷來昆明，在五華山唐繼堯一大園中租得一小宅。邀余去同住。平屋三間，李埏夫婦及其一幼子一幼女住左室，余住右室，中室為食堂。余與李家同食，蓋因李埏與志義知余居翠湖惟膳食一事安排不佳，故為此計。由李埏妻親任烹調。同桌五人，余乃儼如其家之老人。然而從此余之一日三餐遂獲妥善之解決，余之體力乃亦日健。

唐家園中有一大廳，在李埏租屋前不百步。李埏又為余借得唐家大廳之鑰匙，余每日開門入，一人在大廳中讀書散步，較之前在宜良山中更靜寂有加。園西一墓地益寬大，余亦時往散步。余前半年在翠湖日親水，此半年在唐氏家園乃日親山，亦初來所未料也。

暑假乘飛機返上海，臨出機場，遇一熟友來接其友，其友乃未至。彼告余，已備餐肴，並清出一客房，又親以車來，堅邀余同赴其家。不意設宴甚盛，一盤一碟，必堅請一嘗。余所食既多，最後又來米飯一椀。余在昆明一年，晚餐從不進米飯，惟知今夕主人既未備粥麵，而又情辭懇切，余又勉盡之。自念今夕飲食較素常增兩三倍有餘，恐有不適。乃竟夜無恙，晨起轉覺舒暢，以告主人。主人曰，老年必倍喜鄉食，此或腸胃習慣宜然。君今病胃，正宜鄉食，較之離鄉旅食自不同，可勿慮。余意主人此言大有理，余之胃病當以居鄉為得。適無錫有創辦江南大學之議，屢來相邀，余遂決意離昆明返無錫。暑假後，另介紹一友諸佐耕去五華。佐耕乃余近鄉，本亦在小學任教。余在后宅小學時，即與相識。章太炎講學蘇州時，佐耕往從之，頗得親近。余既介之五華，遂與俱往，半年後，余一人獨返。諸友皆知余為胃病，故亦不堅留。遂於民國三十七年春轉赴江南大學任教。

五

江南大學乃無錫巨商榮家所創辦，校舍在無錫西門外太湖濱山坡上。由此向南一華里許，即黿頭渚。校舍皆新造，風景極佳。諸教授住宅多分佈在榮巷一地，榮巷乃榮家舊宅所在，由此經梅園至大學，可四五華里。梅園亦榮家所創造。余居分上下樓，各三楹。余居樓上，樓下乃大學老校主德生夫婦所居。每週六下午脯後，德生夫婦由城來。晚餐後，必上樓暢談，或由余下樓，每談必兩小時左右。星期日午後，德生夫婦即去城，如是以為常。德生告余，某一年，德生與其兄宗鏡及同鄉數友遊杭州西湖，在樓外樓晚餐，席散下樓，群丐環侍爭賞，一時不勝感喟。謂群丐皆壯年失業，即無錫城外諸酒家亦有此現象，遂群議回滬設廠，廣招勞工，庶於消弭失業有補。

無錫鄉人之在滬設廠，其動機始於此。余家在無錫南門外，與蘇州常熟為鄰，前清屬金匱縣，地為澤國，湖泊相連，多良田，故居民皆以耕漁為業。榮巷在無錫西門外，濱太湖，多山丘，地多犖确，故其居民多去上海經營小鐵鋪等為生。自此多設碾廠紡織廠等。而榮氏兄弟業務特旺，宗鏡先卒，德生一人維持。至抗戰時，德生諸子姪及諸婿各分主一廠徙內地，及是皆遷回。江南大學乃由其一子之某一廠斥貲興辦。

余詢德生，君畢生獲如此碩果，意復如何。德生謂，人生必有死，即兩手空空而去。錢財有何意義，傳之子孫，亦未聞有可以歷世不敗者。德生又謂，我一生惟一事或可留作身後紀念，即自蠡湖直通鼋頭渚跨水建一長橋。蠡湖俗稱「五里湖」，與太湖相連，鼋頭渚本孤立太湖中，德生七十歲時，私斥鉅貲，建此長橋，橋長有七十大洞，寬廣可汽車對駛，由此乃可從無錫西門陸路直達鼋頭渚，行人稱便。德生謂，他年我無錫鄉人，猶知有一榮德生，惟賴此橋。我之所以報鄉里者，亦惟有此橋耳。

德生於抗戰前，在榮巷曾創辦一中學，先兄聲一先生亦曾在該校任教。及先兄癭病驟卒，余弟漱六從另一私立中學轉來接替先兄之職。抗戰時，此校遭殘破，及是未能復興，猶存一圖書館，藏書亦數萬冊，迄今猶封閉未加整理。余因江南大學新興，圖書有待逐年增置，擬請德生先以榮巷圖書移江南大學以應急需。乃德生意，似謂江南大學由其子創辦，而榮巷中學及此圖書館乃由彼往年經營。今中學已停閉，此圖書館則尚待整理保留，亦彼一生中所辛勤擘畫也。

由此可知中國社會之文化傳統及其心理積習，重名尤過於重利。換言之，即是重公尤勝於重私。凡屬無錫人，在上海設廠，經營獲利，必在其本鄉設立一私立學校，以助地方教育之發展。即德生一人為例可證。方與其兄宗鏡從事實業經營，成為一大資本企業家，其最先動機即為救助社會失業。待其贏利有餘，即復在鄉里興辦學校，其重視地方教育又如此。及其晚年又築一蠡湖大橋，其重視地方交通公益又如此。余私窺其個人生活，如飲膳，如衣著，如居住，皆節儉有如寒素。余又曾至其城中居宅，寬敞勝於鄉間，然其樸質無華，傭僕蕭然，亦無富家氣派。其日常談吐誠懇忠實，絕不染絲毫交際應酬場中聲口，更不效為知識分子作假斯文態，乃儼若一不識字不讀書人，語語皆直吐胸臆，如見肺腑。蓋其人生觀如是，其言行踐履亦如是。豈不可敬。而中國文化傳統之深值研討，亦由此可見矣。

六

又如當時無錫鉅商唐家，請太倉唐蔚芝來無錫創辦一國學專修館，又為之建造一住宅，蔚芝乃移籍無錫，作終老計。及榮家蠡湖長橋落成，唐家又為蔚芝特築一別墅在橋之西端黿頭渚，面湖背山，風景特幽，遊人少至。及抗戰勝利，蔚芝雖以病居滬，而國學專修館終遷回，恢復辦理。

其他經商有成，在其家鄉興辦中小學者，乃指不勝屈。其實推而上之，無錫一縣在江南開風氣之先，如竢實東林兩學校，遠在前清光緒戊戌政變前，為全國地方興辦新式學校之開始。規模皆極宏偉，科學儀器亦極齊備。皆由地方人士私貲創辦。但戊戌後，兩校皆遭毀，否則亦它日之南開也。然風氣已開，即余之幼年，早獲投入新式小學讀書，亦受此風氣之賜。西方學校亦由私立者在先，惟不屬之地方，而屬之教會，此則雙方文化不同之故。然學校教育重在私辦，則大致無異。如英國之牛津劍橋，皆由教會興辦，歷史悠久，至今乃為其國人所重視。美國之哈佛耶魯亦各有三百年以上之歷史，其先亦由教會興辦。州立大學最遲起，然始終未有國立大學。吾中國果誠慕效西化，則學校教育似亦當尊重私立。

惟論中國歷史，遠溯之先秦，孔孟講學，豈不皆由私人。漢武帝時，已有國立大學，各郡亦有公立學校。然自經學有今古文之分，私家講學尤為社會所重視。宋代書院興起，私家講學其地位聲勢均在國立公立學校之上。蓋因西方政教分，中國則道統尤在政統之上，故教育權當操自社會下層，不當操自政府上層，此為東西雙方所同。惟普魯士提倡國民教育，事勢特然，但亦僅限於中小學。至大學則仍不由政府掌握。若論中國，則家塾黨庠自漢代已遍國皆是，所教皆以修身為本，知修身即知重名不重利，重公不重私，此可稱為乃是一種人文教育，於今效西化之所謂國民教育又微有辨。果論中國社會之文化傳統，心理積習，實皆自私塾奠其基。此層乃不可不深切注意者。

晚清以下，群呼教育救國，無錫一縣最先起。其時學校則多屬私立。余之始任教於中學，為廈門之集美，亦由南洋僑商陳嘉庚兄弟，海外經商贏利，乃返家鄉創辦。為當時私家興學之最負盛名者。其後陳嘉庚又獨資創辦廈門大學，則其事猶遠在榮氏辦江南大學以前，有一世三十年之久。集美之有陳嘉庚，則猶榮巷之有榮德生也。其時上海浦東有楊斯盛，毀家興學。山東有武訓，以乞丐興學。全國風起雲湧，類此之例，恐尚多有，難於覼縷以舉。

余避赤禍至香港，曾遊新加坡馬來亞。其地僑商，率重兩事。一曰創建同鄉會，鄉人隻身偷渡而來，皆由同鄉會援助，得以成家立業。次曰興辦學校，皆僑商私立，遠自上海聘江浙人來任教。故使此諸地迄今仍有一中國社會之存在。如辜鴻銘，即出生於檳榔嶼，自幼讀書於英國小學，長而遊學英倫，然乃終以宣揚中國文化蜚聲中外。又如孫中山先生，亦受學於香港，而終成為開創民國之第一偉人。此等皆當歸功於中國社會之文化傳統與其心理積習之一種無形潛勢力有以致之。果使民國以來，中央政府知此深義，於私家興學善加誘導，多予褒揚，則聞風興起，全國慕效，誠指顧間事。乃不此之圖，學校必國家公立，無錫如竢實東林兩校，毀後重建，皆改為公立。而私立學校地位又必屈抑在公立之下。更有甚者，外國教會來內地辦學，其地位亦必在本國社會私立之上。如北平有燕京大學，南京有金陵大學，蘇州有東吳大學，凡屬教會大學，其聲氣亦必高。中小學亦然。而更甚者，則有新文化運動，凡中國固有必遭排斥。胡適之在北京大學明白昌言，中國之有大學必確然自北京大學始。二十五史所載歷代國立太學皆擯不得列於大學之林。此誠無法解說者。

又清末民初，南通有張謇季直，亦興辦實業，提倡新學校，一時南通與無錫媲美競秀，有全國兩模範縣之稱。此亦中國社會文化傳統心理積習中所宜有。從來名宦大臣，退老居鄉，多知恭敬桑梓，敬宗恤族，於地方有貢獻。乃清末一輩自居為遺老者，率皆蟄居上海天津租界中作寓公，不問世事。其時軍閥割據，擁兵自強，儻有地方賢達告其在各自勢力範圍內興學校辦實業，亦未嘗無人肯聽從其言者，乃惜乎亦默不一聞。可知當時中病實在一輩高級智識分子身上。而尤如新文化運動諸鉅子，乃群據國立大學中當教授，即以大學為根據地大本營。而政府亦無如之何。又自全盤西化一轉而為共產主義，蘇聯化，不僅排斥古人，即全國社會亦盡在排斥中。實業界皆為資本家，為人類之毒害。即如陳嘉庚亦轉向左傾，慕為一前進分子，於是為禍乃益不可救藥。余自交榮德生，深稔其為人，乃不禁馳想至此。後余在香港聞德生竟以餓死，亦良堪悼念矣。

又有侯保三，亦繼楊範之創辦竢實學堂後以私人興學名聞全國。陳嘉庚兄弟在廈門集美初創辦小學，即聘保三為校長。余去集美，當年小學建築尚保留存在。及余來江南大學，保三尚健在，常與余於梅園品茗長談。余親對鄉里前輩每不勝其敬仰之思。但余至香港，亦不聞其下落矣。

七

江南大學初上課，忘其為何事，學生欲結隊赴京請願。此等學生皆初自中學來，即已如此意氣囂張，誠不可解。余任文學院長職，集大會盡力勸戒，意氣稍戢，但終不肯已，乃改派小隊赴京，學校仍照常上課。然此後學校風潮終於時起，蓋群認為不鬧事，即落伍，為可恥。風氣已成，一時甚難化解。

余之院長辦公室在樓上，窗外遠眺，太湖即在目前。下午無事，常一人至湖邊村裡，雇一小船盪漾湖中。每一小時化錢七毛，任其所至，經兩三小時始返。自榮巷至學校，沿途鄉民各築小泊，養魚為業，漫步岸上，上天下水，幽閒無極。余筆其遐想，成《湖上閒思錄》一書。又據馬其昶《莊子注》原本，遍誦《莊子》各家注，以五色筆添注其上，眉端行間皆滿，久而成《莊子纂箋》一書。自為之序曰，《莊子》亂世之書也。身居亂世，乃注此書自消遣，是亦可知余當時之心情矣。

其時有舊在成都從余之數學生皆江浙籍。勝利回來，聞余在江南大學，重來從余，同居榮巷樓上。余適應上海某書肆約，為選四部舊籍人人最先必讀者數十種，一一為加新標點，即由諸生分任。遇疑難處，由余為之決定。俟標點畢，余擬撰一《中國歷史新編》，已先定目錄，如政治制度，社會經濟等，共二十餘類。由諸生從余指定書籍中，分頭從事鈔集資料，而由余總其成。此項經費亦由某書肆擔任。惜標點古籍名著畢，時事日非，此稿未能著手。所標點之各書，某書肆亦未能付印出版，諸生亦散去，卒為余在江南大學時浪費精神之一事。

八

其時湯錫予赴美國哈佛講學歸，特來訪。告余，儻返北平，恐時事不穩，未可定居。中央研究院已遷至南京，有意招之，錫予不欲往。彼居江南大學數日，暢遊太湖、黿頭渚、梅園諸勝，其意似頗欲轉來任教。然其時適在秋季始業後不久，余告以此校初創，規模簡陋，添新人選，須到學年終了，始能動議。勸其且暫返北平。不意時局遽變，初謂一時小別，乃竟成永訣。聞北平淪陷，中央派飛機赴北平接人，有錫予夫婦名，但錫予夫婦不願離其子女。時適有戚屬一女，肄業輔仁大學，錫予促其頂名行，倉促間足上猶穿溜冰鞋，遽赴機場，得至南京。後在臺北告人如此。回念老友，追想何極。最近聞人言，錫予乃以自殺死，但未審其景況之詳。執筆悼痛，慨何堪言。

又一日，昆明于乃仁來訪，余與偕遊黿頭渚，宿渚上無錫旅館。越兩宵，乃仁猶流連不忍離去，遂再宿一宵。夜坐室外廊上，遙望湖色，對坐長談，乃仁手握紙煙連吸不已。余自后宅小學戒吸紙煙，相距已三十年，在昆明尤愛其長筒水煙管，但卒未破戒。至是乃情不自禁，向之索一煙捲相偕同吸。由此夕始，煙戒遂破，至今又已三十年矣。懷念當時情況，亦猶在目前也。

徐州既淪陷，時值春假，適廣州有一華僑大學來函相招，余遂決意暫避。時共黨廣播稱榮德生為民族資本家，囑勿離去。榮氏集團中人，亦勸余留校，可隨隊同遷。又族叔孫卿乃子泉孿生弟，亦屢勸余勿離去。言下若於共軍渡江有深望。余告孫卿，吾叔日常好談論古文辭，不知共軍先後文告，亦有絲毫開國氣象否。孫卿無以應。然其力勸余如故。余既受多方挽留，臨去只言春假旅行，學校寢室中床舖書籍安放如故。即《莊子纂箋》、《湖上閒思錄》諸稿，亦待余抵香港後，囑隨余同住之學生檢寄。余過滬，遇一無錫同鄉許思遠，留學西歐治希臘哲學，亦在江南大學任教。知余去意，謂，君暫避亦佳，秋間時局即定，到時可再相晤。去年曾在香港某雜誌見其有文字發表，知其尚健在，並仍治學不倦，方以為喜，但不久亦聞其逝世矣。其實抗戰八年，留在淪陷區者，惶恐困阨，與逃避後方等，初無大異。及勝利回都，淪陷區乃如被征服地，再教育之呼聲，甚囂塵上，使淪陷區人民心滋不安。又以金圓券市價朝夕變動，生活無瞬息之安。乃於此翻天覆地之事，轉若熟視無睹，亦良可喟歎也。

拾伍、新亞書院

一

民國三十八年春假，余與江南大學同事唐君毅，應廣州私立華僑大學聘，由上海同赴廣州。僑大創辦人王淑陶，與君毅舊識。此校創於香港，遷來廣州。其時共軍已南侵至徐州。余念於人事素疏，上下無交際，一旦戰氛渡江，脫身非易，不如借此暫避，以免臨時惶迫。同事許思遠上海送行，謂，君暫避甚佳，盼九月能在此重晤。是當時人亦知政局可急切轉移，慣於生活在日軍占領時之淪陷區，意謂此乃國內政權相爭，更無逃避必要，故言之安祥如是也。

及共軍渡江，上海戰事日緊，政府大部分機關已遷至廣州。一日，應行政院長閻錫山邀，晤之其官邸。同受邀者，多青年民社兩黨黨員。以學校教授資格者，惟余一人。余即席發言，謂，當抗戰時，軍隊占最前線，政府居中指揮，教育界知識分子最在後方，惟受蔽護。今日形勢已非，前線軍隊在崩潰中，恐不可恃。政府遠退在此，知識分子教育界可以人自為戰，深入民間，當轉上第一線。俟人心有定向，國事庶可挽回，政局可重建基礎，然後軍事始再可振作。余當時此番話，初亦不料共黨此下對國內知識分子有如許壓迫，清算鬥爭，種種慘烈手段。余意僅盼政府多方注意國內知識分子，至少在當時負群望為眾情所歸者，須及時多聯絡，設一妥善之安排。惜是日會場中，無人提及此層。余亦僅發一場空言而止。

又一日，在街頭，忽遇老友張曉峰。彼乃自杭州浙江大學來。告余，擬去香港辦一學校，已約謝幼偉崔書琴，亦不久當來，此兩人乃余素識。又一人治經濟學，余所未識。今亦忘其名。曉峰邀余參加。余謂，自民二十六年秋起，屢荷浙大之邀，僅赴遵義作一短期停留，有負盛情，每以為憾。此次來廣州，本無先定計劃，決當追隨，可即以今日一言為定。曉峰又告余，近方約集一董事會，向教育部立案，俟事定再告。但此後不久，聞曉峰已得蔣總統電召去臺北矣。

又一日，余特去嶺南大學訪陳寅恪，詢其此下之行止。適是日寅恪因事赴城，未獲晤面，僅與其夫人小談即別。後聞其夫人意欲避去臺北，寅恪欲留粵，言辭爭執，其夫人即一人獨自去香港。幸有友人遇之九龍車站，堅邀其返。余聞此，乃知寅恪決意不離大陸，百忙中未再往訪，遂與寅恪失此一面之緣。今聞寅恪因紅衛兵之擾，竟作古人。每一念及，悵恨無已。

又一日，與君毅同去廣州鄉間訪熊十力，君毅乃十力之入室弟子也。十力隻身寓其一學生家。余兩人留一宿。十力亦無意離大陸，後去北平，聞其卒於滬上。又梁漱溟時在重慶，余與某君晤，頃已忘其名，由其作書勸漱溟來粵，亦未得覆。又羅倬漢陪余同去訪寅恪，後余在港辦新亞，屢函促其來，亦拒不至。又楊樹達，余晤之於廣州中山大學，亦不久離粵返湘。如此之類，難於縷舉。國家遭此大變，但距抗戰流亡不久，家人生計，顧慮實多。亦證當時一輩知識分子對共黨新政權都抱與人為善之心。果使中共政權成立後，能善體這番心情，亦未嘗不可上下一體，共期有成。而惜乎中共政權之難於與語此也。

二

余在僑大得識同事趙冰，一見如故。秋季僑大遷回香港，趙冰夫婦與余偕行，余即宿其家。後乃借一中學校教室，暑假無人，余夜間拼課桌舖被臥其上，晨起即撤被搬回課桌，如是為常。

嗣又得教育部函邀孔子誕辰作公開演講重返廣州。乃聞幼偉書琴兩人已抵港，進行創辦學校事，而余在香港竟未獲與彼兩人謀面。校名為亞洲文商學院，由幼偉約其友人劉某為監督，派余任院長。余去函聲明，決踐宿諾，返港共事，惟院長一職，萬不願任。一則人地生疏。二則粵語英語均所不習，定多困難。三則與監督劉君素昧平生。懇幼偉書琴另商。不日，幼偉書琴特囑曉峰原邀之第三人治經濟者返粵，攜幼偉書琴函，面告一切，促余速返港。迨余抵港，晤及幼偉書琴，乃知依港例，申請創辦學校，必由監督一人出面負責。劉君夙居香港，與幼偉熟稔，故請其任此職，俾便與香港教育司接頭。並謂院長一職，亦已正式立案，成為定局，極難臨時更動。此後校中一切事，彼兩人必盡力應付。余見事已如此，只有勉允。

不久，幼偉忽得印尼某報館聘其去任總主筆。書琴力勸其行，謂狡兔三窟，香港新校究不知若何維持，幼偉去印尼亦可多得一退步，港校事彼當加倍盡力。余見彼兩人已同意，亦無法堅留幼偉。而赴廣州面促余之某君，亦留粵不再返。於是亞洲文商之開學，實際乃由余與書琴兩人籌劃。有時書琴夫人亦在旁預聞鼓勵。余即邀在廣州新識之張丕介，時在港主編《民主評論》，懇其來兼經濟方面之課務。又商得君毅同意，彼隨僑大來港，懇其兼任幼偉所遺哲學方面之課務。書琴則任教務長一職。於民國三十八年之秋季十月正式開學。時並無固定之校址，只租九龍偉晴街華南中學之課室三間，在夜間上課，故定名為亞洲文商夜校。又在附近砲台街租得一空屋，為學生宿舍。

開學後不久，丕介偕其在重慶政治大學之舊同事羅夢冊來晤面。余抗戰時赴重慶，曾與夢冊在政大有一席之談話。至是亞洲文商遂又獲一新同事。又君毅舊友程兆熊，亦來港，亦聘其任教。惟彼不久即離港去臺，在臺北代為亞洲文商招生，得新生約二十人左右，由臺來港。亞洲文商在港新生僅得約四十人左右，至是乃增至六十人之數。

余在港又新識一上海商人王岳峰，彼對余艱苦辦學事甚為欣賞，願盡力相助。遂在香港英皇道海角公寓租賃數室，作為講堂及宿舍之用，安插自臺來港之新生。而余等則在日間赴香港上課，夜間則仍在九龍上課。時為民國三十九年之春，即亞洲文商學院開辦之第二學期。余與君毅暫住九龍新界沙田僑大宿舍，兩人輪番住砲台街宿舍中，與諸生同屋。

三

民三十九年之秋，岳峰斥貲在九龍桂林街頂得新樓三楹，供學校作新校舍。余遂商之監督劉君，擬改學校為日校。劉君似以此一學年來，學校事皆由余接洽主持，彼不欲再虛膺監督之名。乃告余，亞洲文商乃彼所創辦，不欲改日校，亦不願將校名相讓。當由君另向香港教育司申請立案創辦新校。余遂赴香港教育司另請立案。其時書琴夫婦亦因臺北來邀，離港而去。新校遂由余一人主持。

學校自遷桂林街，始改名「新亞書院」。桂林街乃在九龍貧民區中新闢，一排皆四層樓，學校占其三單位中之三四兩層，每單位每層約三百尺左右。三樓三單位中，一單位是學生宿舍，另兩單位各間隔成前後兩間，得屋四間。前屋兩間向南，各附有一陽臺，由丕介君毅夫婦分居。丕介後屋一間，余居之，君毅後屋一間，為辦公室兼余及張唐兩家之膳堂。四樓三單位共間隔成四間教室，兩大兩小。夢冊夫婦由岳峰另賃屋居之。

同事亦大增，吳俊升士選本為教育部高教司長。教育部自廣州遷臺北，彼亦來港，別與數人創一學校，而為況極冷落。至是遂來新亞任課。又介紹該校同事任泰東伯來任英語課。東伯曾任西方某團體英譯漢書事，與余為新識。劉百閔羅香林亦來任課，兩人皆舊識。張維翰蒓漚在滇相識，曾邀余至其家午餐長談。余極賞其屋宇精雅，花木幽蒨，有詩人之致。至是亦在港晤面。彼謂，君艱苦創學校，恨無力相助，願義務任教國文一課，以表同情。梁寒操新相識，亦來任國文課。衛挺生曾於某年暑假在廬山晤面，彼詢余留學何國。余告以年幼失學，未獲進國內大學，更無出國機會。彼謂與君雖初見面，然君在商務出版之《論語要略》特在家教子誦讀。我兩人實如故交，幸勿過謙。余謂此乃實語，非謙辭。彼謂，君未受新式教育，於《論語》一書，以如此新的編纂，表達如此新的觀點，更非常情所能想像。至是亦在港再晤，來校任經濟方面之課務。又陳伯莊，在重慶相識，曾書柬往返有所討論。至是亦再晤面。彼家近桂林街，喜圍棋，余亦已破戒，遂常至其家對奕。彼亦來校任社會學方面之課務。兆熊與國民政府行政院長陳誠辭修有戚誼，其返臺時，辭修留其居臺。但兆熊仍返港，願與余等同甘苦，來校繼續任課。學校無法為彼安排住處，乃舉家住郊區沙田。為省交通費，往返十數里，每日作長程徒步。又有楊汝梅，在大陸金融界負盛名，與余為新識，亦邀其來校任教。

當時在香港學校任教者，例必詳列其學歷資歷報教育司。時香港教育司亦特聘國內流亡學人某君任秘書，見新亞所聘各教授，均係國內政界學界知名負時望者。論其人選，香港大學中文系遠不能比，新亞遂因此特受教育司之重視。某日，教育司長高詩雅親來巡視，適余不在校，見樓梯口有新亞書院大學部一匾，囑移去勿懸室外。香港惟有一大學，即香港大學。居民皆逕稱大學堂，不聞有稱香港大學者。自不能破例許人另立一大學。然教育司於新亞特多通融，有所請乞，皆蒙接受，甚少為難。殆亦震於新亞之教授陣容有以使然也。

新亞又另組董事會，請趙冰為董事長，亦在學校任課。其他如寒操等，皆邀為董事，多粵人所推敬。而趙冰為香港大律師，尤受港人重視。香港律師職務名利兼高，惟大律師占極少數，業務亦冷落。香港除英國法律外，亦兼行大清律例。趙冰於此方面，乃一人獨擅。然登其門者，如夫婦父子等涉訟，趙冰必先曉以大義，詳述中國倫常大道，勸其自為和解。或竟面斥，不啻如一番教誨，使來者難受。余常親往其事務所，趙冰每一人寂居，攜便當充午餐，門可羅雀。得其允為辯護者，數十案中難得一案。故雖為香港政府所重視，而其家境清寒，不僅為律師業務中所少有，亦知識分子中所稀見也。故新亞董事會亦先與學校有諒解，專為學校法律上之保護人，而絕不負學校經濟方面之責任。

學生來源則多半為大陸流亡之青年，尤以調景嶺難民營中來者占絕大比數。彼輩皆不能繳學費，更有在學校天臺上露宿，及蜷臥三四樓間之樓梯上者。遇余晚間八九時返校，樓梯上早已不通行，須多次腳踏襆被而過。或則派充學校中雜務，如掃地擦窗等，可獲少許津貼。而學校亦並無一工友，僅一廚師治膳食，由岳峰家派來。一人管理一切文書繕寫，由廣州教育部流亡來之某君任之，此人亦得暇旁聽課業。有好許學生，一俟其家在臺定居，即中途離校而去。至如香港居家者，因見學校規模窮陋，應考錄取後，亦多改讀他校。否則亦隨例請求免費，或求免一部分。總計全校學生不到百人，而學費收入則僅得百分之二十而已。

其時學校經費日形窘迫，而同人課務則不甚煩重。不得已乃規定鐘點計薪，任課一小時受酬港幣二十元。同人堅持余必支最高薪，乃任課十時，月薪港幣兩百。依次而下，至港幣八十一百不等，然僅為一時維持之計。

時賀光中負責港大中文課務，屢來訪談，勸余去港大兼課。余力拒之，介紹羅香林去，亦仍兼新亞課務。又由在港之美國亞洲協會介紹菲律賓大學文學院長某君來見。告余，彼校獲美國協款，須成立一東方學系，擬聘能任中國課程而純粹以英語教授之中國學者三人，一人聘自臺北，兩人擬在香港遴聘，請余代為推薦。余念新亞在艱困中勉維歲月，薪給難供一家果腹，得有此機會，同人中儘有能勝任者，向外推薦，揚播中國文化亦於國家民族前途有益。因告某君，此事當代為盡力。惟中國規矩，教師當由學校主動聘請。今貴校依西方例，須願去任教者先自具函向學校申請。儻余所推薦之兩君，或為此拒不前往，余亦無以勉強。儻貴校肯依中國例，先具聘函，余必當從旁促成其事。某君請提兩人姓名，當歸後商之。余所薦一為衛挺生，一為任東伯。某君歸不兩月，又來港，攜學校聘函，並謂親來面呈，以表鄭重。兩君去，皆於聘期滿後獲續聘。挺生後赴美國，東伯則仍回新亞，隨又轉來臺北。挺生曾熱心詳考徐福入日本故事，逮其在美後，猶曾來書討論。則其時新亞擁有許多國內來港之名教授，已為外國人所知也。今兩君均已逝世矣。

新亞初創時，又設一公開學術講座，每週末晚上七時至九時在桂林街課室中舉行。校外來聽講者每滿座，可得六十人至八十人左右。學生留宿校內者，只擠立牆角旁聽。有一老者，每講必來，散會後，仍留三樓辦公室閒談。乃知其為江蘇南通籍沈燕謀，與胡適之同年出國留學，在美學化學，歸國後協助張謇季直在滬辦工廠。以其餘暇，瀏覽古籍，方專意陳壽《三國志》。在港無事，交談既熟，遂成至友。蓋余等之在此辦學，既不為名，亦不為利，羈旅餘生，亦求以文會友，以友輔仁之意。此講會能對社會得何成效，亦所不計。而海外逃亡獲交新友，亦枯寂生命中一莫大安慰也。

四

舊識張君勱，又在香港相晤。君勱又提舊議。謂君今當知追悔。彼方欲約集民社青年兩黨及其他人士流亡在港者，共創一新黨，勉余加入。余言，君積年從事政治活動，對國家自有貢獻，鄙意向不反對。特今日局勢大變，欲在國民黨共產黨外另創一新政黨，事非倉促可成。鄙意宜邀合數人，作精詳之商討，從根本上草創一救國家救民族之百年大計。先擬一新政綱，然後本此政綱再邀同志，創建新黨。此新黨之黨員，宜少不宜多。此新黨之活動，宜緩不宜急。務求培養新精神，貯蓄新力量，作久遠之打算。不宜在眼前只求經濟充裕，聲氣廣大。流亡無出路者人數何限，驟謀烏合，僅增擾亂，何期貢獻。儻君有意先邀集此會議，余亦願陪末席，供獻芻蕘。忽一日，在茶樓又晤君勱，彼告余最近即擬赴印度，已曾以余意轉告諸友，盼隨時同商大計。余言，前所告者，乃創建新黨之根本大計，余雖未獲與君深交，然亦略知君之為人，故敢輕率妄言。但此決非築室道謀之事，與余不相熟者，縱不以迂愚相譏，余又將從何處發言。姑俟君印度歸後再談可也。此後在港，即聞有一第三黨之醞釀，並有美國方面協款支持。屢有人來邀余出席會議，余終未敢一赴其會。一日，方將成立第三黨中之某君來訪，告余，有意與余共同辦學。新亞經費彼可獨力支持，並由余一人主辦。彼只求再辦一新亞附屬中學，與新亞採同一方針，同一步調進行，余亦緩卻之。彼後乃辦一雜誌，約夢冊主持，夢冊辭新亞職務。其時新亞同人生活難求溫飽，余亦正求為同人介紹生路，遂無法挽留。

王岳峰之經濟能力有限，亦僅能為新亞頂押一新校舍，又維持其前一兩月之日常經費，以後即不再能供給。新亞已達山窮水盡之絕境，同人等皆盼余赴臺北，儻獲政府支援，或可再維時日。

拾陸、新亞書院（續一）

一

民國三十九年之冬，余以新亞全校同人力促赴臺北，期獲政府救濟，少維年月，再謀發展。某日，乘飛機抵臺北，已有數人奉蔣經國先生命來機場迎候。是夕，宿火車站近旁之勵志社。翌晨，即蒙蔣總統召見午宴，由張曉峰陪赴士林官邸。是日，適大陸派伍修權赴美國，出席聯合國講演。總統在市區總統府開會未歸，電話來官邸，囑稍待。總統夫人陪坐，命煮湯糰充飢，並與余談伍修權事。余謂伍修權此行決無成果。夫人言，當持反對意見發問，俾君暢言，幸勿介意。如是往返問答，總統府亦屢來電話。踰午刻，總統返。即設午宴，席間總統垂詢新亞事。余所最受感動者，所進米飯乃當時之配給米，甚為粗糙。念總統高年亦進此米，余等稍涉艱難，何敢直率以告。遂趦趄以他語搪塞。

隔日之晚，行政院陳辭修院長亦在其官邸招宴。同座者僅臺灣大學校長傅斯年孟真一人。余與辭修院長乃初識，是夕所談多由孟真與余暢論有關前清乾嘉學術方面事。又一日，經國先生招宴，所進亦屬配給米。又一日，謁教育部長程天放於其官邸。時教育部官邸尚在臺大左外側市郊僻處，一切設備極簡陋。自念國難方殷，何忍以新亞處境瀆陳，遂亦絕口不談。

又一日，居正覺生招宴。覺生乃抗戰時期重慶舊識，詢余新亞事。謂，聞君創辦此校極艱辛，此來亦向政府有所請乞否。余詳告經過，並謂依理應向教育部陳述。然觀教育部之拮据，亦何忍開口。覺生言，君幸稍待，我當為君作一安排，再以相告。越日，覺生告余已為代洽，某夕在天放部長寓邸餐聚，屆時總統府、行政院、中央黨部均有負責人列席，可共商之。是夕，余在席上僅陳在港一年半之觀感所及，供政府作參考。乃述及新亞事，謂最渴需者，各位任課人之鐘點費。最低以每小時每月港幣二十元計，再加其他緊急開支，全校每月至少需港幣三千元，勉可維持。行政院副院長張厲生言，今夕陳院長因事不克來，新亞事明晨轉達，行政院應可承允協助。總統府秘書長王世杰雪艇繼言，此來得總統面諭，行政院協款幾何，總統府當從府中辦公費項下節省出同額款項相助，遂定議。惟行政院協款須留待提出立法院通過，約需待明春始可作正式決定，總統府款則立可支撥。余言得總統府協款，目前難關已可渡過，此後當續報情況。此夕之會遂告結束。後余亦再未向行政院提起對新亞協款事。

二

余此來目的已達，群勸余作中南部之行，略觀臺灣情況。北大舊同事陳雪屏，時長臺灣教育廳，派一員同行，俾沿路接洽，在各中學作講演。余之此行又別有一私事。前在無錫江南大學曾撰《莊子纂箋》一書，遍檢群籍，猶有近代著作兩小書未見。此來，詢之中央研究院，悉皆藏有，乃設法借出，攜以南行。至臺南工業專門學校，即此後之成功大學，其校長官邸移作賓館，屋舍寬敞，有園林之勝。余得一人借宿館中，環境清幽，日夜展讀此兩書，選錄入余之《纂箋》中。旬日完工，《纂箋》一書遂得成稿。

余又去鳳山，在陸軍官校作講演。總司令孫立人邀余至其屏東寓邸，乃前日本空軍軍官宿舍。樓屋數十座，尚多空置，未經派定居家。余告立人，總統府秘書長王雪艇告余，萬一香港有變，政府派船去港，新亞學校可獲優先第一批接運來臺。學生可轉各學校肄業，惟教師及其家眷未蒙提及。此處多空樓，君肯暫留數座備濟急否。立人問需若干。余答，有四、五棟即夠。立人允之。余此行為新亞前途乃得一大解決。歸後告諸師生，皆欣慰萬狀。

余又去岡山海軍官校。海軍總司令桂永清，適因公去臺北，由副總司令馬紀壯接待。余又去彰化，愛八卦山之幽靜，一人獨宿一空樓，歷一星期始離去。適永清返岡山，邀余再去，又留宿數日。永清偕余去澄清湖，其時尚為一荒湖。兩人坐沿湖草地上，欣賞湖景。遙望湖中一山，永清指以告余，君肯留臺，可在此湖中山上定居，真讀書勝地也。海陸兩官校皆近，君可分別去講學，振作士氣，亦大佳事。余答，新亞師生在惶慄不安中，余不能不歸去共患難。此湖如在仙境，僅可留余夢想中矣。時海軍官校有大鵬劇團正上演，每夜必往觀賞。適齊如山亦來，暢談平劇種種藝術特勝處，亦此行意外一快事。

余此來又得意外兩收穫。先在臺北省立師範學院即此後之師範大學，由劉真白如院長邀，作系統講演凡四次，總題文化學大義，由及門杜呈祥整理，即在勵志社寫定，付正中書局印行。又由國防部總政治部之邀，由蕭政之來洽，續作七次講演，題為中國歷史精神，由及門楊愷齡整理講辭，再加改定。先由印尼某報社印行，嗣後再在臺重印。自念三十八年初離大陸，至是重履國土，舊識新交，日有接觸。痛定思痛，語多感發。余對國家民族前途素抱堅定之樂觀，只望國人能一回顧，則四千年來歷史文化傳統朗在目前。苟有認識，迷途知返，自有生機。余此兩次講演大意只在此。

又在各學校之講演辭，擇定題目撰寫成文，歸納為《人生十論》一書。要之，在真實遭遇中吐肺腑話，與以往多作學術性論文有不同。書生報國，僅能止此。自悼亦自慚矣。

三

民國四十年之夏，香港大學中文系新聘英國人林仰山為系主任。一日，偕及門柳存仁來訪。柳存仁乃北大學生，抗戰時轉上海，曾在某雜誌連續撰寫〈北大人〉數篇，其中一篇專述余在北大授中國通史一課之情形，頗獲傳誦。余抗戰期中返上海，存仁偕余訪光華大學校長張壽鏞。余來香港，存仁亦在港某中學任教。後在某次宴會中，有人當存仁面告余，某年舊曆元旦彼去存仁家拜年，存仁方杜門讀余《先秦諸子繫年》，乃其手鈔本，亦一奇也。存仁後去澳洲，任某大學教授，精治道藏，與余常通函，報告其研究所得，至今未絕。林仰山久居中國，曾在濟南齊魯大學任教。日軍來，拘入集中營。在拘禁中，亦讀余《先秦諸子繫年》。他日出其書相示，多處有批校，知其亦用心甚至。

仰山邀余至港大任教。余答以新亞在艱困中，不能離去。仰山堅請，謂，君不能離新亞，來港大兼課，事無不可。余答，新亞事萬分艱辛，實不容余再在校外兼課分心。仰山謂，君來港大，不僅港大諸生同受教益，並港大中文系一切課程編製及系務進行亦得隨時請教。又謂，港大近得美國在港救濟知識分子協會一款，可聘任若干研究員。君可否兼任港大研究員名義，時間可無限定。余為其誠意所感，答，願在必要時參加港大中文系集會，貢獻意見，惟以不任職，不授課，不受薪，為原則，仰山無以強。

林仰山來港大主任中文系，賀光中辭職離去。羅香林、劉百閔皆改聘為專任。兩人皆新亞舊同事。百閔並在余來臺時，多方盡力為新亞謀渡難關，與余情意猶密。故余屢次去港大中文系出席會議毫無拘束。仰山又定同系諸教師每月必有一宴集，輪流為主人，余亦必被邀參預，但終不許余為此項宴集之主人。

某年，港大中文系創有東方研究院《東方學報》之出版，余為特撰〈孔子與春秋〉一篇，仰山刊為首篇。後余去倫敦，尚得彼中治漢學者之稱道。以後此篇收入余著《兩漢經學今古文評議》一書中。又仰山來商，余之《先秦諸子繫年》，願否由港大出版部重為出版流傳。適余此書在抗戰期中頗有增定，遂以最後定本與之，由港大出版部重新排版付印。

又民國四十四年夏，港大贈余博士學位，聞亦由林仰山與高詩雅兩人之動議。十餘年後，中文大學成立，余正求辭去新亞院長職。翌年夏，林仰山亦年屆退休，將返英久居，乃囑羅香林與余新亞及門弟子余秉權時亦在港大中文系任教，分別來轉達仰山意，欲於其退休前，先向學校提議，聘余為中文系教授，徵余同意。余告香林秉權，此次辭職，新亞同人皆表反對，正在商榷中，若余先接新聘，將很難對新亞同人乞諒。故余必於正式辭職後，再作他謀。翌年之夏，仰山夫婦離港，余亦往碼頭親送之。頃仰山已逝世多年，異國友情，亦良堪悼念。

是年美國人艾維來香港主持香港美國之亞洲協會職務。初到，即來訪，謂在美有人介紹，故特來訪。艾維尚年輕，直率坦白，一見如故。謂初來一切摸不到頭腦，但知余創新亞之艱辛，他日有可能，必盡力相助，遂常來往。

四

又是年因余在臺北受張曉峰編纂《現代國民基本知識叢書》之約，允寫《中國思想史》及《宋明理學概述》兩種。返港後，每於夜間燈下，先寫《中國思想史》，於四十年八月成書，翌年四十一年十一月在臺北出版。余又於四十年冬再赴臺北，因前一年來臺，在臺中得識臺籍數友。彼輩意欲余在臺辦一新亞分校，來函告余已選定校址。港方同人亦以新亞在港困頓無發展，儻在臺辦分校，或可獲新生機，遂又促余行。余抵臺後，即去臺中，觀察所擇地址。在郊外，離市不遠。背臨山，草坪如茵，溪流縱橫，地極寬敞，曠無人煙，將來宜大可發展。時劉安祺駐軍臺中，告余，學校建築可派軍隊任之，於地價外又可省工資。君應急速從事。

余返臺北，即向行政院長陳辭修報告。辭修告余，政府決策不再增設大學。余謂，多增大學，畢業生無安插，固滋不安。但為長久計，他日返大陸，大學畢業高級知識分子恐終嫌不夠。余又謂，聞明年美國教會將來臺設立一新大學，不知政府何以應之。當時臺灣稱大學者惟臺灣大學一所。此國外教會所擬來臺創辦之大學，即翌年成立之東海大學。辭修言，此事容再思之。

余既未得政府明白應允，而滯留已數月，擬即歸。何應欽敬之為總統府戰略顧問委員會主任委員，來邀作講演。余擇中國歷代政治得失一題，分漢、唐、宋、明、清五代，略述各項制度，共講五次，是為余在臺北有系統演講之第三次。他年此書及去歲所講《中國歷史精神》一書，香港大學定為投考中文系之必讀書，因此香港中學生多誦此兩書，至今不輟。

五

余講演方畢，忽又朱家驊騮先來邀為聯合國中國同志會作一次講演。依例該會按月一講，自該月十五至下月十五為一期。時適在四月初，騮先云，三月份講會尚未舉行，懇余少留在十五日前作一講。余允之。不日，騮先又來云，頃一法國某君過此，不克多留，擬將君講期讓之。四月十六日為四月份講期之最先第一日，懇君即移是日講演，幸君再稍留。余亦允之。不日，騮先又來告余，謂常借用之講堂共有幾處，不巧是日均不克借用，頃借淡江文理學院新落成之驚聲堂，乃為該堂第一天使用日。屆時當派車來接，余亦漫允。及期，余忽覺心神不安，騮先派車未到，余逕自雇街車去，適該車伕不識地址，過門不停，駛盡一街，乃知有誤，回頭再覓，始得。上講堂已誤時，聽者盈座，樓上座位亦滿。有立法委員柴春霖，約友數人遊士林花圃，諸友乘原車赴陽明山，春霖獨云，需聽講演，一人雇車來鶯聲堂，坐樓上。余講辭已畢，待聽眾發問，前座有人先離去，騮先見春霖在樓上，招手邀其下樓來前座。余方答問者語，忽屋頂水泥大塊墜落。蓋鶯聲堂建築方竣，尚未經工程師驗收，提前使用，乃出此變。時余與騮先駢肩立講臺上，余一手錶放講桌上兩人間。泥塊直擊余頭部，騮先無恙，即桌上手錶亦無恙，余則倒身泥塊下。一堂聽眾驚聲盡散，忽有人憶余倒臺上，乃返，從泥塊中扶余起。一人見余頭部血流不止，乃以手持筆記本掩之。出門漫拉一車，直送附近之中心診所。余已不省人事。但尚聞一人言，我乃代表總統來慰問。又聞一人云，彼已死去。蓋春霖坐前座，被泥塊擊中胸部。彼本有心臟病，送來醫院即氣絕。余與春霖不相識，始終未睹其一面，然春霖不啻為余而死，每念此事，不勝惋然。又聞人云，今當送君移手術室。余既一切不知，乃能聞此三語，亦心理學上一稀遘之經驗也。

過一宵，晨醒，漫問余在何處。旁一女護士云，在醫院中。余忽憶及有一講演，未去出席，奈何。女護士告余，講演已畢，乃來此。余竟全不記憶。稍後，乃漸憶起，直至屋頂泥塊下墜前，余方作何語，亦記及。此下則全由別人相告，即頭部痛楚亦不自知。若果從此死去，則生不知何由來，死不知何由去，真亦人生一大糊塗，亦人生一大爽快矣。是日為民國四十一年之四月十六日，余五十八歲，誠為余此後生命中最值紀念之一日。

余在病中得新亞同人來信，知香港政府新定法令，凡屬私立學校，其為不牟利者，須據實呈報，由港政府詳查覈定。余遂函囑由新亞董事長趙冰代勞一切。結果得港政府認許新亞乃為香港當時唯一獨有之一所私立不牟利學校。此亦新亞一難得之榮譽也。

余之赴驚聲堂講演，先有前在成都華西大學一女學生郭志琴在門口守候，陪余進入講堂。及余被泥塊擊倒，志琴外尚有前在蘇州中學舊學生楊愷齡，及其夫人鄒馨埭等數人護送余至中心診所。馨埭擠上車坐未穩，不意車忽駛動，掉下車，受輕傷。此後病中問候者不絕於戶，惟彼等諸人則晨夕來侍病。及余能出院赴臺中養病，由志琴一人陪余同車往。舊日師生一段因緣，不謂至是仍有如此深厚之影響之存在，是亦人生大值欣慰之事也。

余傷未深入腦部，余清醒後，醫生即來告余，此下三日無變化，靜養即可速愈。又田沛霖亦在前座受傷，與余同進醫院。醫生言，君病斷無危險，但不能早痊。及余出院，沛霖則尚留院中。

余在臺中住存德巷，臺北廣播公司一空宅中。《歷代政治得失》之講辭，即在此改定。又常向臺中省立師範圖書館借書，所閱盡南宋以下文學小品。他年余著〈讀明初開國諸臣詩文集〉一篇，自謂稍有發明，則皆植因於此。

余在存德巷養病時，適新亞學生胡美琦服務臺中師範學校圖書館，日來相陪。前後約共四月，余始轉臺北、返香港。而余之頭部常覺有病，閱一年後始全愈。

六

翌年，民國四十二年初夏，美國耶魯大學歷史系主任盧定教授來香港，約余在其旅邸中相見，蘇明璇陪往。明璇畢業於北平師範大學，其妻係師大同學，曾親受余課。又明璇曾在臺灣農復會任事，北大校長蔣夢麟為主委。及是來香港美國亞洲協會任職，故與余一見即稔，常有往來。據民國六十九年盧定來香港參加新亞三十週年紀念之講詞，知其當年來港前，先得耶魯大學史學系同事瓦克爾教授之推薦，故盧定來港後，余為其相約見面之第一人。瓦克爾曾在民國四十一年先來香港，後又來港任亞洲協會事，與余亦甚相稔。是晨，盧定告余，彼受雅禮協會董事會之託，來訪香港、臺北、菲律賓三處，以學校與醫藥兩項為選擇對象，歸作報告，擬有所補助，俾以繼續雅禮協會曾在中國大陸長沙所辦醫院及學校兩事未竟之業。彼謂，君為我此行首先第一約見之人，如有陳述，請儘直言。余答，蒙約見，初無準備。君既負有使命，儻有垂詢，當一一詳告。盧定聞余語，面露喜色，隨於衣袋中掏出兩紙，寫有二三十條，蓋事先早書就者。遂言，如我所問直率瑣碎，幸勿見怪。余答，儘問無妨。

盧定首問，君來港辦學校，亦意在反共否？余答，教育乃余終身志業所在，余在大陸早已從事教育數十年，苟不反共，即不來港。但辦學校自有宗旨，決不專為反共。盧定又問，君辦學校曾得臺灣政府補助，有此事否？余答，蔣總統乃以與余私人關係，由總統府辦公費中撥款相助，與政府正式補助性質不同。盧定又問，以後儻得他方補助，能不再接受此款否。余答，此項補助本屬暫時救急，儻新亞另有辦法，此款自當隨即請停。盧定又問，儻雅禮能出款相助，須先徵港政府同意，君亦贊成否？余答可。以下盧定逐條發問，余逐問回答。自上午九時起，已逾中午十二時始問答完畢。三人遂出外午餐。盧定又隨問余對宗教之態度。余答，余對各宗教均抱一敬意，在余學校中，耶回教徒皆有，並有佛寺中之和尚尼姑在校就學者。但余對近百年來，耶教徒來中國傳教之經過情況則頗有不滿處。盧定屢點首道是。余又告盧定，余決不願辦一教會學校。盧定亦點首。惟盧定言，雅禮儻決定對新亞作補助，仍須派一代表來，俾其隨時作聯繫。余謂此屬雅禮方面事。但此一代表來，不當預問學校之內政。盧定亦首肯。

相晤後數日，盧定即去臺北。返港後，又約相見。盧定告余，彼不擬再往菲律賓，已決以新亞一校為雅禮合作對象。並囑余，分擬年得美金一萬、一萬五、兩萬之三項預算，由俾攜歸，俟董事會斟酌決定。余遂寫一紙與之，定年得一萬則另租一校舍，一萬五則頂一校舍，兩萬則謀買一校舍。盧定見之，大表詫異，云，聞君校諸教授受薪微薄，生活艱窘，今得協款何不措意及此。君亦與學校同人商之否。余答，君與余屢見面，但未一至學校。余因指桌上一茶杯云，如此小杯，注水多，即溢出。余等辦此學校，惟盼學校得有發展，儻為私人生活打算，可不在此苦守。如學校無一適當校舍，斷無前途可望。請君先往新亞一查看。一日，盧定私自來新亞，遇及兩學生，在課室外閒談而去。適新亞舉行第二屆畢業典禮，在校外另借一處舉行，亦邀盧定前往觀禮。盧定來，禮成，留之聚餐，與諸同人分別談話而去。後新亞三十週年紀念，盧定演詞中謂，是夕見新亞舉校師生對余一人之敬意，深信此校之必有前途。

盧定臨別前告余，彼返美後，雅禮董事會定於新亞有協助。惟君對此款，仍當作學校日常開支用，至於校舍事，容再另商。又約一美人蕭約與余見面，謂彼亦雅禮舊人，今居港，有事可約談。及盧定返美後，來函云，補助費按年貳萬伍千美元，又超原定最高額之上。但蕭約延不交款。一日，蕭約來校告余，天熱，教室中不能無電扇，已派人來裝設。余因語蕭約，謂君告余雅禮款已到，今延遲不交，豈欲新亞先拒臺北來款否？此事決不可能。苟余得雅禮協款，再謝辭臺北贈款，始有情理可言。如欲余先拒受臺北贈款，以為獲取雅禮協款之交換條件，以中國人情言，殊不妥當。蕭約道歉，即送款來。時為民國四十三年之五月。新亞乃具函謝總統府，時總統府秘書長已易張群岳軍。贈款乃從此而止。

同時艾維來告，有關校舍事，盧定在離港前曾與彼相商，當另作籌措，幸勿為念。余初來港，人心惶亂，亦曾為新亞經費多方向大陸來港商人輾轉請乞。其稍有關係者，亦曾出力相助。惟所開支票，既不列受款人姓名，亦不列付款人姓名，若恐他日或因此受累。余亦遂不敢以此擾人。

余初次自臺北返港，教育司即派人來邀余到教育司一談，云有人向政府告密，謂君實去廣州，非去臺北。教育司因受政府囑，不得不邀君親來解釋，此亦政府禮待之意，務懇原諒。余適有臺北返港證一紙留在身邊，乃攜赴教育司。司中人以咖啡點心相待，歡語移時，屢表歉意。如此類事，不勝枚舉。及是時局漸定，然新亞得雅禮協款已普遍流傳，欲再獲他方協助亦成難事。或有疑新亞不獲中國社會同情，乃始終僅賴雅禮一方協助，此一層在余心中常滋慚恧，然亦無可語人也。

七

盧定離港後艾維又來訪，語余，新亞既得雅禮協款，亞洲協會亦願隨分出力，當從何途，以盡棉薄。余告艾維，新亞創辦乃因大陸遭劇變促成。余意不僅在辦一學校，實欲提倡新學術，培養新人才，以供他日還大陸之用。故今學校雖僅具雛形，余心極欲再辦一研究所。此非好高騖遠，實感迫切所需。儻亞洲協會肯對此相助，規模儘不妨簡陋，培養得一人才，他日即得一人才之用，不當專重外面一般條例言。艾維深然之。謂願出力以待他日新機會之不斷來臨。乃租九龍太子道一樓，供新亞及校外大學畢業後有志續求進修者數人之用。新亞諸教授則隨宜作指導，是為新亞研究所最先之籌辦。時為民國四十二年之秋。

是年初秋，余胃病又發。初在成都華西壩患十二指腸潰瘍，直至到無錫江南大學始漸愈。至是，又劇發。經常州中學舊同學費保彥子彬診治。子彬乃武進孟河世醫，曾義務為新亞校醫，歷年師生病，多經其診治。余病稍愈，遂移住太子道研究所，經某西醫調理，並日常在太子道九龍塘往返散步，但遷延經久不愈。新亞一女學生，其父亦西醫，屢言欲來為余診治，其家住香港筲箕灣。余告其女，余病已漸癒，路遠幸勿來。一日，其父忽至，言非來為余進藥，乃特有一言相告。因云，彼在日本學醫時，識一日本老人，常相偕遠足登山，壯健異常。老人言，汝乃一中國人，何來此學西醫。我曾患內臟各部分病，經東京第一流三大醫院診治，皆無效。改服中藥，乃有今日。女父又言，彼今乃於業餘兼習中醫，然尚無自信。所以特來欲相告者，十二指腸在身體內亦仍有用處，萬勿聽西醫言割去。余深謝之。後其女赴英留學，其父則遷家南美洲，不通音訊，並其姓名亦忘之矣。

民國四十三年暑，余又去臺北，是年為余之六十歲。臺北學人特有一宴集，在座之人分別獻杯，余素不能飲，臺大校長錢思亮代余飲酒酬答。又應經國先生邀在青潭青年救國團作連續講演，每週一次，前後凡四講，講題為中國思想通俗講話。是為余在臺北作有系統講演之第四次。美琦陪余在每次講演之前一天下午，赴碧潭一小茶樓，面臨潭水，撰寫翌晨之講稿。又是年秋，有章群何佑森兩人赴香港研究所。頃章群任教香港大學，何佑森任教臺灣大學，是為新亞研究所最早之第一批。美琦亦於是年暑畢業臺北師範大學後，重又赴港。

八

民國四十四年秋，余又應教育部之邀去臺北。時日本已三度派人來臺訪問，教育部組團答訪，部長張曉峰聘余為團長，凌鴻勛為副，一團共七人，有鄧萃英黃君璧等，去日本凡一月。所至以東京奈良京都三地為主。時美國麥克阿瑟駐軍始撤，日本初獲自由。余等一行所接觸日本政、軍、商、學各界人士甚不少。言談間，涉及美國統治往事，每露嗟憤之情。然社會風氣已趨嚮美化，則有不可掩之勢。

招待余等之主要人物，即先來訪臺之人。一前田多門，曾任戰時內閣副首相，為主要戰犯，與其首相廣川在獄中同囚一室。其人與余交談最密。一日盛會，邀余僻坐，謂日本並非一耶教國家，但近年來，每逢耶誕，賀卡遍飛，各家客廳書房懸掛張貼賀卡，以多為榮。如此風氣，前途何堪設想。彼詢余蔣總統在大陸提倡新生活運動之詳情，謂擬組一私人集團，亦在日本作新生活運動之提倡。但此後則未聞其詳。余第二次赴日，適前田擬赴歐洲，在醫院檢查身體，未能見面。此後即聞其逝世，每常念之。其第二人乃宇野哲人，日本一老漢學家，與余一見如故。第三人乃一科學家，與余接談最疏，今已忘其名。

其時日本朝野對華態度顯分兩派，一親臺灣，守舊偏右，尤以昔日侵華主要人物為主。一趨新偏左，則以後起人物為主，傾慕大陸。尤其是青年，都想去中國大陸留學。學界亦分兩派，東京偏左，京都偏右。儼成對立。余等遊京都附近一名勝桂離宮，一少女在門外收票，隨身一冊書，勤讀不輟。取視，乃東京一名教授在電視播講華語之課本。問其何勤讀如此，答，為去中國大陸留學作準備。同行者告以余在香港創辦新亞書院，可去留學，既方便，亦可得優待。此女夷然曰，乃香港耶？竟不續語。

余在京都大學作一公開學術講演，氣氛極融洽。東京大學亦同樣有一講演，一堂濟濟，然率中年以上人，不見有青年。蓋主事者早有安排。一新亞女學生，適亦在東京。余開講後，忽闖入，滿座惶然。待見此女學生先來講臺前向余行禮，知係相識，乃始安然。某夕，在一學術界公開大宴會上，有人發言，謂臺灣僅有吳稚暉一人而已。其言辭偏激有如此。

余等初至東京，各大報紙亦不作報導。離去前，郭沫若一行方將自大陸來，各大報大事登載宣傳。余等在日本，亦卒未聞有一人曾對往日侵華戰役吐露其懺悔慚怍之辭者。此實彼邦自明治維新以來，承先啟後，驚天動地一大轉變。何以在彼邦人心中乃卒未見有一深刻影響之表現，亦大堪作一問題思考也。其實即此已可見彼邦受西化之影響已深，無怪余此後屢去日本，見其變化日亟，而此行所遘景象，則亦渺不復睹矣。

九

民國四十三年秋季，新亞自得雅禮協款，即在嘉林邊道租一新校舍，較桂林街舊校舍為大，學生分於嘉林邊道及桂林街兩處上課。雅禮派郎家恆牧師來作駐港代表。余告以雅禮派君來，君之任務，雅禮當已交代明白，余不過問。學校事，已先與雅禮約定，一切由學校自主。君來乃學校一客，學校已為君在嘉林邊道佈置一辦公室，君可隨時來。雙方有事，可就便相商。家恆唯唯。但數月間，家恆袖來介紹信已三四封。余告家恆，學校聘人必經公議。外間或誤會新亞與雅禮之關係，凡來向君有所請託，君宜告彼逕向學校接頭，俾少曲折。家恆亦唯唯。

又一日，艾維來告，盧定返美，即為新亞建校舍事多方接洽。頃得福特基金會應允捐款。惟香港不在該基金會協款地區之內，故此事在美惟雅禮，在港惟彼與余兩人知之，向外務守秘密，以免為福特基金會增麻煩。余初意擬在郊外覓地，屢出踏看。遇佳處，又因離市區遠，各教師往返不便。而大批造教授宿舍，則財力有限，又妨學校之發展。最後乃決定在九龍農圃道，由港政府撥地。建築事均交沈燕謀一人主持。忽得港政府通知，港督葛量洪不久即退休，在其離港前，盼能參加新亞校舍之奠基典禮。遂提前於民國四十五年一月十七日舉行新校舍奠基典禮，而建築則於四十五年暑後落成遷入。

某日，福特基金會派人來巡視，極表滿意。余詢其意見。彼謂，全校建築惟圖書館占地最大，此最值稱賞者一。課室次之。各辦公室占地最少，而校長辦公室更小，此值稱賞者二。又聞香港房租貴，今學校只有學生宿舍，無教授宿舍，此值稱賞者三。即觀此校舍之建設，可想此學校精神及前途之無限。余曰，君匆促一巡視，而敝校所苦心規劃者，君已一一得之，亦大值稱賞矣。嗣後學校又有第二第三次之興建，此不詳。

十

民國四十四年春，哈佛雷少華教授來嘉林邊道訪余，沈燕謀在旁任翻譯。余談新亞創校經過，謂斯校之創，非為同人謀噉飯地，乃為將來新中國培育繼起人才，雷少華極表讚許。余謂，惟其如此，故學校規模雖小，同時已創辦了一研究所。科學經濟等部分優秀學生，可以出國深造，惟有關中國自己文化傳統文學哲學歷史諸門，非由中國人自己盡責不可。派送國外，與中國人自己理想不合，恐對自己國家之貢獻不多。惟本校研究所規模未立，仍求擴大。雷少華提聲道是。謂君有此志，願聞其詳，哈佛燕京社或可協款補助。余言，新亞同人對原有研究所只盡義務，未受薪水。依香港最近情勢，大學畢業生即須獨立營生，故辦研究所，首需為研究生解決生活，供以獎學金。以當前港地生活計，一人或一夫一婦之最低生活，非港幣三百元，不得安心。正式創辦最先僅可招收研究生五六人，此下再相機逐年增添。雷少華謂此款當由哈燕社一力幫助，君可放手辦去。余謂尚有第二條件，雷默然良久，問復有何條件。余答，辦研究所更要者在書籍，前兩年日本有大批中國書籍可購，新亞無經費，失此機會，但此下尚可在香港絡續購置，惟已無大批廉價書可得。雷謂此事誠重要，哈燕社亦當盡力相助。余又謂尚有第三條件，雷甚表詫異之色，謂更再有第三條件耶？君試再續言之。余謂新亞辦此研究所，由哈佛出款，一切實際進行則新亞自有主張，但須逐年向哈燕社作一成績報告，始獲心安。故創辦此研究所後，即宜出一學報，專載研究所指導同人及研究生之最近著作與研究論文，可使外界知此研究所之精神所在，亦為全世界漢學研究添一生力軍，亦即為哈燕社作報告。此事需款不巨，但為督促此一研究所向前求進，亦不可缺。雷頻頻點首，告余，君可照此三項具體作一預算，當攜返哈佛作決議。是晨十時起，談至十二時，余偕燕謀在街上一小餐店與雷少華同膳而別。

新亞已先得亞洲協會之助，即在太子道租一層樓，作辦研究所之用。但艾維不久即離亞洲協會，此事遂無發展。至是，始為新亞創辦研究所之正式開始。

新亞研究所在先不經考試，只由面談，即許參加。或則暫留一年或兩年即離去，或則長留在所。自獲哈燕社協款，始正式招生。不限新亞畢業，其他大學畢業生均得報名應考。又聘港大劉百閔、羅香林、饒宗頤三人為所外考試委員，又請香港教育司派員監考。錄取後修業兩年，仍須所外考試委員閱卷口試，始獲畢業。擇優留所作研究員，有至十年以上者。

哈佛燕京社先於四十三年，來函邀請新亞選派一年輕教師，在三十五歲以下者，赴哈佛訪問。詢之港大，並無此事，乃知在港惟新亞一校獲此邀請。以新亞教師無年輕合格者，姑以年長者一人亦曾留學美國者，商其同意應之。哈佛以不符條件，拒不納。翌年，又來函邀，遂以新亞第一屆畢業留為研究生者余英時以助教名義派送前往。一年期滿又獲延長一年。又改請加入哈佛研究院攻讀博士學位。畢業後，留校任教。是為新亞研究所派赴國外留學之第一人。後又續派研究所何佑森、羅球慶、孫國棟等赴哈佛訪問。

又一年，美國西雅圖大學德籍教授某君來新亞，已忘其名。告余，儻新亞派學生赴彼校研究所，可獲優遇。遂派余秉權前往。任蕭公權助教，得該校學位後，歸港任教港大中文系。嗣又赴美任某資料中心主任，出版及宣揚華文書籍亦歷有年矣。此後新亞研究所及大學部學生遠赴美歐及日本各國遊學及任職者，不勝縷舉。

余離大陸前一年，有新任蘇州城防司令孫鼎宸，來余家相訪。其人忠厚誠樸，極富書生味。告余，彼係青年軍出身，在軍中不斷誦讀中國史書，對呂思勉先生所著，玩誦尤勤。對余書，亦有研玩。有所詢問，備見其用心之勤。時國內風聲日緊，余與彼曾屢有往來。余隻身赴廣州，以家事相託，懇其隨時照顧。及新亞書院創始，鼎宸亦舉家來港。新亞在桂林街創辦學術講座，鼎宸每週必來聽。後遂將當時歷次講稿編為《新亞學術講座》一書，是為新亞正式有出版之第一書。新亞研究所正式成立，鼎宸亦來所學習。余曾囑其編《中國兵制史》一書，由張曉峰代為在臺北出版，亦為新亞研究所諸生正式出書之第一部。

鼎宸岳母乃山東主席王耀武之母，某年卒，余夫婦赴其家弔唁，此為余至鼎宸家之第一次。乃知鼎宸來港，本頂有一層樓，因日用不給，將此樓諸室絡續出租，僅留沿街一廊有簷有窗，自供居住。僅一床，供其岳母臥宿。鼎宸夫婦則睡行軍床，晨起則拆去，為一家飲膳起居及鼎宸讀書之所。余初不知其生活之清苦有如此，而勤學不輟，絕未有一言半辭吐露其艱困。乃大敬之。亦新亞艱困中所特有之一例也。

後因其女留學加拿大有成，鼎宸夫婦隨去。余八十之年，鼎宸曾編有余歷年著作論文一目錄，搜羅極詳，編次極謹。亦見其雖身在國外，勤奮猶昔，年近七十，而能不忘故舊一如往年有如此。

拾柒、新亞書院（續二）

一

新亞既得雅禮方面協助其常年費，又為代募款建築一新校舍，繼之續獲哈佛燕京社協助研究所費用，一時困難解決。此兩事，香港政府亦早預知。惟大陸變後，香港私立大學一時崛興不止七八所之多。港政府既不禁止，亦不補助。新亞獨得美方協款，香港教育司高詩雅及港大林仰山教授獻議，港督葛量洪在香港大學民國四十四年之畢業典禮上，授余名譽博士學位。以前港大曾對胡適之及其他中國人一兩位有此贈予，然事隔已久。余此事一時哄傳。不一年，又得余結婚消息。群傳余在短短數年內，一得雅禮哈佛協款，一得港大學位，一新婚，三大喜慶，接踵而至，為當時大批避難來港人士中所未有。

余妻胡美琦，江西南昌人。先曾在廈門大學肄業一年，其父家鳳秀松，曾長贛政。民國三十八年，闔家避難來港，美琦亦由廈門來。無錫同鄉丁熊照邀宴，余赴席，適秀公亦至。客未集，余與秀公遂在丁家屋頂露天占一桌對坐長談。及邀進屋，有一客曾任上海市警務。主人請其上坐，續邀秀公為次坐，秀公堅讓余。余謂其他一切不論，即序齒，余亦當陪下座。且主人與余為同鄉，又同居港九，聞公不久當去臺北，乃過客，義無可讓。秀公堅不坐，推挽四五番，今已不記究係何人坐了第二席。只憶與秀公駢肩坐，繼續長談不止，旁席作何語，皆已不復記及。此為余與秀公之初次見面。不數日，美琦即來投考新亞。

民國三十九年暑秀公家遷臺北，美琦獨留港寄居熊式輝天翼家。天翼任江西省主席聘秀公為秘書長。抗戰勝利後，天翼出任東北行轅長官，秀公又為其秘書長。一日，天翼忽來桂林街新亞相訪，坐余臥室內長談。隨來一副官，立門外，天翼久坐不去，余對此副官亦無法招待。

美琦在新亞就讀僅一年，亦去臺北。及余在臺北驚聲堂受傷，臥病於中心診所，時美琦服務於臺中師範之圖書館，特告假來臺北視余病。余出院，轉赴臺中休養，美琦遂於每日下午圖書館服務公畢後來護侍。留同晚餐而去。星期日來，則同去臺中公園散步，如是為常。暑後，美琦轉學臺北師範學院，即此後之師範大學。民國四十三年暑畢業後又來港，遂又得日常相見。美琦以余胃疾時發，久不癒，學校事煩，一人住校飲食不宜，乃慨允余締婚之請。於九龍鑽石山貧民窟租一小樓，兩房一廳，面積皆甚小。廳為客室兼書室，一房為臥室，一房貯雜物，置一小桌，兼為餐室。婚禮在九龍亞皆老街更生俱樂部舉行，僅新亞同事眷屬共十餘人參加。時為民國四十五年一月三十日。香港大學為余再版《先秦諸子繫年》，余親任校對，積年有增訂稿數十處，尤需精思詳定，胥在新婚後書室中趕工完成，每達深夜。惟每日傍晚則必兩人下樓同赴近宅田塍散步一小時。日以為常。

美琦為其父秀公每期其出國留學，不忍終背父志，而余則婚後體況轉佳，遂於民國四十七年一月一人赴美，在加州柏克萊大學進教育研究院。留學一年，卒以念余一人居家不便，乃又中途輟學歸。美琦告余，在加州一年，始知自己興趣終偏向在本國傳統方面，不如歸來自己修習。再多留，徒為獲得一學位外，別無意義。

二

余因得劉百閔介紹，獲識陳士文。士文畢業於杭州藝專，赴法專習西畫。歸國後執教於其母校。時亦避難閒居在港，其家亦在鑽石山旁。一日，余告以新亞擬創辦一藝術系，以教授中畫為主，西畫為副。惟無固定之經費，擬照新亞初創時，授課者僅拿鐘點費，不能與他系同仁同樣待遇，不知君肯任此事否。士文云，願供奔走。先商得其老友丁衍庸同意，再與吳子深相商。子深與余素識，及余偕士文往訪，或因其曾在蘇州自辦一藝術專科學校，新亞欲辦此系而不聘彼任系主任之職。彼乃堅拒。余意此事須費大辛勞，故僅請其授課不敢以種種雜事相煩。彼既堅拒，遂亦不再相強。

又轉訪顧青瑤女士。青瑤亦在港開門授徒。告余，儻錢夫人有意學畫，彼願盡力傳授。學校上課，彼殊無意。余與青瑤初次相識，彼未露堅拒意，余遂告以蒙許余妻登門學畫，特先致謝意。余妻正擬赴美進修，俟其歸，當偕其同來謁師。惟仍懇能來校任課。青瑤答，今年授課時間已排滿，明年決當來。青瑤有女弟子榮卓亞，乃德生之女，有一私家車，允親送其師來校，因亦請其隨同授課。嗣又請得張碧寒，乃上海張園主人，亦在港，與青瑤亦相稔。又請得其他數人，山水花鳥蟲魚人物各有專長，陣容整齊。

一日，余告董事會，有一報告但非議案不必討論。學校擬創辦一藝術系，以經費困難，下學期學校先添設一二年制藝術專修科。僅求在學校中劃出教室及辦公室兩間。教師已多洽聘，但如本校初創時例，只致送鐘點費，學校不煩另籌經費。俟藝術專修科獲得社會之認可，相機再改辦藝術系。諸董事皆默無語。此後有一董事，美國人，屢向余作戲言，云此乃報告，非議案。以藝術系初辦，即獲美譽，故彼常憶及往事也。

藝術專修科創始於民國四十六年二月，又得僑港珍藏名畫者三四人，各願暫借其所藏，合得四十件左右，暑假期間由新亞開一展覽會。一時觀者絡繹，港督亦特來參觀。其後藝術專修科師生又舉行一次作品聯展，頗獲佳譽。此項展覽品後由雅禮協會贊助運往美國，在美國各地巡迴展覽，亦得美譽。其有助於此後正式成立藝術系為力亦甚大。民國四十八年秋，雅禮協會又增加協款，正式添設一藝術系。但教師待遇則仍不平等。

余因藝術系與其他各系同樣招考，有不合資格應考，而有志學國畫者，多被拒門外。遂於假期內開設一補習班。並同時開一展覽會，展出學期中諸師生近作。社會觀眾瞻其成績，競來報名，學校即以補習班所得學費，補貼藝術系各教師，聊濟薪水之微薄。

士文為人樸忠，又謙和，質訥無華，不喜交際應酬。而藝術系一切雜務均由其一人任之。溥心畬趙無極等來港，均邀在系中特開講座。又王季遷自美來港，亦在藝術系開課一年。季遷後又曾專任並兼系務。皆士文一人接洽之。及羅維德來校任雅禮代表，其夫人亦在藝術系學習中國畫。而美琦則自美返港後，即親赴青瑤家習畫。每去必整半天，甚感興趣。臺北師大教授金勤伯來港，藝術系亦請其任課。美琦亦向勤伯習畫。及余家遷臺北，勤伯亦在臺，美琦又從學有年。余對提倡中國藝術，本早具此意。桂林街初創校時，俞振飛尚滯港，余曾與接洽，擬聘其來校教崑曲。振飛已允，並曾來校講演，但不一年終返大陸，未能留港。新亞成立藝術系後，乃又於課外添國樂團，有古琴、古箏、二胡、簫、笛之傳習。又先設有國劇團，先後有兩女學生善唱，曾在校中演出平劇兩次。此皆新亞在艱辛中，兼具娛樂精神之一種收穫也。

三

雅禮駐新亞之代表，初派郎家恆。民國四十七年暑改派羅維德來作代表。羅維德乃耶魯大學之宗教總監，又任耶魯大學皮爾遜學院院長。其在耶魯德高望重。年老退休，雅禮乃請其來港任駐新亞之代表。

一日，羅維德語余，若新亞更求發展，似宜添設理學院，但不知余意云何。余云，余亦久有此意，惟需經費甚鉅，不敢向雅禮輕易提出。今君亦同具此意，大佳。但物理化學諸系，須先辦實驗室，俟物理儀器化學藥品粗備，始可正式開辦，免來學者虛費歲月。當先開設數學系，次及生物系，只需購置顯微鏡等少數幾項應用儀器即可。時適耶魯有理學院某教授赴菲律賓，為其某大學部署理學院研究所，羅維德遂邀其迂道來港，為新亞設計，以最低款籌備物理化學等實驗室。而數學生物兩系，則率先創設。時為民國五十九年秋。隔一年，始正式添物理化學系。若非羅維德來港，新亞理學院恐不能如此順利創辦。

其時香港政府忽有意於其原有之香港大學外，另立一大學。先擇定崇基、聯合與新亞三校為其基本學院，此後其他私立學院，凡辦有成績者，均得絡續加入。崇基乃一教會學院，經濟由美國各教會支持，創辦後於新亞。聯合書院乃由亞洲基金會出資，集合其他私立學院中之五所組成。因新亞已得雅禮哈佛協助，亞洲基金會遂改而支持此五校。凡此崇基、聯合、新亞三校，皆得美國方面協助。港政府似乎意有不安，乃有此創辦一新大學之動機。崇基聯合均同意，新亞同人則多持異見。余意新亞最大貢獻在提供了早期大批青年難民之就學機會。今則時局漸定，此種需要已失去。而新亞畢業生，非得港政府承認新亞之大學地位，離校謀事，極難得較佳位置。儻香港大學外，港政府重有第二大學，則新亞畢業生出路更窄。此其一。又國內學人及新起者，散布臺港美歐各地日有加，儻香港再增辦一大學，教師薪額一比港大。此後絡續向各地延聘教師，亦可藉此為國儲才。香港政府所發薪金，亦取之港地居民之稅收。以中國人錢，為中國養才，受之何媿。此其二。三則辦一大學，當如育一嬰孩，須求其逐年長大。而新亞自得雅禮哈佛協款，各方誤解，欲求再得其他方面之大量補助，事大不易。必求一校獨自發展，余已無此力量與信心。抑且余精力日衰，日間為校務繁忙，夜間仍自研讀寫作，已難兼顧。亦當自量才性所近，減少工作，庶亦於己無媿。而香港政府意，則實以新亞參加為其創辦新大學一主要條件。余以此事告羅維德，彼極表贊同，更不發一語致疑問。余謂學校內部會議，余可負全責。遇學校與港政府磋商，君肯任學校代表，不憚奔走之勞否。彼亦慨允。

一日，港政府送來一創辦新大學之綱領，凡二十餘款，囑各校參加意見。新亞特開一會議，逐款加以改定者，逾三之二。但港政府亦不堅持，率從所改。又一日，余偕同事四五人赴教育司應邀談話，羅維德亦同往。時高詩雅已退休，毛勤接任，手持一紙，列五六條，起立發言。先述第一條，辭未畢，余起立告毛勤，能有幾分鐘許余先有申述否。毛勤允之。余發言畢，再請毛勤講話。毛勤謂，尊意未盡，儘可續言，於今日之會有益無損。余遂繼續發言，再讓毛勤。毛勤又言，君儘暢所欲言，勿作存留。余再繼續發言。自上午十一時開會，壁上掛鐘打十二響，余告媿憾。毛勤謂，今日暢聆君言，極所愜意。惟有一事乞原諒。港政府為成立新大學事，亦特組織一會。我居此位，特轉達政府公意，非私人有所主張。今晨聆錢先生言，當轉告政府，俟下次再商，遂散會。是夜，新亞在市區有酒會，羅維德告美琦，今日錢先生有一偉大令人敬佩之表現。席散，美琦詢余，乃以午間教育司開會事告之。

羅維德駐新亞一年，回雅禮，由蕭約繼任，在盧定來港時，即與余相識。其人久居中國，又娶一中國太太，離大陸後，居港寫作亦已多年。與港政府人多相熟。時以新亞意與港府意彼此傳遞，為助亦大。港政府又特自倫敦聘富爾敦來，為創建新大學事，與三校磋商。富爾敦力贊新亞研究所之成績，謂當保留此研究所，成為將來新大學成立後之第一研究所，一任新亞主辦。並將此意寫入新大學創建法規中，俾成定案。余與談及新校長人選，余主由中國人任之。富爾敦謂，先聘一英國人任首席校長，再由中國人繼任，或於實際情勢較適，未細談而罷。

四

民國四十八年秋，余得耶魯大學來信，邀余去在其東方研究系講學半年。余以新亞事煩，適桂林街舊同事吳士選俊升自國民政府教育部次長退職去美，余邀請其來新亞任副院長，余離港可暫代校務。毛勤告余，吳君曾任臺灣政府教育部次長職，彼來新亞，似有不便，港政府將拒其入境。余問毛勤，在英國是否有從政界退職轉入學校任教之例。今吳君已正式從國民政府退職，轉來新亞，有何不便。毛勤言辭趦趄，謂新亞聘人易，君何必選走一限途。余謂，港政府儻有正當理由告余，余自可改計。倘並無正當理由，何乃堅拒余請。毛勤通粵語，並亦略讀中國書。彼謂，君心如石，不可轉也。只有仍待港政府作最後決定。

一日，蕭約特來告余，私聞港政府中人語，新亞申請吳君入境，頗懼大陸忽提抗議，橫生波折。頃港督休假離港，不三日即返，專待其最後一言。萬一堅拒新亞之請，豈不對新亞顏面有關。不如暫撤所請，再俟他日從長商榷。余謂，既只須再待三數日，余必俟港督返，聽其作最後之決定。及港督返，語其部下，我們且勉從新亞此一請，他日復有此等事，再作詳商。翌晨，毛勤一早來新亞，入余室，即連聲恭喜，謂港督已允吳君入境，並已直接通知紐約英國領事館，囑其就近轉達吳君，俾可即速治裝。毛勤又謂，君為此事延遲美國之行，頃吳君不日可來港，君亦可整備行裝矣。

又一日，毛勤來告余，彼於明年夏須退休返英倫，君將去美國，特先來辭行。彼又謂，英國乃民主政治，於反對方面意見，亦知尊重。君堅持己見，一次不見從，儘可再次提出，幸勿介意。

毛勤又於年前向余提議，由新亞來創辦一中文中學，可作港九中文中學之榜樣。囑余先選定一地，香港政府可無條件撥付。校舍圖樣繪就，建築經費新亞只需擔任其十分之一，其餘十分之九，全由港政府負擔。將來此中學之常年經費，教育司當擔任其百分之八十，而內部用人行政，則全由新亞作主，教育司決不干預。余遂於九龍近郊荃灣擇定一地，距市區不遠，而隔絕煩囂，可全不受市區之影響。其地背負山，南面距海亦近，可遙望，地極寬敞。惟須待港政府先在該區四圍築路，再於路面下安裝自來水電燈各線。余並聘定臺北沈亦珍來任校長。亦珍特來港一行，同去踏看新校舍之地址。一切端倪粗定，忽港政府創設新大學之動議起，余為此事，各方商談，極費曲折，遂將中學事擱置。及毛勤去職，亦未目睹其成。

余自辦新亞，與香港教育司時有接觸。前為高詩雅，繼任者為毛勤。而高詩雅任職時，毛勤即為之副。故余與毛勤交接為特多。高毛兩人皆久居港地，通達中國社會人情，對余皆具禮貌。及中文大學成立，特授高詩雅以名譽博士學位。高詩雅來港接受學位時致辭，特紀念及余與新亞之往事。余時已離港來臺，有人特轉送其演講辭於余。余初不通英語，居大陸時，與外國人交涉極少，不謂在香港交接得許多美國英國人。至今不勝馳溯。亦余生平師友中所難忘之幾人也。

拾捌、新亞書院（續三）

一

吳士選既來，余夫婦遂成行。時為民國四十九年一月十八日。第一站為日本東京，初擬在東京小住一兩日即轉遊日本各地名勝。乃抵站，即有數十人在機場守候。蓋亞細亞大學有駐新亞專員，先以消息透露。並已預為排定余在東京數日之節目，亞細亞大學又派一女士來陪美琦出遊。亞細亞大學校長為太田耕造，留學英國，曾任文部省大臣，亦戰犯之一。某年來港訪余，謂其在獄中專誦《左傳》。余贈以《中國歷史精神》一冊，彼讀後告余，未見有以如此見解，如此議論，來作反對西方共產主義思想之根據者。因告余，彼方籌備成立亞細亞大學，擬每年派送兩學生來新亞肄業，盼新亞亦能派兩學生去作為交換，余允之。逮余初次去日本，太田屢來旅邸晤談。太田乘公共汽車來，余送之出門，喚旅邸一車請其乘坐，太田堅不允，仍乘公共汽車返。又邀余赴其家午餐，家無傭僕，其子應門，其妻獻茶。及午餐，僅太田與余及一譯人同席。其妻在廚房，送菜至餐室一牆洞中，太田自取之。余云，何不請夫人及公子共餐。太田謂，日本無此規矩。儻他年先生與夫人同來，必夫婦相陪。某日下午，余在亞細亞大學講演，大意謂，中國一「人」字觀念，西方無之。如稱中國人、日本人、英國人、美國人，即見為同是人。而西方語言不如是說。講後，太田謂，先生此講演，恨不能使更多人聞之。蓋太田亦知余之所講，乃有感於中日戰爭而發焉。是日晚太田夫婦在一酒家設盛宴，蓋踐往年之宿約也。美琦與其夫人交談，乃知其出身教會學校，能操英語。余往年在其家，其夫人端茶獻菜，執禮甚恭，儼如一傭婦，絕不帶絲毫新女性之風範，其謹守傳統禮教，良亦可佩。然此乃余兩度去日本之所見。此後又屢去，社會經濟日繁榮，而此等景況則漸已少見。日本慕效西化，其武力外侵，我國家已深受其害。迨其工商業日發展向上，而一般人生之風教禮俗則日見腐蝕，此亦堪供我國借鏡之另一面也。余第三次赴日，太田已退休，又特來旅店相訪，亦可稱乃余日本一友。

余夫婦曾抽空乘夜赴箱根，宿一宵。在日本共住六日，即赴夏威夷。預定停留三天，羅維德已先通知其友在機場接候。其友乃島上一教會中學之校長，陪余夫婦午餐後，即送至其所預定之旅館。是日下午即出遊，翌晨，在旅館晨餐，餐室中見一老婦，孤寂獨餐，見室中惟余夫婦為中國人，頗若欲相語，乃雙方終未一接談。是晚，該教會中學校長夫婦在正開音樂會之大酒店邀宴。旅店中所遇老婦亦同席，見余夫婦，欣喜難狀。謂今夕主人乃彼之子媳，而余夫婦又為今晚之上賓，不謂竟有此奇遇。席散，余夫婦先辭歸。有一客在旅館樓下客室相候，余夫婦遂留坐相談。不久，門外車聲，校長陪其母進內，至室旁電梯門口，擁抱相吻道晚安，其母一人獨登電梯。其媳則在門外車中，亦未同送其母進旅店。翌晨，余夫婦早餐時，又與此老婦在餐廳相值。告以當日下午即離去。老婦言，與子久別已五六年，此次特自紐約來，已一週，但其子尚須邀其去家中敘一餐，故得再留三四日。余念其子任中學校長職，其家寧不能空出一榻，邀其母同住家中，獲一旬之懽聚。而其母孤居旅店，與余夫婦談話中，若有無限欣喜，不能掬心肺而傾吐。余初履美國國土，即窺見美國家庭情況之一斑，亦深留心坎不能忘。

離夏威夷抵舊金山，即換機飛紐約。羅維德已先在機場相候。同進早餐後，即同去紐海文。沿途積雪，為余十許年來所未睹。心恨此行來已晚，或許冬雪已過，蹉失此佳景。不謂此後大雪紛飛，尚有兩月之期。抵紐海文，學校已為預留一寓所，乃專供訪問教授居住。與耶魯副校長同宅。一樓三層，余寓在底層之左側。右側及樓上兩層，副校長夫婦及其兩女居之。余寓則占全樓六之一，一臥室，一書房兼客廳餐室三用，廚房亦在內，另一浴室。余夫婦抵寓所，即見廚房櫃中瓶裝各色中國佐膳食品，冬菇蝦米油鹽醬醋等一二十種。初不知何人來此先為佈置，後知乃由新亞同事王佶王寧之妹，夏道泰夫人所置。初履異國，倍感溫情。夏道泰夫婦本同在耶魯語言學校任教，時已辭職，不久即去華盛頓國會圖書館任職。

二

余之此來，自念為外國學生講中國學問，不煩多有準備。擬兩計劃，一則補讀英文，又一則寫《論語新解》一書。忙碌數日，余夫婦即抽空去附近一書肆瀏覽選購《現代歷史哲學》一小書，乃彙集最近代西方人討論史學各篇合成。歸即啟讀。適陳伯莊來。伯莊先余來美，有意翻譯美國各大學社會學名教授著作，各擇其代表作一部，編一叢書。來美商取各教授之同意。彼畢業耶魯，來母校訪問，順道來余寓。見余桌上此書，謂此乃美國最近暢銷書，兄何亦讀此。余聞言大喜，謂余購此書，初不知有此巧值。伯莊又告余，編譯事均已商妥，雅禮並願增款為新亞下學年添設一社會系，以便伯莊物色新人共襄譯事。余告伯莊，開系增款，由余在此商其細節，君歸儘可物色新人，勿有他慮。及夏，忽聞伯莊染病進醫院竟不起。良友永訣，未獲一面，傷悼無已。及余歸，乃聞伯莊生前仍願以社會學課程隸屬哲學系，不欲為彼另增新系。其謙和敦厚之精神又如此，更增哀思。後美國匯來一款協助其編譯事，余以原計劃人已逝世，將原款退回。

余讀先購《現代歷史哲學》一書畢，又續購英譯本《希臘哲學》數冊。但覺讀哲學不如讀史學書之易。又念讀中文譯本亦可得其大意。晚年進學宜有深入，不宜漫求。遂決意開始寫《論語新解》。新亞在桂林街早期，余曾開《論語》一課，逐章逐句講解。沈燕謀偕其一女來旁聽。燕謀並攜帶美國最新一部《論語》譯本，告余，聽講後當與此書比讀，遇其有誤解處，逐條記下，將來作一長函告原譯者，囑其斟酌改定。待聽了一月，燕謀又告余，只聽一月，英譯本出入太多，君所講亦與《朱子集註》有不同，君當另撰一書，以供國人廣泛閱讀。並當譯作英文本傳之西方。余遂有意撰寫《新解》。初用純粹白話為廣流布。唐君毅有一女，尚在小學，讀余稿，亦云能解。王道取去刊在其《人生雜誌》中。但不久，余後悔，用純粹白話對《論語》原義極難表達其深處。且此書成，亦僅堪供高中優秀生及大學生誦讀。幼年學童，求其瞭解《論語》亦不易。遂決心改寫，而新亞雜務紛煩，乃竟擱置。迄今已將十年，乘在此間有近半年閒暇，將此書草速成一初稿，以便返港後再續加改定。行篋中攜有程樹德《論語集釋》一書，日夕繙誦。姑從以前先成稿繼續寫下，逐日成幾章，此外再不作他務。及寫畢全書，再從頭細改舊稿。幸離紐海文前，全稿粗完，積十年來之心念，竟在遠旅異邦中獲償宿願，亦余終生所未有也。

余在耶魯授課兩門，分晝夜上堂。有美籍學生三人，加拿大籍女生一人，一中國人從其他研究班來堂聽講。而在耶魯服務之中國人來旁聽者，則十許人，多半皆耶魯語言學校之教師。李田意為同系教授，隨堂作義務繙譯，余更可隨意發揮，暢所欲宣。余寓所距研究大樓近，僅隔一曠場，聞鐘聲出門，到教室則聽者方集，可不誤時。此加拿大女生頗誦英文著作有關宋代理學方面者，略通中文，課後發問，亦頗有思路。數年後，忽來書，求進新亞研究所。余以新亞有耶魯來教初年級英文者四人，一時無其他安置，告以免學宿費外，需自籌在港之生活費。彼竟未來，亦一憾事。

余喜作鄉間遊。有耶魯語言學校教師萬榮芳女士，亦來余課堂聽講，星六下午或星期日上午，必駕車來余寓，載余夫婦同去附近超級市場購食物用品等，每次擇一新處，藉此遍遊附近四鄉。大抵盡半日程而回。有一湖，四圍栽楊柳樹，最具中國情調。濱湖一咖啡館，僅過路車輛在此小憩。惟聞星六之晚，乃有附近居民大群來此跳舞。余等遍遊紐海文近郊，惟此處所留印象最深。榮芳又曾陪余夫婦去近郊西山觀賞紅葉，亦與此湖同具中國情調。而西山則屢去不一去。又到其他公園則多栽一種花，色彩繽紛，而總覺單調，宜遊覽不宜坐賞。大抵各地流動皆佳，一處停留則少味。

吳納孫在耶魯藝術系任教，彼於附近買一山地，面積甚廣，有一池，亂石錯聳。夫婦自蓋小屋一所。余尤喜前往。其他西式庭院，率整潔，無野趣。諸教授晨赴學校，晚始歸。余寓所前大曠地，即教授停車處。子女亦多上學，主婦枯寂，非有正常職業亦多兼社會活動。惟星六下午乃闔家團聚，星期日上午每赴附近公園野餐作半日遊。別人告余，美國家庭多自城市遷鄉村。實則雖鄉居仍以每日赴城市工作為主。其鄉居院中花草，屋內修理，亦多自任其勞，難有閒暇。

星六之晚則相約餐敘，余夫婦居紐海文五月餘週末常有餐約，有預約在一月之後者。每赴一家，往往有客室，無書齋。或有書齋，多甚小。日常研究書籍都放在學校研究室，故雖寒暑假，亦仍每日赴學校工作。而廚房則較寬大講究，因乃女主人整日活動之所在。美籍主人邀宴，必備中國茶。飯後問，喜茶抑喜咖啡。余必答咖啡。主人每詫問，先生亦愛咖啡乎。余答，君等去中國宜飲茶，余來此則宜習飲咖啡。以各從其主為佳。彼等皆頷首。

實則飲茶必宜多有閒暇工夫，與飲咖啡不同。城市中咖啡館每有在櫃前立飲而去者，飲茶則宜閒情品賞，非僅為解渴。西式餐宴亦無閒情。飲酒亦各取所需，各盡其量，無中國味。餐敘在西俗亦算一閒。但余以中國人目光視之，則仍是一忙。讀其報章連得兩三日假期，公路上必多車禍。蓋假期長，在彼俗則仍增一忙耳。儻獲半載一年長期休假，則或作出國旅行，仍是換一新忙。閒居則似非美國人所慣。

羅維德返美後仍在雅禮協會服務。辦公室中放一沙發，午飯後小作休息，亦不回家。余夫婦一日傍晚至其家，僅夫人應門。余偶問，何以先生尚未歸。其夫人再三解釋。余始悟失言。蓋丈夫過時不歸，乃犯彼俗大忌。然老夫人長日孤寂，其生活亦良可念矣。其家子女分在各地，歲時來省親，舉家歡樂。每人既各有所務，則小家庭自較適。

艾侃乃耶魯畢業生，雅禮協會派來新亞任教，在港兩年。余赴美前半年，艾侃每星期必來余寓一次，余尤與相稔。時艾侃已返美，假中遠道來訪，余直言何不回家省親，乃來此。艾侃言，已曾回家。余問，數十年前常聞人言，美俗遲婚，時中國多早婚，每奉以為戒。君去香港，當知今中國人亦尚遲婚，男年三十，女年二十四五，猶多未婚嫁者。君今年未達三十，亦似急求婚配，何也。彼言，隻身歸，父母仍以兒子視我。成婚後，夫婦同歸，父母乃以客禮相待。故今隻身返家，轉滋不安。既有職業，自該議婚。余始知情隨俗變有如此。又彼有一祖父頗富有，一人居南部，三世單傳，乃互不相顧。余戲言，若他日得祖父遺產，縱非大富，亦成小富。彼言，祖父長年有一護士相伴，遺產事，即我父母亦未計及，我又何論。余因念，儻美國亦推行中國大家庭制度，祖孫同居，則艾侃之父決不會自營一油漆工廠，而艾侃亦不致大學畢業即汲汲自謀職業，自求成家。人生複雜，牽一髮動全身有如此。

余暑期去芝加哥，曾蒙友人邀宴於其市上一著名牛肉館。適逢大批大學女學生暑假來餐館服務。兩女學生在旁侍奉，為余割切牛排。中國學生留學彼邦，假期工作亦到處可見。惟當時在臺港兩地，則絕所少有。又去華盛頓，租住一美國人家，每晨見少年兒童五六人在四鄰送報紙。宅主告余，此等皆參眾兩院議員之子，以假期賺外快。此亦中國所難見。則美國全國家庭，不論男女老幼，全忙於工作賺錢，亦據此可知。今日吾國人方競慕美國社會之工商實業，而又常言文化傳統，家庭倫理，企新戀舊，恐非經深長考慮，得有會通，不易兩美俱全也。

美國人過的是忙碌人生，因此頗知重視時間。有人來余寓，必先通電話，言明需談話多少時間，短則一刻鐘，長則半小時，到時即離去。所談皆屬事務，少涉人情。美國人事多情少。嘗讀報端一論文，謂各人晨出晚歸，各擁有私家車，絕少坐公共汽車，毗鄰之家，無一面一語之機緣。故美國人對其居住之四圍，乃一環境，無情可言。非如中國人，可視為亦即其生活之園地也。余亦為忙於撰述，不讀其全國性報紙，僅讀其地方報，篇幅亦八張三十二面。但多地方瑣事，少全國性新聞，世界性新聞更少刊登。後得一經驗，每一披閱，注意分類之後幅，或值有餘地，即羼入一條不相干者，卻正是有重要性之世界新聞。可證美國人對其外圍世界情勢亦未有多大興趣。各人自掃門前雪，莫管他人瓦上霜，亦庶近似。

三

學期中，哈佛來邀去作學術演講。晤雷少華，親謝其對新亞研究所之協助。雷少華謂，哈佛得新亞一余英時，價值勝哈佛贈款之上多矣，何言謝。英時自去哈佛兩年，轉請入研究所讀學位，獲楊聯陞指導，成績稱優，時尚在校。聯陞浙籍，肄業保定某中學，其師繆鉞彥威愛其才，嫁以一妹。余在遵義浙江大學識彥威。及在江南大學，彥威在蜀，以書招之。彥威為侍老母，憚遠行，未受聘。頃聞其至今仍留蜀。聯陞則畢業清華，留學哈佛，留校任教授職。自哈佛協款新亞，聯陞屢來港，時有接洽。對余及新亞研究所助益良多。

余去哈佛，在其東方學研究所作講演，講題為人與學，由聯陞任翻譯。余時正撰寫《論語新解》一書，故講演皆從《論語》中發揮。並述及中西為學之不同。舉宋代歐陽修為例，人人皆知歐陽修乃一文學家，但歐陽修治《易經》，疑《十傳》非孔子作，此問題由歐陽修一人首先提出。特撰《易童子問》一書，詳論其事。又有與人書，謂從孔子以來，隔一千年，始由其提出此問題。人盡不信，亦無妨。再隔一千年，焉知不有第二個歐陽修出，贊同我說，到時已有兩人同主此說。再隔一千年，焉知不有第三個歐陽修出，贊成此說，到時則有三人同主此說。三人為眾，我道不孤，此下則信從此說者必更多。但不知只隔幾百年，明代即有歸有光贊成此說。到今天，余亦贊成此說。而且贊成此說者還多。歐陽修新說距成定論之期已不遠。是為歐陽修在經學上一絕大貢獻。歐陽修又撰《新唐書》各〈志〉，及《新五代史》，其在史學上之貢獻，亦屬盡人皆知。讀其全集，有許多思想言論可以自成一家，則歐陽修亦得稱北宋一子。中國學問經史子集四部，歐陽修已一人兼之。其實中國大學者盡如此。中國學問主通不主專，故中國學術界貴通人，不貴專家。苟其專在一門上，則其地位即若次一等。後有人告余，此講演之錄音帶尚保留在哈佛，彼曾親去收聽過。後余收集歷年為文，有關此一論點者，彙集為《中國學術通義》一書。而在哈佛所講，則未有存稿，並未收集在內。

哈佛燕京社購中國書特多，裘開明在北平燕京大學主其事。余與素識。及余去哈佛，彼正任其圖書館長。亦得相敘。英時父協中及衛挺生皆新亞舊同事，有洪煨蓮，燕大同事皆住劍橋。其他舊識獲睹尚夥。有韓國研究生車柱環，余去哈佛前，特攜其在哈佛攻讀博士學位之論文中文稿，遠赴耶魯訪晤求正。後余兩度赴韓，皆與相晤。尤為余在韓國相識中所稀遇。

協中家距哈佛不遠，余夫婦曾屢去其家飲膳。一日，臺灣留學生在劍橋者十餘人，群集協中家會余。余知當時臺灣留學生在美，大體均抱反政府態度。彼輩一登飛機，即感要踏上自由國土，即為一自由人。而彼輩之所謂自由，即為反政府。見我後，亦一無忌諱，暢所欲言。余告以久居香港，偶履國土，不諳國情，不能代政府對諸君有所解答，惟亦與諸君同愛國家，同愛民族，與諸君意見稍有不同。彼輩謂余立場不同，則意見自不同。蓋余之持論，僅在政府國家民族之三層次上，彼輩則尚有一世界觀，更超國家民族之上。彼輩認余站在政府立場，實則彼輩乃站在外國立場，以美國來衡量中國，則一切意見自難相洽。其實來美留學者並非全學政治，遠在國外，對國內政情亦難有真切之瞭解。儻此後彼輩留美服務，又在美成家，並入美國籍，而對祖國仍不忘情，仍多意見。吾政府則對轉入外國籍者，仍許其保留中國籍，而更加重視禮遇，或更在一般不兼外國籍之國民之上。今日常有人言，一家中父子有代溝。余則謂，在一國中亦有國溝。如毛政權尊馬恩列史，即國溝之更顯然者。此亦吾國家當前一大問題也。

余夫婦在劍橋逗留一星期。接觸多，人事忙。臨去，協中堅邀余夫婦離紐海文前再往，與彼一家作一星期之暢敘。余夫婦亦允之。遂於離紐海文前，又去劍橋。協中先在一休假勝地租一宅，彼夫婦與二子英時英華，及余夫婦，共六人同去。其地名已忘。四山抱一湖，山不高，湖不大，而景色幽美。兩家或駕遊艇徜徉湖上，或在宅外樹蔭草地閒行閒坐，七日之為況，至今尚留腦際。美國人好活動，中國人好閒散。每好擇一靜境閒下，把日常心中積存雜念盡放下，盡散去，儼如隱遁世外，過一番神仙生活。美國人從閒散中覓新活動，中國人則於新活動中覓閒散。雙方情味大不同。協中夫婦臨離港前，余夫婦偕彼兩人及其子英華，渡海遊大嶼山，黑夜登山，宿一古寺中。翌晨歸來。協中不忘此遊，故邀余夫婦來遊此湖。適來者亦僅余兩家。余夫婦留美近八月，亦惟此七日最為恬靜。今協中已逝世，此湖真如一處之雪泥，而鴻爪則僅留余夫婦之心中矣。今日臺灣遊覽區日益增闢，然每赴一地，遊人麕集，率在數百人千人間。只覺一片熱鬧。求如余三十九年初到臺灣所遊，亦已渺無往日景象可覓。只能活動，難得閒散。美國生活逼人來，亦一無可奈何事也。

四

學期結束耶魯特贈余名譽博士學位。在授贈儀式中，耶魯校長特請李田意以中國語致辭作介紹。據謂乃耶魯畢業典禮中使用中國語之第一次。

盧定教授曾多次晤面，又屢有餐聚。臨離紐海文前，又邀至其家晚餐。餐後閒談，由田意作譯。盧定問，聞君在講堂告學生，中國史學重人，西方史學重事。人為主，事為從，有之否？余答，有。盧定又問，君意固是。但其人必演出歷史事件，乃始得成為歷史人物，則事亦不當輕。余答，此乃中西雙方歷史觀念一大不同處。中國史籍分編年紀事本末與列傳三體，但正史則為列傳體。其人之所以得成其事，其內情有不盡於其事之內者。如孔子辭魯司寇，不知孔子其人，則何以知其事。故不詳其人，即於其事之前因後果多有所失。而在中國正史中，所載人物有絕未演出所謂歷史事件者，且不在少數。故中國正史中女性人物亦特多，為並世史籍中所少見。此乃中國人之歷史觀念，與其他民族不同。故中國人所認之歷史事件，實即包有人生之全部，非專限於政治經濟軍事外交等事件上。中國歷史即一部人生史，或說是一部文化史。非限於政治。此乃中國自古已然。亦可謂中國史學早已現代化。實可作今日世界史學家之參考。當時耶魯文史哲學方面各教授，多注意於余講堂所講，此亦一例。

又有柳無忌夫婦，其時不在耶魯任教，而居住紐海文近郊，常與往來餐聚。余又曾與無忌對奕消遣。無忌夫婦有一女，十足中國傳統，孝禮真摯。待人接物亦情禮備至。無忌夫婦極欲獲得一中國籍佳婿，而其女則終於嫁了一美國人，其事已在余夫婦離去之後。蓋此女自幼即在美長大，已深受美國影響。所交中國青年，宜多半中不西，不如美國青年轉為一色純真。其女既為一性情中人，則宜乎捨此而從彼矣。余夫婦在美期間，所遇中國家庭有外國女婿外國媳婦者不少。其父母翁姑言辭間總露多少不滿情緒，此亦一無可奈何事也。

余夫婦留紐海文近六月，所識耶魯文學院各系諸教授甚多，茲不一一詳述。而中國友人，異邦相遇，更覺情誼親切深厚，非在國內所易得。如李田意，既為余講堂上作義務翻譯，尤其日常相處，余夫婦大小一切事，幾乎全由其從旁相助。又萬榮芳為余夫婦郊遊一密伴。又有一翁太太，乃新亞舊同事翁舲雨之弟媳，已寡居。時亦在耶魯語言學校任教，亦來余課堂旁聽。每逢余上課，彼必攜帶其所煮紅香濃茶裝熱水瓶中帶來。余坐講臺上，有煙可抽，有茶可喝，亦為在國內講堂上所未有之樂趣。外國教授在研究院課程中，常在講堂抽煙，然亦絕少兼喝咖啡，則余尤為特例矣。又有朱文長郅玉汝，乃余在北京大學時老學生。朱文長之妻，則為早期新亞學生。又有黃伯飛，乃在耶魯新識。余返香港後，曾約聘其來新亞任語言專科主任一年。其他，難一一縷舉。每一家必邀余夫婦餐敘，亦多邀中國友人作陪。又多常來余寓作閒談。余夫婦在耶魯之一段生活，實是一片熱鬧，為在國內所未有。臨離去，不勝惆悵。余有日記，至今繙閱，真如一場好夢。今則夢雖醒，而夢中情境則仍留心目間。惜不能一一寫入筆墨中為恨。

余在耶魯，雅禮協會開董事會必邀余列席。董事有自遠方來，旅邸費皆自付，聚餐費亦各自償付。惟余一人之餐費則由羅維德或其他人代付。羅維德一日告余，美國雖滿地是黃金，張兩手謂惜無法拾取。雅禮董事之熱心公益及其對新亞之衷誠協助，使余永難忘懷。

拾玖、新亞書院（續四）

一

是年七月一日余夫婦離紐海文即去紐約。紐約曾屢去不一去。有一次曾赴哥倫比亞大學為丁龍講座作講演。有燕京大學舊同事何廉淬廉，曾為余詳述丁龍講座之來歷。謂，美國南北戰爭時，紐約有某將軍，退休後，一人獨居。其人性氣暴，好詬厲人，凡所用僕，皆不久辭去。有山東華僑丁龍，赴其家受雇，亦不久辭去。後某將軍家屋遭火，時無僕人，丁龍忽至。某將軍問何以復來，丁龍謂聞將軍受困阨，中國孔子教人忠恕之道，特來相助。某將軍謂不知君乃一讀書人，知古聖人教訓。丁龍言，余家積代為農，皆不識字，孔聖人語乃歷代口舌相傳。由是主僕相處如朋友交。一日，丁龍病，告其主，在此只隻身，我衣食所需已蒙照顧，按月薪水所積，病不起，願回主人。及其卒，某將軍乃將丁龍歷年薪水，又增巨款，捐贈哥倫比亞大學，特設丁龍講座。謂，中國有如此人，其文化傳統必多可觀。此講座則專供研究中國文化之用。至今不輟。余前在大陸時，留美學人相識不少，亦多留學哥大者，但從未聞彼等談及丁龍。新文化運動禮教喫人等議論甚囂塵上，但丁龍雖不識字，亦可謂受有中國禮教極深之感染者，彼之所作所為，何嘗是喫了人。美國人深受感動，特設講座，為美國大學提倡研究中國文化之首先第一處。國內人則倡言全盤西化，卻未注意到丁龍。似乎丁龍其人其事絕不曾在彼輩心意中存留有絲毫影響，斯亦可怪。

余夫婦此次去紐約小住一星期，即轉去華盛頓，住旬日。備蒙夏道泰夫婦殷勤招待。代租一住處，並同餐同遊，使余夫婦絲毫不覺有在異鄉旅遊之不便處。又我國駐美大使前北大清華舊同事葉公超邀宴，或見故交新識多人，又去雙橡園，並在中美文化協會有講演。又轉去芝加哥，應顧理雅之邀亦在芝加哥大學作一次講演。顧理雅曾在北平留學，余早與相識。余等之去，本由芝大邀住其賓館。或人言，芝大校區左側有一黑人區，夜間往返市區不便。遂住市區一青年會館。此黑人區本由白人居住，忽一家遷出，一黑人家遷入，其他白人遂盡遷出，乃變為黑人區。華籍教授錢存訓未遷，余夫婦去其家，乃靜適異常。余等在華盛頓，某夕宴會，某君任職大使館，邀余夫婦席散去其家小坐。或言，某君家在黑人區，勸勿往。某君力言無恙，遂去。此區一如芝大側旁之區，一黑人家遷入，一區白人遂盡遷出。兩旁馬路極寬大，四圍交通亦極便。余等去，兩旁電燈通明，而車輛則絕稀，亦備見靜謐。紐約亦有黑人區，與華人區毗鄰。其他大都市亦皆有黑人區。美國歷屆總統競選，黑人必獲優待，以期獲得其選票。然黑人之政治地位日升，而社會地位低落如舊，黑白界線終難泯除。他日黑人生齒日繁，選票日增，當可競選任大總統，此亦美國一大隱憂也。

意大利人落籍美國，亦有自成區落之勢。猶太人則不聞受此歧視。此乃貧富界線，非關膚色。故日本昔為美國一大敵，今為美國一密友。不計財富，徒論情誼，則或非美國所喜也。

住芝加哥僅四日，即轉去三藩市。途中特繞道去大峽谷。余夫婦曾停宿兩宵，作暢遊。在美國遊覽，極少人文古蹟可資憑弔。如遊華盛頓故居，亦僅供遊覽，甚少供人憑弔瞻仰之設備及部署。僅在市區大馬路上，有華盛頓銅像矗立，乃為供人瞻仰者。然在露天大道上，車馬絡繹，乃為城市增一景色，非備人瞻仰一古蹟。惟來大峽谷，乃有美國人勢力西侵之種種故事可資聯想。然一民族之立國精神豈在此乎？此等精神又烏可長供人留念。徘徊兩日，俯仰感慨，有不勝言，亦不能言。亦惟有僅以遊覽心情過此兩日耳。

二

余夫婦抵舊金山，居華人區一旅店，愛其人情風俗，儼如身履國土。新亞同事孫甄陶在此相晤，此後余等住舊金山兩星期諸多活動，幾全由甄陶代為安排。其子述宇自新亞畢業，就讀於耶魯研究所，攻習英國文學。是夏，進入博士班作研究生。一日，在僑團一茶會上講演，深讚僑民不忘子女中國語文教育之美德，勉其持續勿懈。加州大學一中國名教授，曾勸華僑既為美國人，當在美國求前途，中國語文之訓練應不重要。見余報端講辭，與其意見相忤，本擬邀赴其家宴聚，因而中輟。美琦前留學加大，曾數次應邀至其家。其夫婦去耶魯，余夫婦亦邀其家宴。至是遽變。中國人論交重道義，道不同不相為謀。似美國風氣亦不如此。

張君勱聞余至舊金山，特請人來約期相見。時君勱傷腿未癒，行動不便。余夫婦赴其寓，君勱留晚餐。余問君勱，聞君曾提議國政三大端，有否其事。君尊西方民主，似應返臺灣提出，並可向街頭宣傳。未獲同情，亦可鍥而不捨，爭而不休。今遠羈美國，只向政府動議，此仍是中國傳統士大夫少數意見高出民眾多數意見之上。與君往日參加制憲意態若不同。君勱未深辯。余夫婦離舊金山前兩日，君勱又約在市區茶敘，亦未再提此事。後乃撰文其力駁余所持對中國政治傳統非君主專制之見解。惜余未見其文，而君勱亦在美逝世矣。

又顧孟餘夫婦在加州，美琦留學時，亦曾數赴其家。余與孟餘初不相識，至是始獲見面。孟餘夫婦親駕車來三藩市旅舍接余夫婦作郊遊，並至其家餐敘，招待殷勤。然絕不與余談及國內政事一語，與前儼似兩人矣。及其夫婦返居臺北，遂常往來。然孟餘已病，往事盡不在記憶中。余與美琦迭視其夫婦之先後逝世，亦良堪悼念也。

余又曾遊加州附近一賭城，在高山上。特愛其山旁之一湖，湖甚寬，四望皆山。欲覓一濱湖咖啡店，閒眺湖景，竟不可得。美國人來賭城，亦為覓得一忙碌。湖中有遊艇，登其上，駛行湖中，亦一忙碌也。至坐咖啡館靜眺，此種閒情逸趣，似美國人少欣賞。以中國人心情，遊美國山川勝地，亦似情不對境，不相恰切。

北大舊學生張充和，擅唱崑曲，其夫傅漢思，為一德國漢學家，時在史丹福大學任教。傅漢思曾親駕車來舊金山邀余夫婦赴史丹福參觀，在其家住一宿。史大有一圖書館，專意搜集中國共產黨材料。適蔣夢麟亦自臺北往，在館中相遇，坐談一小時。夢麟告余，已連讀君之《國史大綱》至第五遍，似君書敘述國史優處太多，劣處則少。余問夢麟，所敘國史優處有不當處否。夢麟言，無之。余言，既無未當，則亦不妨多及。國史敘治世則詳，敘亂世則略。一朝興則詳敘，一朝亡略及。拙著亦承國史舊例。今日國人好批評中國舊傳統，卻絕不一道其優處，拙著亦以矯國人之偏，君謂有未當否。夢麟再三點首道是。

三

離舊金山又轉去西雅圖，寄宿李方桂夫婦家。晤及蕭公權施友忠諸人。又陳世驤曾在港晤面，亦在加大重晤，其夫婦適亦先住方桂家，又得相遇。新亞舊同事夏濟安，在加大任教，時亦在西雅圖。屢次晤面，彼有意離美重返新亞，曾約於翌年轉道倫敦來港。乃不幸於別後不久即病逝，亦堪悼念。時已值學校假期，余曾在華盛頓大學開一座談會，未作專題講演。余夫婦在西雅圖極愛其湖山之勝，暢遊一星期離去。

余夫婦自離紐海文，遍遊各地皆乘汽車，便隨處瀏覽。及離西雅圖東返，始改乘火車。車行沿太平洋轉入群山峻嶺中，盤旋曲折，極為勝境。登上車頂廂樓，四旁及樓頂皆為大玻璃窗，眺望四圍，更覺心曠神怡。意謂此路若在中國，必有僧道來此闢建寺廟塔院，成為遊覽之勝地。每遊美國鄉村，必有教堂，教徒即在人跡所聚處傳教。中國則有來學，無往教。宗教亦然。僧尼僻居深山，信者自趨膜拜。中西習俗不同。今乃任此勝景冷落世外，亦可惜也。車行第三日，沿密西西比河，汊港迴環，煙樹迷惘，遠山遙隄，一一掠窗而過，景色甚似江南太湖一帶。下午在芝加哥換車，翌晨四時抵水牛城。

四

萬榮芳應約在水牛城相候，由其駕車去遊尼加拉瀑布。余素愛觀瀑，此瀑已早在電影中見過。乃乘汽車直達瀑布之頂，一石鋪平坦大場，身倚場邊欄干上，瀑布即在欄干下。似置身仍在城市中，而瀑布亦移來城市。因尋瀑布之源，背向直達一湖濱，亦如散步公園中，自然奇險渺無可得矣。

過一橋，入加拿大境，一樓面對瀑布，設餐廳，遊客麕集，排隊輪候。一桌散，乃克入坐。幸獲一桌，正臨窗，對岸懸瀑宛在窗前。時已值夜，瀑布上皆遍布五彩燈光，青紅綠黃，霎即變色。竊意若移去此諸燈，亦可遙望瀑影，在深黑中轟豗一片，此是何等景象。若能返老回童，坐此餐桌前，玩賞繽紛電光，亦是一樂。今則兩失之，不覺惘然。

余等既遊尼加拉瀑布，纔轉赴加拿大之多倫多。時翁舲雨有一子在此讀書，舲雨夫人亦在此。余等特往訪之，同遊市外一中國式園林，聞係前清時一加拿大人遊北京歸而倣建者。驟入門，見樓前一古松一稚柳並峙，余忽有啟悟，乃知此為中國人之匠心佈置。稚柳傍古松，非不自然，但在自然中頗難覓得。於不自然中創造更自然之一境，凡中國山川園林名勝皆如是。中國人作畫亦如是。西洋人作畫，必面臨其境，如實描繪，謂之寫真。其佈置園林亦一仍自然，如舊金山多檜木公園是矣。加以佈置，則成尼加拉瀑布。自然與人為顯分兩境。中國則必融自然入人為，又融人為入自然。使兩境如一，乃為上乘。

多倫多大學教授史景成，陪余參觀其博物館之中國部分，有大批由加拿大人明義士來華所收藏之龜甲，及商周鐘鼎彝器。並有秦漢磚畫陳列兩壁，殊為壯觀。其次有六朝隋唐以下及清代之種種古器物，又有一元代壁畫，及一明墓。搜藏甚富，不亞於在美所見。

在多倫多住宿兩宵，即返美，順道乘輪作千島之遊。海山勝景，顧盼皆是，環行五小時。其南端甚近紐約，儻紐約居民群以此為遊覽之所，則往返絕非不便，而心胸大開，不啻另是一天地。惜當時紐約居民似遊千島者甚少，今隔二十年，不知有變否。

遊千島後，於返紐約途中，又去亞力山大海灣宿一宵。又去一湖，乃距紐約市北八十里一渡假勝地。湖在山中，澄渟如鏡，山高海拔一千五六百尺，山後有瀑布，沿瀑布而下，林樹蔭蔽，湍聲清越，日光穿林而下，亦可謂聲光影三絕矣。瀑布凡見三處，另一處未見。路上老樹參天多百年以上者，懸壁絕峻峭，遊人必步行或騎馬到此，可嘗遊山之味。在此湖亦宿一宵而去。返抵紐約，又一週，於九月一日離美轉赴倫敦。余等留美前後共七月餘。

五

余離港前，倫敦來邀即將合組新大學之三院院長前往訪問。余因赴美在即，約定離美後單獨前往，至是始成行。余至倫敦，毛勤已退休歸家，住倫敦近郊。親來邀赴其家，盤桓一天，深夜始歸，均由毛勤駕車迎送。當日傍晚余夫婦出外散步，附近一小鎮，鎮民亦群出。見余夫婦乃中國人，疑自香港來，余告以來自美國。彼輩乃競問美英優劣。余答，美國何堪與英國相比。彼輩大驚詫，問何據。余指田塍間老幼男女瀰布，曰，如此接近大自然，生活何等幸福。美國人家宅縱在鄉野，出門即大馬路，汽車交駛，豈容徒步。即欲就近買一包紙煙捲，亦得駕車出門。長日困居院中，何得如君輩快樂。聞者色喜，首肯。但一人謂，不久此形勢即逼來，恐吾輩此種生活亦不得長久矣。又一人謂，文化人生必經時間，指近山草皮曰，此等草皮至少已當歷五百年以上。美國人學我們種草皮，最多不得滿四百年，何堪相比。英國人極不喜美國人出己上，但亦無奈之何。此一番田野閒談可徵。

富爾敦亦特來邀余夫婦去其家住一宵。火車路程一小時即達，午後討論香港創辦新大學事，談及校長問題，兩人仍各持舊見，不相下。出至郊外，參觀在此興建一大學之新校址，彼即預定任此校之校長。晚餐後，續談香港新大學校長問題，仍不得解決。翌晨再談，仍無結果。午後，富爾敦親送余夫婦返倫敦。車上仍續談此問題。余問，當前中國學人君意竟無堪當一理想大學校長之選否。富爾敦色變，遽謂此問題當依尊旨，即此作決定，幸勿再提。

余屢聞國人每以好古守舊自譏，及來英訪問牛津劍橋，乃覺英國人好古守舊之心亦不弱。余遍遊牛津各學院，物質規模生活細節多歷長時期，各循舊狀不變。適英女王將來訪，各處牆壁略加粉刷，五六百年舊石皮薄加剝落，如是而已。在劍橋晤一英籍教授，任中國《論語》一課，告余大感困倦。以一英國人治西書，自可各有悟入，遇疑難處，各自發問，教者可隨宜啟導。讀中國古籍如《論語》，所問盡屬字句義解，無大相歧。教者亦只遵舊制，分別作答，再三重複，豈不生厭。但講堂上課限於向例，不專依書本循章蹈句作解。所授內容變，而體制不變，徒滋拘束。其實英國此種守舊不變之心習，隨處可見。即如倫敦西敏寺白金漢宮及國會大廈，一排駢列，神權、王權、民權政治體制上之三大轉變，新者已來，舊者仍存。尤其是唐寧街十號，最可作英國人守舊不變一好例。

返論美國，亦何弗然。耶魯初建校舍，遠不如此後新建校舍之古老。余宿哈佛一賓館，為市容改變，其原宅全部照舊自路右遷路左。全幢建築絲毫未動。工程之大，設計之精，校中人相告，引為誇榮。苟不存好舊之心，何不重新建築，既省錢，又可內容更新以適時宜。芝加哥校舍落成大典，嫌其屋宇之新建，牆壁先加塗污，以壯觀瞻。余遊華盛頓故居，餐廳桌椅全選歐洲舊製，舒適唐皇皆所不計。一若非此不足表示其莊嚴。其他類此者不詳述。抑歐人之古，僅自希臘，故歐人亦必以希臘為榮。更古如埃及巴比倫，則與歐人關係較疏，但歐人亦甚以古榮之。余遊英倫博物館，有一雅典古建築，全部移來。在雅典原址，則為照樣興建以償之。余告導遊者，余在美訪其博物館，埃及雅典古物皆出價購取，是為資本主義社會一表示。今在此所見，強力奪來，乃帝國主義一表現。若慕雅典此一建築，何不在此仿造一所，而原建築仍留舊址，兩地遊者同可欣賞，此為兩得之。今則兩失之矣。導遊者無以應。

余遊英倫，覺其社會閒逸之情遠勝在美所見。尤喜劍橋靜謐宜人，坐溪橋旁一小咖啡館，儼如在蘇州坐茶室，久不思去。又訪羅馬古長城遺址，竟日往返，沿途所遘，絕不見熙攘之態。歸途在一十八世紀之小農莊故址登樓小坐，三面環山，惟余夫婦及陪遊者英人某君三人，同進咖啡。一女侍，全樓四人。樓外闃寂，不聞車聲。此等岑寂之境，在美頗不易遇。非夕陽殘照，戀坐不忍行。

余等在倫敦又曾遊其律師區，印象極深。中國古人言采風問俗，此等乃非書本知識所易觸及者。又遊蠟人館，其樓上有歐洲中古時期貴族地主虐待農奴之酷刑慘景，感動甚深。越年，曾囑人前往攝取其鏡頭，乃告館中已移去，不可復見矣。此為考論西方封建社會一項稀見而可貴之最佳資料，未能攝影保留，惜哉惜哉。

余夫婦在倫敦得遇舊知陳源通伯及其夫人林淑華女士，曾至其家。通伯又屢來訪，同餐同遊，並又先為余夫婦去巴黎作接洽。此後通伯來臺北，途經香港，又訪余於新亞。及余遷來臺北，通伯在英逝世，淑華女士來臺北開追悼會，余夫婦亦參加。又特為文悼之。對其以前主張新文學之經過與意想，有所闡述。其他在英所遇舊交相識尚多，茲不一一具述。

又憶遊劍橋，遇一英籍教授，新自北平留學歸來。邀余夫婦赴其家茶敘。語次，談及在北平曾讀一文，批評某教授論墨學，其文用筆名，遍詢他人均不知著者之真姓名。惟知此文撰在對日抗戰前，其時先生尚在北平，不知曾悉此文之著者否？余請取此文一閱，彼乃持一長梯，登閣樓，取下一書，交余閱之。此書乃武漢大學某教授所著，時余在北平，讀其書，有異議。因某雜誌囑，遂撰此文。篇末謂，國難方殷，余輩乃討論此等問題，實非急需。因取名與忘二字，囑著者勿再筆墨往返。後該書又在北平重印，並收進余文，謂今時已昇平，盼以真姓名相告，當可面請教益。大意如此。余笑告主人，此文適為余作，然久已忘之矣。及余返港後，遂覓得其書，意欲將此文收入余之《中國學術思想史論叢》中。但今檢《中國學術思想史論叢》第二冊戰國之部，此文仍未收入。故誌於此，以待他日之再檢。

六

在英共住二十二日，自倫敦轉巴黎。賀光中夫婦適自新加坡來巴黎，光中乃專為抄錄巴黎所藏敦煌文件而來，故需久住，特租一屋。余夫婦亦同寓其處，在巴黎多蒙其夫婦陪遊。

遊凱旋門及拿破崙墓，乃知法國政情與英大異，其商業情況亦不同，而閒逸之情則又過之。美國華盛頓市區規劃模倣巴黎，但自國會直達華盛頓銅像之大道，顯與巴黎凱旋門前之大道不同。坐凱旋門前大道旁之長排咖啡座上，閒看大道遊客，乃至把杯閒話，此情此景，巴黎獨有。咖啡店遍市易覓。攜長條麵包在塞納河邊散步，此情此景亦惟在巴黎見之。富強孰不慕，而閒逸亦孰不喜。即論大陸舊日上海租界，商業繁旺在英租界，而來作寓公則喜卜居法租界。即今世界遊人亦多愛巴黎，勝於倫敦。羨慕富強，則美國居首，英次之，法最居末。求享閒逸，則法英美次序倒轉。若果二者不可得兼，何去何從，則待世人之別擇矣。

余遊凡爾賽舊王宮，長樓連楹。較之韓國日本所見宮殿宏偉，門牆深嚴，不啻似一富人居，一如小巫之見大巫矣。此非依政體之專制程度分，乃自民族心理之厚薄輕重分。東方人尊上位，致其崇高之敬心，自與西方人爭衡權利，攘奪霸占之心有不同。故西方人重商，即法國亦不免。自擁財富，斯可平視高位。非專制，則高位不易踞。不如東方人尚謙德，轉使下僚誠服也。美國之白宮，英國之唐寧街十號，則又故示謙德而失其體制矣。

又遊凡爾賽之別宮，聞乃模仿中國園林而建，占地甚廣，林溪甚繁。然遊覽所得，尚不如在加拿大多倫多所見一中國式園林之啟發多而影響深。可知一民族自己歷史傳統深，則得於人者轉淺。自己歷史傳統淺，則得於人者易深。即以兩地此一事為例，亦可知矣。

余又在巴黎市偏區一山東小麵館進膳，此館碗筷匙碟，桌椅陳設，皆近百年前舊物。即在中國北方，亦難尋覓。不知此家主人自來巴黎，何以祖孫世代能牢守此舊規模不變。然亦有法國人絡繹來顧。蓋風情之特殊，益覺飲膳之異味。中國食館遍於歐美，余夫婦此遊所品嘗亦多矣，然未見如此館之簡陋。當日所進麵味已全忘，然其用具陳設則猶歷歷在心，亦此遊中一奇遇也。而中國人之好古守舊，則又非並世人之所能比矣。

法國漢學家戴密微，光中邀其來寓，與余餐敘。長談至深夜十一時始別。彼詢及余發現章實齋遺著事，余詳告之。彼因急赴波斯考察一新出土之中國古碑，遂未再見。後有年，彼來香港，重獲一面。又巴黎大學中國文獻館館長紀業馬，因事離巴黎，其夫人胡品清乃中國人，特在家設一茶會，晤見中法英美學人近二十人。余之遊英法，一意參觀，兩國之漢學家，非特有機緣，甚少晤及。在倫敦，亦惟倫敦大學遠東系主任西蒙教授曾設宴相待。其子並曾陪遊。其他亦少接觸。

余夫婦遊巴黎共旬日，忽得香港新亞來信，學校有事，促急歸。因取消歐陸其他各國之行，法國其他地區亦未前往，匆匆離巴黎轉赴羅馬，作為此行最後之一程。

七

余夫婦赴羅馬，我國駐教廷大使謝壽康次彭特來機場迎接。並為在其使館附近定一旅館。當晚即由次彭晚宴。此下數日，或在使館，或在市區，幾乎盡由次彭約同飲膳。次彭雖久從事外交界，而為人坦率真誠。一夕同餐，次彭擇碟中一魚頭置余碗中。其夫人謂，汝自喜食魚頭，不問客亦嗜此品否。余笑答，生長江蘇無錫魚蝦之鄉，生平正愛此。次彭並屢次陪遊市區各名勝古蹟。余與次彭雖初相識，一見如故交，亦生平稀遘也。

一日，由羅光神甫陪赴梵諦岡，於廣座中謁見教皇。羅神甫並於其寓所邀晚餐。次彭又曾兩度陪余夫婦去梵諦岡，瞻仰巡覽，幾於無所不至。

余夫婦又曾暢遊梵諦岡附近一古堡，整半日，遍歷各處。使余於歐陸中古時期之堡壘情況，略獲有知。並由次彭陪遊聖保羅約翰聖彼得等教堂，纔知文藝復興後之教堂與中古時期之不同所在。余夫婦又特去龐貝古城，晨夕往返，沿途所見，始識意大利人之閒逸，猶勝於法人。若果以生活忙碌亦視為近代歐洲文化演進一項目，則意大利無疑猶當居法國後。惟意大利生活水準低，故其情趣乃不如法國。惟論古蹟之豐，則英法遠不能與意大利相比。文藝復興雖起於羅馬，然終為古所掩，不能與英法同享後起之新運。古今新舊不能相融一貫，又為余遊英法意三國所同具之深感。今我國人一意慕歐美之新，疑我自身固有之舊，宜其不能調融合一矣。故人類文化貴能推陳出新，不當捨舊謀新耳。

余夫婦遊羅馬凡六日即匆促賦歸，次彭親送。適飛機誤時，次彭詳詢余等所到，謂尚有半日閒，當伴遊未去處。午餐後，飛機仍未到，次彭問有一處咖啡館曾去否。余言，著名一希臘咖啡館已由先生陪去過。次彭謂，非也。此處非熟人作伴不易去，店名由意語翻譯當為天下第一家。尚有數小時閒，當必一去。遂偕往。店內四處皆咖啡袋，無座位，立櫃前飲。次彭謂，如剩有意幣，可盡購咖啡歸香港細品之。依其言購一紙袋，乃赴機場。飛機中整夜少眠，而喉間餘味津津，不覺渴。乃知方飲咖啡味醕性強，洵佳品也。乘客聞香氣濃烈，或尋來余座前，問何處購得這樣好咖啡。余夫婦遍飲各地咖啡，意居首，法英次之，美最末，而今午所飲尤為上選。即咖啡一味，亦與人生之閒逸忙碌成正比。一事一物之微，亦可覘文化之異同。此亦入國問俗之要旨也。

八

余返香港，乃知新亞內部為國慶日懸國旗有齟齬。余告來談者，國家民族精神之體究與發揚，乃我全校師生積年累月所當努力一要目。懸掛國旗，乃一儀式。不當為此使學校前程生波折，亂步調。但國慶之晨，仍有人在學校樓頂私升國旗，旋又卸下，未肇事端。蓋少數幾人主張，絕大多數置之不問，而另有少數臨事加以勸阻。然余之歐遊則竟為此中輟，至今思之猶為悵然。

余返港最大一事，為覓新居。余不喜城市煩囂，託人訪之鄉間，乃得沙田西林寺上層山腰一樓。更上即山頂，屋主人闢一大園為別墅。余夫婦親赴踏看，深愛其境。或言火車站離此遠，登山石級一百七十餘，每日往返恐勞累。屋主管家陪去，謂我年七十餘，每日上下，體況轉健。先生來此居住，必可腰腳強勁，心神寬適，余遂定租。

余之《論語新解》初稿，已在耶魯完成，自得新居，重理前業。取《朱子語類》、《論語》各條逐一細玩，再定取捨。適楊聯陞自哈佛來，亦來余山上宿一宵，歸途經日本，余囑其代購日本人著《論語》三種，一主程朱，一主陸王，一遵乾嘉漢學。雖多本中國舊說，從違抉擇各異。余又再玩三書，細審從違。如是再逾半年，稿始定。

夏秋間，忽颱風來，勢烈空前，山居破壞，屋頂多掀開。修理費時，臨時移樓下另一小宅。在樓上放一桌，余一人盡日握筆吟哦。較在耶魯寫初稿時，環境似更怡悅有加。

富爾敦又來，初面，又詢余有關校長事仍持初意否。余告以余所爭乃原則性者，他日物色校長人選，余決不參一議。富爾敦領首不語。有關新大學一切爭議，至是遂定。又議校名問題，或主取名中山大學，或主名九龍大學，其他尚有多名，久不決。余謂，不如逕取已用之英文名直譯為中文大學，眾無異議。新校長既來，召崇基聯合新亞三院院長每週開一聯席會議，遇有異見，舉手多數即通過。余與富爾敦毛勤以前彼此討論商榷之情形，今則渺不可得矣。余自新亞決定參加大學，去意亦早定。大學既成半年，乃商之趙冰董事長，得其同意，辭去新亞院長之職。時為民國五十三年之夏，自創校以來，前後十五年，連前亞洲文商學院夜校一年，則為十六年。亦為余生平最忙碌之十六年。惟董事會允余五十四年為正式辭職之年，此一年則為余之休假年。時余年七十一。余旅居香港之辦學生涯遂告終結。

貳拾、在臺定居

一

民國五十三年七月，余先租得青山灣一避暑小樓，臨海面山，環境幽靜，尤勝沙田。獲得新亞董事會開會同意余辭職之當晚，即逕去青山灣。夜半枕上聞海濤洶湧，滿身輕鬆，有淩空仙去之想。翌晨，坐樓廊上，遂預定此下閒居生活之計劃，首為撰寫《朱子新學案》一書。每日面對近海，眺望遠山，開卷讀《朱子大全集》。居兩月，返沙田。

是年十月，新亞董事長趙冰逝世，余特撰兩聯，一為學校公輓，一為余個人之私輓。學校公輓之聯云：「惟先生身在局外，心在局中，不著跡，不居功，艱難同其締造。願吾黨利恐趨前，義恐趨後，無渙志，無餒氣，黽勉宏此規模」。余私輓之聯云：「肝膽共崎嶇，畢義願忠，惟玆情其永在。氣骨勵堅貞，清風峻節，何斯道之終窮」。余之初識趙冰在民國三十八年春，至是亦已十五年矣。余之始創新亞，趙君即任董事長助成之。余之辭新亞職務，亦由趙君主持決定之。不謂余初去職，趙君即遽長逝，痛哉惜哉。

繼趙君任新亞董事長職務者為董之英。董君乃上海來港一企業家，彼已久任新亞董事，遇學校經濟有困難，董君屢為解囊。余初擬創辦新亞中學，董君即慨允所需十分之一之校舍建築費。及其任董事長職，余已不問校事。但董君屢來沙田余寓所，詳告校務。及余夫婦去馬來亞，董君已辭去董事長職，曾來相訪。余夫婦離馬來亞經泰國返港，又經董君在泰國所設公司招待。及余夫婦遷來臺，董君夫婦並屢來臺北相訪。其人坦白真誠，亦為余在港一良友。

二

翌年之夏，南洋大學有人來商去任校長，余卻之。馬來亞大學邀去講學，余允之。適患青光眼，由余在港相識陸潤之醫師割治。新亞同事赴潤之醫務所求診，潤之皆免費，亦不啻為新亞一校醫。余住醫院經旬，稍愈即於五十四年七月去吉隆坡。人事稀疏，除規定課程外，盡日夜專讀《朱子語類》。是為余在成都華西壩病中通讀全書後之第二次。相隔亦二十餘年矣。新亞研究所畢業，繼余英時在哈佛讀博士班之陳啟雲，時亦在馬大任教。每逢星期日，其夫婦常駕車來伴余夫婦出遊。

馬來亞凡高山清涼處，必有賓館，為前英國殖民政府官員休假避暑處。余夫婦每逢假期，亦遍往遊憩。少則三五日，多逾一星期，而尤愛檳榔嶼，住其山上旬日。美琦亦在馬大任課，夫婦共一研究室。留室半日，亦備感幽閒。日常交往，除陳啟雲夫婦外，有系主任何丙郁夫婦，系中同事德國漢學家傅吾康夫婦，程曦夫婦，曾太太陳品菱女士，圖書館王遵侗女士。又校外相識李家耀等諸家，皆曾結伴同遊。尤其品菱女士與余毗鄰而居，過從尤切，並從余於課暇撰寫其碩士論文。舊曆除夕，邀宴其家，餐後移坐園中長談至深夜，尤為余夫婦生平渡歲惟一稀遇之景象。其他在馬來亞各地僑領僑胞，及文教界人士相識甚多，不能備述。

但余不勝馬來亞之濕氣，終於胃病劇發，一晝夜進食至十餘次。入夜不得安眠。遂提前於二月即歸，住馬來亞共八月。美琦理行裝，余一人閒，僅留《朱子詩集》首冊在案，成〈朱子早年思想考〉一篇，為余正式撰述《新學案》之第一篇，後散入《學案》中。數日之生活，乃常留腦際，不能忘。

三

余夫婦去馬來亞，沙田舊居未退租。及歸，日夜寫《新學案》，然亦疾病時作。越半年，體稍健，美琦遂去香港某中學任教。晨出，午後歸，余一人在家，時撰寫益勤。皆就前兩年來讀《大全集》、《語類》錄下筆記，分題闡述。而香港難民潮驟起，乃決計遷居臺北，先來擇地，得外雙溪今址。返港後，美琦自作一圖樣，屋宇面積略如沙田，惟分樓上樓下，而添得一園地。乃於民國五十六年十月遷臺北，先住市區金山街，翌年七月，遷外雙溪。蒙故總統蔣公命，該所之建築，全由陽明山管理局負責，並為政府一賓館。迄今亦已十五年矣。

余之撰述《朱子新學案》，蒙哈佛協助，其著作費按月港幣三千五百元，共三年。然余之此書，自五十五年二月，迄於五十八年之十一月，先後撰寫歷四年。又翌年續寫《朱子學提綱》一小冊，冠其首。共五年。其先讀《大全集》，讀《語類》，鈔撮筆記，作準備工夫，亦歷兩年。苟非辭去新亞職務，此書亦終難寫出也。

余自《新學案》成稿，遂應張曉峰之聘，在文化學院歷史系研究所任教，每週兩小時，諸生來外雙溪余宅客室中上課。又得故宮博物院院長蔣慰堂之邀，以特聘名義為研究員，為余特闢一研究室，上下午皆去，得讀《四庫全書》中，宋元明三朝理學諸集，續有撰述。而日常生活費亦賴張蔣兩君之安排獲有解決。

時余《朱子新學案》方成稿，有意續寫「研朱餘瀋」一書，自黃東發始，下抵清末，擇取十許家，各撰專篇，後以散入元明清三代之《學術思想史論叢》中，遂未勒為一書。為文化學院授課第一部成書者，為《中國史學名著》，乃臺大學生戴景賢來旁聽，依錄音機寫出講辭，再由余改定。第二部為《雙溪獨語》，乃余自本某年講辭，逐堂親撰成篇。其他所講，未遑整理。

又某年，孔孟學會來邀余特寫孔子孟子兩傳。余以曾有《論語要略》、《孟子要略》兩書，又因此引伸推廣作為《先秦諸子繫年》，最近又成《論語新解》，余對孔孟兩家所知盡此，此事似應由他人為之，乃婉卻。終以強邀，不獲辭，先撰〈孔子傳〉。乃亦時有新得。方知自己學問門徑多，撰述範圍廣，皆待深入。既交稿，正自慚疚，忽遭孔孟學會評議會指摘，逐舉稿中各項指令改定。余意學術著作，不比政治行事，可遵會議決定。學術著作則須作者本人負責。古今來稽考孔孟行事，意見分歧，抉擇取捨各有不同。余之此稿，亦復字字斟酌，語語謹審，經數十年之私見，但亦有據有證，非另創新說，豈得聽評議桌上一二人語，遽毀生平。即如孔子並未新撰《易傳》，為余畢生主張，亦依前人陳說，遠有來歷。此事縱謂未臻定論，亦可自申己見。乃求將原稿退回，蒙准許。惟又念此稿亦經一年辛勤，又自幸有新得，不忍棄置。適某報記者在一集會上，聽孔孟學會評議員某公昌言譏疵此書，遂特來訪問。余略告以此事之經過，該記者以之披露報端，求印行此稿者乃麕集。余告以此稿印行，不僅余一人之私事，亦牽涉國家宏揚孔道之公務。今已報章喧傳，此稿付印，尚不知更將發生任何意外之影響。因指座上某君言，彼最先來索稿，並出版物不多，未受多方注意，當以此稿付之，幸諸君見諒。此稿付印，乃具如此曲折。余生平著述中，有《先秦諸子繫年》一書，由顧頡剛送清華大學，由其出版叢書委員會中某君指摘體裁不當，令改撰，遂轉送商務印書館印行。又有《國史大綱》一書，經當時政府出版委員會審查，亦指令改撰書中之某篇某章，迭經爭持，始獲照原稿印行。此書付印曲折，則為余生平著述中之第三次。可知著書不易，出書亦未易也。惟此書屢經堅邀而成，受此遭遇，則更出意外耳。

余撰《朱子新學案》，又曾隨手選鈔朱子詩愛誦者為一編。及日本承認大陸共黨政權，繼以國民政府退出聯合國，消息頻傳，心情不安，不能寧靜讀書，乃日誦邵康節陳白沙詩聊作消遣。繼朱子詩續選兩集，又增王陽明、高景逸、陸桴亭三家，編成《理學六家詩鈔》一書。余在宋、元、明、清四代理學家中，愛誦之詩尚不少，惟以此六家為主。竊謂理學家主要喫緊人生，而吟詩乃人生中一要項。余愛吟詩，但不能詩。吟他人詩，如出自己肺腑，此亦人生一大樂也。儻余有暇，能增寫一部理學詩鈔，寧不快懷。竟此罷手，亦一憾也。又有朱子文鈔，因擬加註語，迄未付印。

余此下所努力者，為編《中國學術思想史論叢》一書，共八冊。一上古，二先秦，三兩漢魏晉南北朝，四隋唐五代，五兩宋，六七八為元明清三代。皆集余一生之散篇論文，有關此方面者。遠自民國十三四年以後，亦近六十年之長時期矣。有記其篇名，而一時未得搜集者。有彙為他編，不復重列者。然篇幅已不少。每集一編，所收諸篇，皆親自閱讀，小作改訂，惟大體則一仍其舊。所費精力亦不少。但至明代一編，以患目疾，排印後已不能親校。清代一編，則未能逐篇再自閱讀，逕以付印。尚欲增寫朱一新一篇，材料已齊備，亦以目疾中輟。

余之有關學術思想史方面之散篇論文，彙為專集者，尚有《莊老通辨》，《兩漢經學今古文評議》，《靈魂與心》，及《中國學術通義》等書。其有關中國文化部門者，除《文化學大義》外，尚有《中華文化十二講》，《中國文化精神》，《民族與文化》，《中國文化叢談》，《中國文化與世界局勢》等，其他不備列。惟有關文學方面，僅有一冊，名《中國文學講演集》。新舊文學，為余當生一大爭辯。惟求人喜中國舊文學，當使人先多讀中國古書舊籍。余之畢生寫作，皆期為國人讀古書舊籍開門路。苟置古書舊籍於不顧，又何能求人愛好舊文學。此非言辯可爭。惟余愛讀古文辭，愛誦古詩詞，則終生不變不倦。只堪自怡悅，不堪贈與人。閒雲野草，俯仰可得，又豈待人之持贈乎。

余之居外雙溪，又曾兩度去日本，兩度去韓國。初次韓國之行，即選擇李退溪李栗谷宋尤菴韓南塘四家全集，歸來披閱。卷帙之夥，亦甚感辛勤。籀四家立言大義，寫〈朱學流衍韓國考〉一文，補充「研朱餘瀋」之篇幅。後亦納入余《學術思想史論叢》中。余以一中國人，初涉及韓國書，每嫌知識不廣，許多處皆僅能置而不論。因念此四家皆以研究朱子為宗旨，余之所感尚如是，則以一中國人窺鑽外國學問，其難可知。借他人酒杯，澆自己塊壘，其事易。果求沉醉其中，若醒來故我依然，則中國酒洋酒又何擇矣。

四

余自正式獲辭新亞職，絕未去過農圃道。惟於民國五十六年新亞學生曾來請余為五四運動作一講演。不獲辭，亦僅此一次。及民國五十八年，為新亞二十週年紀念，新任院長沈亦珍來請余自臺赴港參加。得晤唐星海，繼董之英任新亞董事長，對新亞贊助有力。其父曾邀唐蔚芝來無錫創辦國學專修館，並贈一住宅。星海則留學美國。余在香港，與彼交往亦甚稔。余辭新亞職，曾擬從事兩工作，一為撰寫《朱子新學案》。又一則為編一國文自修讀本，供國人有志讀中國文言古籍者開一門徑。並可供西方人有志治漢學者得逕從讀中國文言古籍入手。星海聞之，特來語余，極為贊成余之第二計劃。囑寫一編輯大綱，彼常赴美國，當為余募款，俾組一編纂機構，以成其事。余之編纂大綱已寫成，念《朱子新學案》非余親手草成不可，至國文自修讀本，授意他人，亦可為之。遂將第二計劃暫置。及是相晤，彼告余，凡為新亞策劃，盼余盡力助之。余謂，君助新亞，即不啻助余。余可盡力，亦復何惜。又晤沈燕謀，彼實已在病中，方讀余《史記地名考》，長談不倦。及余自港返，唐沈兩人忽先後逝世，近在旬日間。而余不克親赴其喪，亦人生一大憾事也。

五十九年，余任香港大學校外考試委員赴港。時新亞由梅貽寶任院長，又邀余去作講演。舊任新亞校長室秘書蘇明璇，未到新亞前，為新亞出力甚大。余在美提議請其來任此職。後與余同離新亞。余每赴港，明璇必約在半島酒店見面，談及往事，相與愴然。不久亦病逝，余亦不在港。每念新亞舊友，豈勝惋悵。

五

轉瞬余已屆八十之齡，美琦偕余在余八十生辰前南遊。先住梨山賓館，又轉武陵農場，再轉天祥，最後經花蓮，先後住四處，歷八日。余寫成《八十憶雙親》一文，此乃常縈余一生之懷想中者，亦可謂余生命中最有意義價值之所在。余之八十年生命，深根固柢皆在此，非可為外人道。余每念畢生苦學，勤讀勤寫，始終一書生，若無變。然國事則始終在大變中，即余之家庭亦然。余姪最長者，已近望七之齡。余三子兩女，最幼者亦逾四十。然三十年來，如居異世，音訊難通。凡余《八十憶雙親》文中語，三十年前在大陸，亦無暇與彼輩言之。今所欲告者，亦惟彼輩而已。然彼輩何日能睹此文，睹此文後，心中影響如何，今亦無可懸揣。然則余之一生，憶往則無人可語，思後則無事可準，僅常以此文中一切告美琦，而美琦對此文中一切人與地，無一面一履之緣。亂世人生，生命則限於個人，生活則限於夫婦，余非當前一實例乎。而凡余文中所憶，則多在余個人及余夫婦之外者。「悠然望南山，山氣日夕佳，此中有真意，欲辨已忘言。」忘其言，而仍若欲有言，並不能已於言，陶公之詩，真使余低徊不能已。

八十三歲冬，余胃病劇作，幾不治。八十四歲春，始起床，而兩眼已不識人，不見字。西醫眼科，群言無策，求不急盲即佳。新亞書院院長金耀基，在余病前來告，彼擬為新亞創一學術講座，以余名冠之，擬每年邀請對中國文化有研究之中西著名學人一位，來新亞作講演。邀余任其講座之第一次講演人，並謂經費已募有端倪。其意既誠，余不能卻，已允之。而胃病眼病迭作，但竟能於是年雙十節前赴港，亦余始料所不及也。時余年八十四。翌年，余八十五，新亞創校三十週年紀念，余夫婦又去香港，得遇耶魯前歷史系盧定教授，亦自美同來赴會。彼乃首先主張雅禮協助新亞者。兩人回念前塵，相與感慨不已。

六

余幼孤失學，年十八，即為鄉村小學教師。每讀報章雜誌，及當時新著作，竊疑其譴責古人往事過偏過激。按之舊籍，知其不然。如稱先秦以上為封建社會，而讀《詩經》、《左傳》諸書，其社會情況豈能與歐洲中古時期相提並論。至農奴社會等名辭，尋之古籍，更無其證。又如謂中國自秦以下盡屬帝王專制，而余讀《四史》及《通鑑》，歷朝帝王儘有嘉言懿行，又豈專制二字所能概括。進而讀《通典》、《通考》，見各項傳統制度更多超於國人詬病之上者。又如文學新舊之爭，余自幼即好誦唐宋古文及《十八家詩鈔》，推而上之，至於《文選》、《詩》、〈騷〉。竊謂專以文言白話分別新舊，不論內容，亦可無辨。所謂舊文學，又豈封建貴族官僚諸辭所能誣衊。厚誣古人，武斷已甚。余之治學，亦追隨時風，而求加以明證實據，乃不免向時賢稍有諫諍，於古人稍作平反，如是而已。至於當時國人群慕西化，則自慚譾陋，未敢妄議。及抗日軍興，避至昆明，時歐洲第二次大戰繼起，意大利之法西斯，德國之納粹，對國人向所崇奉之英法民主政治多肆抨擊，乃知即在近代西方，尚多壁壘相峙。而其時如西南聯大師生，亦已有尊美尊蘇之對抗。而於重慶中央政府外，更有趨向延安，自樹敵體者。國內紛呶，已有與國外混一難辨之勢。而我國家民族四五千年之歷史傳統文化精義，乃絕不見有獨立自主之望。此後治學，似當先於國家民族文化大體有所認識，有所把捉，始能由源尋委，由本達末，於各項學問有入門，有出路。余之一知半解，乃始有轉向於文化學之研究。在成都開始有《中國文化史導論》一書之試探，及三十九年來臺北，乃有文化學大義一演講，是為余晚年學問蘄求轉向一因緣。亦自國內之社會潮流有以啟之也。

所謂文化，茲事體大。近代西方列強，爭豔競芳，要之皆自一本來，有根柢，有枝葉，有花朵。余既不知其根柢之深藏，亦不能賞其花朵之細緻，然接觸其歷年之劇變，亦可謂稍見其枝葉之粗。余此三十年來，有歷次講演，及抒寫有關歷史方面之文字，則一皆以文化為中心。而討論文化，又時時不免涉及西方，內容無足重，而治學方嚮則敝帚自珍，每不惜暴露於人前。自病雙目，不再親書冊，而心中所往復不能忘者，則惟此。及去新亞講演，題名「從中國歷史來看中國民族性及中國文化」，此實余三十年嚮學一總題。所講或時出前人之外，乃因余常求以我國之固有而對比之西方而生。此種講述，非有標新炫異之意，亦時代潮流有以使之然耳。

此一講題，凡分六講，每週兩次，為時三週。因防余勞累，使多休息，學校隨堂錄音，又使人寫出，連錄音帶一併寄臺北。美琦為余再開錄音機，余隨處加以改定，再由美琦筆錄成書。然余自去港前，已稍能執筆作字。惟寫下一字，即不認識上一字，須由美琦謄正，讀余聽，再加改定。大率數年來文字胥如此得成。余在港時，某生為余購來大陸唱平劇及吹彈古琴簫笛等許多錄音帶，余得暇屢聽之，心有所感，返臺北，及此講演稿成書，遂續寫《中西文化比較觀》一書。先寫在港聽各錄音帶所存想，依次續寫，又得約二十篇，亦儼可成書矣。

余枯坐無聊，偶有所思，率常執筆，隨意所至，隨寫隨息。一上午可得四五百字，上下午可得八百一千字，連續四五天成一篇。人事羼入，或體況不支，隔以時日，忘其前寫，即不能翻閱成稿，不知從何下語，勉強成篇，亦不知何處重複，何處缺漏。須待美琦鈔後再讀，余始得增損改定。迂拙固不計，消遣時日，亦惟此一途矣。

余又草《師友雜憶》一書，乃繼《八十憶雙親》一文之後，在去香港新亞講演前，已成其兩篇，乃記余肄業小學中學時事。第三篇從民初在三兼小學教讀開始。自念於學問寫作凡有所得，亦悉賴師友相輔。孤陋獨學，豈有今日。亦有途徑相異，意見相左，他山之石，可以攻錯，亦皆師友之霑溉。余亦豈關門獨坐自成其一生乎。此亦時代造成，而余亦豈能背時代而為學者。惟涉筆追憶，乃遠自余之十歲童齡始。能追憶者，此始是吾生命之真。其在記憶之外者，足證其非吾生命之真。非有所好惡高下於其間，乃憑記憶而自認余之生命。讀余此書者，亦可憑余所憶而認識此時代之一面。非敢有誇大，亦不作謙抑，知我罪我，歸之讀者。

七

民國六十九年夏，余八十六歲，夫婦重赴港，獲與大陸三子一女相見。自余於民國三十八年春，隻身南來廣州，至是已整整三十二年。初別時，彼等皆未成年。尤其是幼女，生於民國之二十九年，余離家去四川成都，未及見其生。抗戰勝利歸，又曾去雲南昆明，獲親附膝間，初無多時。余來廣州，彼尚未足九歲，未盡養育之恩，最所關心。及是相見，則亦年過四十矣。惟在港相聚，前後僅七日，即匆匆別去。尚有一長女，未能同行。翌年，余八十七，余夫婦再去港，長女偕長姪偉長同來港，晤聚半月。五子女乃得於兩年內分別見面。而彼等之婚嫁，則均在與余別後。三媳兩婿，及五家各得子女兩人，共十五人，則均尚未獲一見。又長姪偉長媳，及其一子，抗戰時同在成都，今亦未獲晤面。其他尚有六弟婦，及其子。又偉長一妹，亦未晤面。其他死亡已成隔世，則無論矣。余以窮書生，初意在鄉里間得衣食溫飽，家人和樂團聚，亦於願足矣。乃不料並此亦難得。繼今餘年無多，不知何年再得與其他未相見者一面。縱謂天命嚴酷，不當並此而不加蘄求。何年何月，此日之來，則為余此下惟一之期望矣。古人云，老而不死是謂賊。余既老，於世無可貢獻，但尚願為賊偷生，以待此一日之來臨。

八

余之自幼為學，最好唐宋古文，上自韓歐，下迄姚曾，寢饋夢寐，盡在是。其次則治乾嘉考據訓詁，藉是以輔攻讀古書之用。所謂辭章考據訓詁，余之能盡力者止是矣。至於義理之深潛，經濟之宏艱，自慚愚陋，亦知重視，而未敢妄以自任也。不意遭時風之變，世難之殷，而余之用心乃漸趨於史籍上。治史或考其年，或考其地。最先考《楚辭》地名，尚在余為《先秦諸子繫年》一書以前。及《諸子繫年》成書，又續作考地功夫，初成〈周初地理考〉一篇，時在民國十九年，距今已五十二年。此下續有撰述。其最後一部書，則為《史記地名考》，完成於民國二十九年。以下對此功夫遂未繼續用力。民國七十年，余八十七歲，遂將《史記地名考》以前各文彙編為《古史地理論叢》一書付印。有關各文，尚續有材料增加，寫列書眉。而余雙目已盲，不克親自校訂，乃囑及門何澤恆代為校閱。今年春，許倬雲自美返臺，面告余，彼曾集大陸此數十年來新出土諸銘文詳為考訂，乃知余論周初地理可相證明。余聞之大喜。竊意此文乃余五十年前創見。五十年來，未有人加以駁議，亦未有人加以闡發，幾如廢紙，置於不論不問之列。今乃得許君為之成其定論，此亦余晚年及身親聞一大喜事也。余之其他撰著，儻他年續有得臻定案者，則豈余一人之幸而已哉。余念之，余常念之。

余於印《古史地理論叢》後，又續有成稿，一為《理學三書隨劄》。一朱子《四書集義精要》隨劄，一周子《通書》隨劄，一《近思錄》隨劄。又成《中國學術之傳統與現代》一書，繼《中國學術通義》後，對於中國古人為學之宗旨趨向，分野門徑，別從一新角度重為闡述。要之，從文化大體系言，余則以和合與分別來作中西之比較。從學術思想方面言，余則以通與專兩字來作衡論。四年前去香港新亞之一番講演，可謂乃余此數年來運思持論之大綱領所在。盲目塗寫，則依然是此一群烏鴉而已。學不再進，亦可歎也。此書當即此為止，此下當惟整理舊稿，為之寫定。恐難再有撰述。

全稿止此乃為民國七十一年之雙十國慶，余年八十八，是為余隻身避居香港以來之第三十四年，亦為余定居臺北之第十六年，回首前塵豈勝悵惘。

人生十論

錢穆 著

本書為錢賓四先生之講演稿合集，由「人生十論」、「人生三步驟」以及「中國人生哲學」等三編匯集而成。所論人生，雖皆從中國傳統觀念闡發，但主要不在稱述古人，而在求古今之會通和合。讀者淺求之，可得當前個人立身處世之要；深求之，則可由此進窺古籍，乃知中國傳統思想之精深，以及與現代觀念之和合。

中華文化十二講

錢穆 著

本書乃賓四先生初定居臺灣期間，在各軍事基地之演講辭，共十二篇，大體討論中華文化問題。賓四先生認為中華文化有其特殊之成就、意義與價值，縱使一時受人輕鄙，但就人類生命全體之前途而言，中華文化必有其再見光輝與發揚之一日。賓四先生一生崇敬國家民族之傳統文化，幾乎一如宗教信仰，頌讚或有過分處，批評他人或有偏激處，要之讀此一集，即可見中華文化影響之悠久偉大，實有難乎想像之處。

孔子傳

錢穆 著

儒學影響中華文化至深，討論孔子生平言論行事之著作，實繁有徒，說法龐雜，本書為錢穆先生以《論語》為中心底本、綜合司馬遷後以下各家考訂所得，也是深入剖析孔子生平、言論、行事後，重為孔子所作的傳記。

作者從孔子的先祖談起，及至孔子的早年、中年、晚年。詳列一生行跡，並針對古今雜說，從文化脈絡推論考辨，以務實的治學態度辨明真偽，力求貼近真實的孔子。

國家圖書館出版品預行編目資料

八十憶雙親、師友雜憶(合刊)／錢穆著.——三版一刷.——臺北市：東大，2020
面；　公分.——（錢穆作品精萃）

ISBN 978-957-19-3215-6（平裝）
1. 錢穆 2. 臺灣傳記

783.3886　　　　109006578

八十憶雙親、師友雜憶(合刊)

作　　者｜錢穆
發 行 人｜劉仲傑
出 版 者｜東大圖書股份有限公司
地　　址｜臺北市復興北路 386 號 (復北門市)
　　　　　臺北市重慶南路一段 61 號 (重南門市)
電　　話｜(02)25006600
網　　址｜三民網路書店 https://www.sanmin.com.tw

出版日期｜初版一刷 1983 年 1 月
　　　　　二版二刷 2013 年 10 月
　　　　　三版一刷 2020 年 6 月
書籍編號｜E780470
I S B N｜978-957-19-3215-6

東大圖書公司